JN447539

인간행동과 사회환경

정효신 · 정문경 · 김목선 · 김은나 · 남 운 · 노인택
박성애 · 성무진 · 오경수 · 이승희 · 이원규 · 정희균

KNOWLEDGE COMMUNITY 공동체

머리말

사회복지는 인간에 대한 깊은 이해에서 출발합니다. 인간이 어떤 존재인지, 어떻게 성장하고 변화하며 어떤 사회적 · 심리적 환경 속에서 살아가는지를 이해할 때, 비로소 실천적 개입이 생명력을 가질 수 있습니다. 이런 점에서 『인간행동과 사회환경』은 사회복지학을 공부하는 이들이 가장 기초적이면서도 가장 중요하게 접근해야 할 과목입니다.

이 교재는 인간을 둘러싼 다양한 성장과 발달의 과정, 이를 이해하는 주요 이론, 그리고 인간이 살아가는 사회환경과의 관계를 체계적으로 이해할 수 있도록 구성되었습니다. 즉, 인간행동과 사회환경의 기초 개념부터 생애주기별 발달 이해, 심리학적 · 사회학적 이론을 통해 인간을 다각도로 조망하는 길잡이로 기능할 수 있기를 기대하며 집필하였습니다.

삶을 이해하는 학문으로서의 인간행동과 사회환경

많은 학생들은 이 과목을 단순히 외워야 할 이론들로 가득한 교과목으로 여기는 경우가 있습니다. 하지만 이 과목은 오히려 '나'와 '타인'을 이해하고, 인간을 보다 온전하게 바라보는 인식의 전환을 가능하게 합니다. 우리가 마주하는 대상은 단지 클라이언트(client)가 아니라, 하나의 복합적 생애를 살아가는 인간이라는 점에서 이 교과목은 실천의 기반을 놓는 데 큰 역할을 합니다.

이 교재의 Part 01 : 인간행동과 사회환경의 기초에서는 인간행동과 사회환경이라는 주제를 처음 접하는 학습자를 위해 기본 개념과 틀을 정리합니다. 인간, 환경, 그리고 사회복지실천이 어떻게 상호작용하는지를 이해하는 것이 이 파트의 핵심입니다.

인간의 삶을 꿰뚫는 생애주기적 관점과 실천

Part 02 : 인간의 성장과 발달에서는 인간 발달을 생애주기적으로 살펴보며, 각 시기의 발달 과업과 사회복지실천의 연결 지점을 구체적으로 제시합니다. 태내기에서 노년기에 이르기까지, 인간은 신체적 · 심리적 · 사회적 측면에서 끊임없이 성장하고 변화합니다. 이 파트들은 각 발달 단계의 특성과 과제를 이해하고, 실천현장에서 이를 어떻게 적용할 수 있을지에 대한 구체적인 실마리를 제공합니다.

인간을 보는 다양한 이론적 틀

현상을 이해하는 데에는 다양한 틀이 존재합니다. Part 03 : 인간행동에 관한 주요 이론에서는 정신역동이론, 행동주의 이론, 인지이론, 인본주의 이론 등 인간의 행동을 설명하는 심리학적 접근들을 폭넓게 다룹니다. 인간을 이해하는 데 어느 하나의 이론만으로는 충분하지 않기에, 다양한 이론들을 학습하고 이를 통합적으로 조망하는 관점이 필요합니다. 이 파트는 바로 그러한 균형 잡힌 이해를 위해 기초적인 이론들을 충실히 다루고 있습니다.

사회적 존재로서 인간을 이해하기 위한 사회환경 이론

마지막으로 Part 04 : 사회환경에 관한 주요 이론은 인간을 둘러싼 환경, 즉 구조적 · 제도적 · 문화적 조건들을 이해하는 데 초점을 둡니다. 사회복지는 언제나 환경적 요인과 함께 인간을 바라보며, 이 장에서는 사회체계, 생태체계, 갈등, 상징적 상호작용, 차별과 억압 등의 이론을 통해 우리 사회의 다양한 맥락 속에서 인간행동을 어떻게 분석하고 이해할 수 있을지를 제시합니다. 특히 다문화주의, 계층이론 등은 현재의 사회복지현장에서 반드시 요구되는 이해 기반을 제공합니다.

또한 이 교재의 말미에는 인간행동과 사회환경 이론에 기반을 둔 실천적 이해를 확장할 수 있도록 심리학과 사회과학 분야에서 핵심적 기여를 한 주요 학자 21인을 선정하여 부록으로 수록하였습니다. 이들은 생애주기, 성격발달, 사회적 상호작용, 인간의 내면과 행동을 설명하는 데 이론적 틀을 제공한 인물들로, 사회복지실천현장에서 이론과 실제를 연결하는 데 있어 든든한 지적 자산이 될 것입니다.

이 책은 단순한 지식의 전달을 넘어, 사회복지를 배우는 학생들이 자기 자신을 돌아보고, 타인을 존중하며, 실천의 지평을 넓히는 데 도움을 주고자 기획되었습니다. 이 책을 통해 인간이라는 존재의 복합성과 아름다움, 그리고 그 삶을 지지하는 사회복지의 가치와 의미를 체감하게 되기를 바랍니다.

2025년 어느 봄날

저자 일동

CONTENTS

차 례

CONTENTS

01
PART

인간행동과 사회환경의 기초

CHAPTER 01 인간행동, 사회환경 그리고 사회복지실천
CHAPTER 02 인간 발달과 사회복지실천

CHAPTER 01

인간행동, 사회환경 그리고 사회복지실천

학습목표

1. 인간행동과 사회환경의 중요성과 핵심 개념을 이해하고 설명할 수 있다.
2. 생물학적, 심리적, 사회적, 문화적 요인이 인간행동에 미치는 영향을 설명할 수 있다.
3. 사회환경 요소가 개인과 사회에 미치는 영향을 분석할 수 있다.
4. 전 생애주기 각 단계의 특성과 요구를 이해하고, 이에 맞는 사회복지실천 방안을 제시할 수 있다.

목차

1. 인간행동과 사회환경에 대한 기본 이해
2. 인간행동 이론의 가치와 사회복지실천의 관계
3. 전 생애주기의 이해와 사회복지실천

인간행동과 사회환경(Human Behavior and the Social Environment) 과목은 사회복지학 교육과정에서 핵심적인 역할을 담당하며 이론적 기초 제공, 전문적 실천의 토대 마련, 다양한 사회적 맥락 이해라는 측면에서 중요성을 지닌다.

인간행동과 사회환경 과목은 인간의 행동과 발달을 이해하는 데 필요한 다양한 이론적 틀을 제공하며, 이러한 이론적 지식은 사회복지사들이 클라이언트의 행동을 분석하고 이해하는 데 필수적이다. 사회복지사는 클라이언트와의 상호작용에서 그들의 행동과 사회적 환경을 종합적으로 고려해야 하는데, 이 과목은 이러한 종합적 접근을 가능하게 하여 실천 과정에서 보다 효과적이고 윤리적인 결정을 내릴 수 있도록 돕는다. 또한 클라이언트의 문제를 이해하고 해결하는 과정에서 인간행동과 사회환경에 대한 깊은 이해는 필수적이기에 이 과목은 사회복지사들이 복잡한 문제 상황을 분석하고, 적절한 개입 전략을 수립하는 능력을 배양한다고 할 수 있다. 그러므로 인간행동, 사회환경, 그리고 이를 바탕으로 한 실천은 인간행동과 관련된 다양한 학문뿐만 아니라 사회복지 전문직에서 중요한 주제인 것이다.

사회복지에서 생애주기별 인간 발달의 실질적인 내용을 파악하는 것은 필수적인 사안이며, 인간과 환경이 지닌 특성이 사회복지실천과 어떤 연관성을 지니는지 살펴봄으로써 인간행동과 사회환경에 대한 과학적 이해를 도모할 뿐만 아니라 이를 통한 이론과 지식을 사회복지실천에 적용할 수 있는 방안도 모색하게 된다. 즉, 인간행동과 사회환경에 관한 이해는 우리가 살아가는 세상을 더욱 명확하게 이해하고, 이를 통해 더 나은 세상을 만드는 데 이바지할 수 있는 통찰력을 제공한다. 사회복지사는 현장에서 이러한 전문지식을 활용하고 다양한 기술을 적용해 가며 인간의 욕구를 충족시키는 전문직으로서의 사명과 가치를 높일 것이다.

1. 인간행동과 사회환경에 대한 기본 이해

1) 인간행동의 이해

인간행동은 개인이 주어진 상황에서 나타내는 모든 행위와 반응을 의미한다. 이는 외부적으로 관찰 가능한 행동뿐만 아니라 내면의 심리적 반응까지 포함하며, 행동은 주어진 환경과 개인의 특성에 의해 영향을 받는데, 이는 우리가 세상을 이해하고 그 안에서 어떻게 행동할 것인지를 결정하는 중요한 요소이다. 인간행동은 여러 가지 기준에 따라 분류될 수 있다. 예를 들어, 자발적 행동과 비자발적 행동, 긍정적 행동과 부정적 행동 등이 있으며, 이러한 분류는 행동을 이해하고 분석하는 데 중요한 도구를 제공하고, 이를 통해 우리가 어떤 행동을 취해야 하는지, 그리고 어떻게 개인과 사회가 그 행동에 반응하는지를 이해하는 데 도움을 준다.

인간행동에 영향을 미치는 요인의 이해는 우리가 행동의 원인을 파악하고 그로 인한 결과를 예측하는 데 중요한 역할을 하는데, 그 범주를 살펴보면 〈표 1-1〉과 같다.

〈표 1-1〉 인간행동에 영향을 미치는 요인

구 분	세부 내용
생물학적 요인	• 유전적 요인은 인간의 신체적 특징, 성격, 지능 등에 영향을 미치는 요소로, 부모로부터 물려받은 유전자에 의해 결정된다. 유전적 소인은 특정 질병에 대한 감수성, 신체적 능력, 심리적 특성 등에 영향을 미친다. • 신경생리학적 요인은 뇌의 구조와 기능, 신경계의 작용 등이 인간행동에 미치는 영향을 말한다. 뇌의 발달과 기능 이상은 행동 문제와 정신건강에 중요한 영향을 미친다. • 호르몬은 신체의 내분비계에서 분비되는 화학물질로, 신체적 · 정서적 상태에 영향을 미친다.
심리적 요인	• 인지적 요인은 개인의 사고, 지각, 기억, 문제 해결 능력 등을 포함한다. 인지적 왜곡이나 부정적 사고 패턴은 행동 문제와 정서적 어려움을 초래할 수 있다. • 정서적 요인은 감정과 관련된 요소로, 개인의 감정 조절 능력과 정서적 안정성이 중요한 역할을 한다. 정서적 결핍이나 부정적 감정 경험은 행동 문제를 유발할 수 있다. • 동기적 요인은 개인의 행동을 유발하고 지속시키는 내적 동인으로, 욕구와 목표 지향성이 포함된다. 동기의 결여나 잘못된 목표 설정은 행동 부적응을 초래할 수 있다.
사회적 요인	• 가족은 개인의 초기 사회화 기관으로, 가족 구조, 부모의 양육 방식, 가족 내 의사소통 패턴 등이 인간행동에 영향을 미친다. 가족의 기능 장애는 행동 문제와 밀접한 관련이 있다. • 또래 관계는 사회적 발달과 행동 형성에 중요한 역할을 한다. 또래 압력이나 또래 관계의 질은 행동 문제와 사회적 적응에 영향을 미친다.

	• 사회적 지지는 개인이 스트레스 상황에서 받는 정서적 · 도구적 지원을 말한다. 강한 사회적 지지는 스트레스 대처 능력을 향상시키고, 정신건강을 보호하는 역할을 한다.
문화적 요인	• 문화적 가치관과 신념은 개인의 행동과 태도 형성에 중요한 영향을 미친다. 문화적 배경에 따라 행동 규범과 도덕적 기준이 다르게 나타난다. • 사회적 규범은 특정 사회나 집단에서 받아들여지는 행동 기준으로, 개인의 행동에 대한 기대와 압력을 형성한다. 규범은 사회적 비난과 처벌을 초래할 수 있다. • 언어와 커뮤니케이션 방식은 문화적 맥락에 따라 다르며, 이는 인간의 사고와 행동에 영향을 미친다. 언어적 표현과 비언어적 소통은 문화적 차이를 반영한다.

인간의 행동은 생물학적, 심리적, 사회적, 문화적 요인과 영향을 주고받기 때문에 분리하여 파악하거나 부분적인 판단을 내리기보다는 통합적 · 전체적으로 이해하여야 한다. 이러한 다차원적 이해는 효과적인 개입과 지원을 제공하는 데 필수적이며, 궁극적으로 개인과 가족의 복지를 증진시키는 데 기여할 수 있다.

인간은 수정에서부터 사망에 이르기까지의 전 생애과정을 통해 성장, 성숙, 노화라고 하는 역동적인 변화과정을 거친다. 이와 같은 인간의 성장, 성숙, 노화의 과정을 발달이라고 하며, 인간행동을 이해하기 위해서는 인간행동에 영향을 미치는 요인과 더불어 발달에 대한 정확한 이해도 갖추어야 한다(권중돈, 2023).

2) 사회환경의 이해

사회복지에서 사회환경의 이해는 개인과 집단이 직면하는 사회적 문제를 분석하고 해결하는 데 중요한 기초를 제공한다. 사회환경이란 개인이나 집단을 둘러싼 물리적, 사회적, 문화적, 경제적, 정치적 환경을 포괄하는 개념이다. 이는 사회복지실천에서 클라이언트의 상황을 전체적으로 이해하고,

더욱 효과적인 개입을 설계하는 데 필수적이다.

사회환경은 물리적, 사회적, 문화적, 경제적, 정치적, 교육적 환경과 같은 주요 요소로 구성된다. 첫째, 물리적 환경은 주거지, 이웃, 공공시설 등의 요소를 포함하며, 이는 개인의 생활 질과 직접적으로 연관된다. 둘째, 사회적 환경은 가족, 친구, 동료 등 인간관계와 사회적 네트워크를 포함한다. 이는 개인의 정서적 안정과 사회적 지원체계의 형성에 중요한 역할을 한다. 셋째, 문화적 환경은 가치관, 신념, 규범, 전통 등을 포함하며, 개인의 행동 양식과 생활 태도에 큰 영향을 미친다. 넷째, 경제적 환경은 소득, 직업, 경제적 자원 등의 요소를 포함하며, 이는 개인의 생활 수준과 기회를 결정짓는 중요한 요인이다. 다섯째, 정치적 환경은 법과 정책을 통해 개인의 삶에 영향을 준다. 복지 정책, 교육 정책, 노동 정책 등이 정치적 환경에 포함되며, 이러한 정책들은 개인의 행동과 삶의 질에 중요한 영향을 미치기 때문에 정치적 환경에 대한 이해는 우리가 사회적 상황을 이해하고, 그 안에서 어떻게 행동할 것인지를 결정하는 데 중요한 역할을 한다. 여섯째, 교육적 환경은 인간 행동에 주된 영향을 미치는 중요한 요소이다. 교육을 통해 개인은 지식을 습득하고, 비판적 사고 능력을 키우며, 사회적 관계를 형성하는 방법을 배운다. 또한 교육은 인간의 사회적 가치와 성격을 형성하는 역할을 하므로 좋은 교육 환경은 개인의 성장과 사회적 성공을 도울 수 있다.

그림 1-1 사회적 환경의 구성 요소

이와 같은 다양한 요소들이 상호작용하여 개인이나 집단의 사회적 문제를 형성하고, 이러한 문제를 해결하기 위해 사회복지사는 사회환경을 면밀히 분석해야 한다. 이를 통해 클라이언트의 필요와 자원을 파악하고 그에 맞는 적절한 개입 전략을 수립할 수 있다.

예를 들어, 저소득층 가정의 아동이 학교에서 학업 성취도가 낮은 경우, 사회복지사는 단순히 아동 개인의 학습 능력만을 평가하는 것이 아니라, 가정의 경제적 상황, 부모의 교육 수준, 지역사회의 교육 자원, 문화적 배경 등 다양한 사회환경 요인을 종합적으로 고려해야 한다. 이를 통해 아동이 직면한 문제의 근본 원인을 파악하고, 보다 효과적이고 지속 가능한 해결책을 제시할 수 있다.

따라서 사회복지에서 사회환경의 이해는 단순한 이론적 지식을 넘어 실제적인 실천 능력을 향상하는 데 중요한 역할을 한다. 이는 클라이언트 중심의 통합적 접근을 가능하게 하며, 궁극적으로 사회복지의 목표인 인간의 삶의 질 향상과 사회적 정의 실현에 이바지하게 된다.

사회복지에서 인간과 환경의 관계는 인간의 삶의 질과 사회적 기능을 이해하는 데 중요한 개념이다. 인간과 환경의 관계를 이해하는 데 있어 생태체계적 관점은 필수적인 이론적 틀을 제공하므로, 인간행동을 효과적으로 설명하기 위해 자주 사용된다. 이 관점은 인간이 다양한 환경 체계와 상호작용하며, 이러한 상호작용이 개인의 발달과 삶의 질에 큰 영향을 미친다고 보기 때문에, 사회복지사가 클라이언트의 다양한 환경적 맥락을 고려하여 통합적 개입을 수행할 수 있으며 체계적으로 분석하고 설명하는 데 유용한 도구로, 실천 현장에서 효과적으로 활용할 수 있다.

생태체계이론은 브론펜브레너(Urie Bronfenbrenner)가 제안한 것으로, 인간과 환경의 관계를 다섯 가지 체계 수준으로 설명한다. 이는 인간이 여러 환경 체계와 상호작용하는 방식을 시각적으로 나타낸다. 생태체계이론의 기본 구조는 다음과 같은 다섯 가지 수준으로 구성된다.

〈표 1-2〉 브론펜브레너의 생태체계이론

구 분	설 명	예 시
미시체계 (Microsystem)	개인이 직접적으로 상호작용하는 가장 가까운 환경	가족, 친구, 학교, 직장
중간체계 (Mesosystem)	미시체계들 간의 상호관계로, 개인이 속한 여러 미시체계들 간의 연결	부모와 교사의 관계, 친구와의 모임
외체계 (Exosystem)	개인이 직접 참여하지 않지만 개인에게 영향을 미치는 사회적 환경	부모의 직장, 지역사회 서비스, 미디어
거시체계 (Macrosystem)	문화적 가치, 법률, 관습 등 더 큰 사회적 구조와 규범	사회적 가치관, 경제 정책, 법률
시간체계 (Chronosystem)	시간의 흐름에 따라 발생하는 환경의 변화와 사건이 개인 발달에 미치는 영향	부모의 이혼, 경제 불황, 전쟁

생태체계이론의 중심에는 개인이 위치하며, 이를 둘러싸고 있는 각 체계는 개인에게 영향을 미치는 다양한 환경적 요소를 나타낸다. 미시체계는 개인과 직접적으로 상호작용하는 환경들을 포함하고, 중간체계는 이러한 미시체계들 간의 상호작용을 설명한다. 외체계는 개인이 직접적으로 경험하지 않지만 영향을 미치는 환경적 요소들을 포함하며, 거시체계는 보다 넓은 사

회적 맥락을 제공한다. 마지막으로 시간체계는 개인의 발달과 변화, 그리고 환경의 변화를 시간적 관점에서 설명한다.

2. 인간행동 이론의 가치와 사회복지실천의 관계

인간행동 이론은 사회복지실천의 이론적 기반으로, 클라이언트의 문제를 이해하고 효과적인 개입을 설계하는 데 중요한 역할을 한다. 이러한 이론들은 인간의 발달과 행동을 다양한 관점에서 설명하며, 이를 통해 사회복지사는 클라이언트의 복합적인 문제를 체계적으로 접근할 수 있다. 즉, 인간행동의 근본적인 이해와 실천 행동을 위한 지식적 기반을 제공해 준다(Bloom, 1984). 이러한 이론을 통하여 인간의 안정성과 변화, 신체 · 인지 · 정서 · 사회적 기능 간의 상호작용을 설명하고, 사회적 맥락이 개개인의 발달에 미치는 영향을 이해하고 설명할 수 있게 된다(Newman & Newman, 1987).

사회복지이론은 사회복지실천의 기초를 이루며, 실천가가 클라이언트의 복잡한 문제를 이해하고 해결하는 데 필요한 틀을 제공한다. 이론은 실천가에게 다양한 상황에서 사용할 수 있는 개념적 도구를 제공하며, 이를 통해 체계적이고 일관된 개입을 가능하게 한다. 사회복지이론이 실천에서 갖는 가치는 다음과 같이 요약할 수 있다.

첫째, 문제 이해와 사정(assessment)이다. 사회복지이론은 클라이언트의 문제를 다차원적으로 이해하는 데 필수적이다. 생태체계이론은 클라이언트의 문제를 개인적, 가족적, 사회적 차원에서 분석할 수 있도록 도와준다. 이를 통해 사회복지사는 클라이언트의 환경적 요인을 고려하여 더욱 포괄적인 사정을 할 수 있다. 예를 들면, 한부모가정의 아동이 학교에서 문제 행동을 보일 때, 생태체계이론을 사용하여 가정 내 스트레스 요인, 학교 환경, 사회적 지원체계 등을 종합적으로 평가할 수 있다.

둘째, 개입 계획 수립(planning)이다. 이론은 효과적인 개입 계획을 수립하는 데 중요한 역할을 한다. 각 이론은 특정 문제 상황에서 효과적인 개입 전략을 제시하며, 사회복지사는 이를 바탕으로 클라이언트에게 맞춤형 개입을 설계할 수 있다. 예를 들어, 인지행동이론은 부정적 사고 패턴을 변화시키기 위한 구체적인 기법을 제공한다. 예를 들면, 우울증을 겪고 있는 클라이언트에게 인지행동이론을 적용하여 부정적인 사고 패턴을 식별하고 수정하는 개입을 계획할 수 있다.

셋째, 실천의 일관성 유지(consistency in practice)이다. 이론은 사회복지실천의 일관성을 유지하는 데 중요한 역할을 한다. 이론에 기반한 실천은 근거에 입각한 접근을 가능하게 하며, 이를 통해 실천가의 주관적 판단이나 편견을 최소화할 수 있다. 이는 클라이언트에게 보다 신뢰할 수 있는 서비스를 제공하는 데 기여한다. 예를 들면, 다양한 클라이언트 사례에 같은 이론적 틀을 적용함으로써 개입의 일관성을 유지하고 그 효과를 체계적으로 평가할 수 있다.

넷째, 윤리적 실천의 지침 제공(guidance for ethical practice)이다. 사회복지이론은 윤리적 실천의 지침을 제공한다. 이론은 클라이언트의 존엄성과 권리를 존중하는 방법을 제시하며, 실천가가 윤리적 딜레마 상황에서 올바른 결정을 내릴 수 있도록 돕는다. 이는 사회복지사의 윤리 강령과도 일치한다. 예를 들면, 강점기반 접근법은 클라이언트의 강점과 자원을 강조하며, 클라이언트의 자기결정권을 존중하는 윤리적 실천을 가능하게 한다.

다섯째, 실천의 혁신과 발전 촉진(fostering innovation and development in practice)이다. 이론은 사회복지실천의 혁신과 발전을 촉진한다. 새로운 이론의 개발과 기존 이론의 확장은 실천가에게 새로운 관점과 방법을 제공하며, 이를 통해 보다 효과적인 개입이 가능해진다. 학문적 연구와 실천의 상호작용은 사회복지 분야의 지속적인 발전을 이끈다. 예를 들면, 트라우마 인지

치료 이론은 트라우마를 경험한 클라이언트를 위한 새로운 개입 방법을 제시하여 실천 현장에서의 효과성을 입증받고 있다.

즉, 사회복지이론은 사회복지실천의 핵심적인 요소로, 클라이언트의 문제를 다각도로 이해하고 효과적인 개입을 설계하며, 일관되고 윤리적인 실천을 가능하게 한다. 이론에 기반한 실천은 사회복지사의 전문성을 강화하고, 클라이언트의 삶의 질을 향상시키는 데 기여한다. 따라서 사회복지사는 다양한 이론적 틀을 숙지하고 이를 실천 현장에서 창의적으로 적용하는 능력을 갖추어야 한다.

3. 전 생애주기의 이해와 사회복지실천

전 생애주기(life course)는 태아기에서 노년기에 이르기까지 인간의 일생 동안 경험하는 다양한 발달적, 사회적, 그리고 심리적 변화를 포함하는 포괄적 개념이다. 전 생애과정과 그에 따른 변화의 이해와 사회복지실천은 현대 사회복지학에 있어서 중요한 주제로 자리 잡고 있다. 사회복지실천에서는 이러한 생애주기의 각 단계에서 나타나는 특성과 요구를 깊이 이해하고, 그에 맞는 적절한 서비스를 제공하는 것이 중요하다. 이 장에서는 전 생애주기의 주요 단계와 그 단계에서의 사회복지실천 방안을 고찰하고자 한다.

전 생애주기는 연령과 발달 단계별로 상이한 과제와 도전을 포함하며, 개인의 삶의 질과 관련된 다양한 요인을 통합적으로 이해하는 데 초점을 맞춘다. 생애주기의 주요 단계를 이 책에서는 여덟 단계인 태내기, 영아기, 유아기, 아동기, 청소년기, 청년기, 중년기, 노년기로 구분하였다. 이러한 단계를 거치는 인간 발달은 연속적인 과정으로 이해되며, 각 단계는 이전 단계의 경험과 성취를 기반으로 한다. 이러한 변화는 개인의 생애과정에서 중요한 전환점이 된다(Baltes, 1987).

그러므로 발달적 관점은 개인의 성장과 변화를 이해하는 데 필수적이다. 예를 들어, 유아기의 신뢰감 형성은 이후 단계에서의 안정된 사회적 관계 형성에 영향을 준다. 생애주기 접근법은 인간 발달을 연속적이고 상호작용적인 과정으로 보는 관점이다. 이는 개인이 환경과 상호작용하면서 어떻게 발달하는지를 이해하는 데 중점을 둔다(Elder, 1998).

또한 인간 발달은 사회적, 문화적, 경제적 맥락과 밀접하게 연관되어 있다. 개인의 생애 경험은 가족 구조, 교육 기회, 사회적 지원, 경제적 자원 등 다양한 사회적 요인에 영향을 받는다. 따라서 전 생애주기의 이해는 이러한 맥락적 요인을 포함하는 것이 중요하며 사회복지실천에서의 적용을 살펴보면 다음과 같은 가치를 지닌다.

첫째로, 예방적 접근이다. 전 생애주기 관점은 예방적 접근을 강조한다. 각 생애 단계에서 예상되는 위험 요인을 사전에 파악하고, 이를 예방하기 위한 개입이 필요하다. 예를 들어, 아동기에 적절한 교육과 사회적 지원을 제공함으로써 성인기의 사회적 문제를 예방할 수 있다.

둘째로, 개별화된 서비스 제공이다. 전 생애주기의 이해는 개별화된 서비스 제공의 중요성을 강조한다. 각 개인의 발달 단계와 특성에 맞춘 맞춤형 서비스를 제공함으로써 효과적인 사회복지실천이 가능하다. 이는 유아기부터 노년기까지 모든 생애 단계에서 적용될 수 있다.

셋째로, 연속성 있는 지원이다. 생애주기 전반에 걸친 연속성 있는 지원은 개인의 안정적 발달과 삶의 질 향상에 기여한다. 사회복지실천에서는 생애주기별로 필요한 지원을 연속적으로 제공함으로써 클라이언트의 복지를 지속적으로 증진시킬 수 있다.

생애주기는 태내기부터 노년기에 이르기까지 다양한 발달 단계로 구성되며, 각 단계는 고유한 발달적 특성과 요구를 지닌다. 사회복지실천에서는 이러한 생애주기의 특성을 이해하고, 각 단계에 맞춘 맞춤형 개입을 통해 개인

외, 2001 : 38). 첫째, 모든 인간은 전 생애 동안 삶을 살아가면서 연령별 또는 시기별로 다양한 욕구를 공통적으로 가지고 있다. 그러므로 이러한 연령별, 시기별 욕구를 충족시키지 못할 때, 대부분의 사람들은 문제에 봉착하거나 위험에 빠져 복지증진을 이룰 수 없으므로 사회복지에서는 생애주기에 관심을 가짐으로써 사전 또는 사후 대책을 강구할 수 있다. 둘째, 사회복지에서 문제해결을 위한 프로그램이나 서비스를 고안할 때 발달 단계에 따라 접근하면 효과와 효율을 높일 수 있다.

인간행동을 이해하고 적절한 원조를 제공하기 위해서는 발달에 관한 지식 외에 성격에 대한 이해 또한 필요하다. 그 이유는 인간행동을 이해하는 가장 빠른 방법이 개인의 성격을 파악하는 것이기 때문이다. 따라서 사회복지실천에서는 인간행동을 있는 그대로 기술하고, 그러한 행동을 하는 원인을 찾아내고, 앞으로 행동이 어떻게 변화해 갈 것인지를 예측하여, 그러한 행동을 변화 또는 수정할 수 있는 방법을 찾기 위하여 성격이론에 관심을 가진다.

인간은 사회체계를 포함한 환경의 요구에 적응하고 때로는 환경을 자신의 요구에 맞게 수정 또는 변화시키는 호혜적 상호작용을 통하여 삶을 영위하는 존재이다. 사회체계는 개인의 성격, 발달, 행동, 욕구 등 인간의 모든 측면에 강한 영향을 미치므로, 효과적인 사회복지실천을 위해서는 인간이 지닌 내적 체계뿐만 아니라 사회체계가 인간에게 미치는 영향 그리고 인간-환경 사이의 상호작용에 대한 전문지식과 실천기술을 갖추어야 한다. 이에 이 장에서는 인간 발달과 성격 그리고 사회체계에 대한 기본 이해를 갖추는 데 필요한 내용에 대해 다루고자 한다.

1. 인간 발달의 개념과 원리

발달(development)이란 고대 프랑스어의 '아니다'라는 의미의 'des'와 '감싸다'라는 의미의 'veloper'가 합쳐진 'desveloper'에서 유래한 단어로서, 원래 '풀다(unwrap), 펴지다(unfurl), 나타내 보이다(unveil)'의 의미를 지닌다(http://www.etymonline.com). 즉, 발달은 어원상 유기체에 잠재되어 있는 본질이나 가능성이 점차 모습을 드러내는 현상이다(강봉규, 1994).

아리스토텔레스는 인간 발달 단계의 구체적인 시기를 최초로 기술한 사람이라고 할 수 있는데, 그가 기술한 발달 단계는 유년기(생의 최초 7년), 소년기(7세~사춘기까지), 청소년기(사춘기부터 21세까지)이다(한상철, 2004b : 16). 루소는 발달 단계를 4단계로 규정하여 유아기(인생의 첫 4~5년), 야만인의 단계(5~12세), 이성과 자의식이 발달하는 시기(12~15세), 청소년기(15~20세)로 나누고 있다. 스탠리 홀 또한 인간의 발달 단계를 4단계로 구분하고 있는데 유아기(출생 후 4년까지), 아동기(4~8세), 전청년기(8~12세), 청년기(12~25세)로 구분하고 있다(정옥분, 2003 : 25-48), 한편 뉴만과 뉴만(Newman & Newman, 1987 : 28)은 태내기(임신~출생), 영아기(출생~2세), 걸음마기(2~4세), 학령 초기(4~6세), 학령 중기(6~12세), 청소년 초기(12~18세), 청소년 후기(18~22세), 성인 초기(22~34세), 성인 중기(34~60세), 성인 후기(60~75세), 초고령기(75세~사망 시까지)의 11단계로 구분하고 있다.

발달에 대한 기존의 정의를 종합하여 보면, 발달이란 전 생애에 걸쳐 체계적인 과정을 따라 이루어지는 일련의 변화의 양상과 과정을 의미한다. 즉, 발달이란 인간의 수정에서부터 죽음에 이르기까지의 전 생애에 걸쳐서 신체·심리·사회적 측면에서 나타나는 질서정연하고 연속적이며 상승적 또는 퇴행적 변화 과정을 의미한다.

이러한 발달의 개념에는 몇 가지 특성이 내포되어 있다. 첫째, 발달은 일생에 걸쳐 점진적으로 일어나는 체계적인 변화이다. 둘째, 발달은 신체 · 심리 · 사회적 영역에서 일어나는 전체적 변화를 의미한다. 셋째, 발달은 양적 변화와 질적 변화를 동시에 포함하는데, 양적 변화는 크기 또는 양에서의 변화를 의미하며, 질적 변화는 본질, 구조, 비율, 기능의 변화를 포함한다. 넷째, 발달은 상승적 변화와 퇴행적 변화를 모두 포함한다. 다섯째, 발달은 안정성과 변화를 동시에 포괄하는 과정으로서, 변화를 전제로 한 안정과 안정을 전제로 한 변화가 역동적으로 일어난다.

발달과 유사한 의미로 사용되는 개념으로는 성장, 성숙, 학습이 있다. 성장(growth)은 신체 크기의 증대, 근력 증가, 인지의 확장 등과 같은 양적 확대를 의미하며, 주로 신체적 부분에 국한된 변화를 설명하고자 할 때 사용되는 개념이다. 성숙(maturation)은 경험이나 훈련에 관계없이 유전적 기제의 작용에 의해 나타나는 체계적이고 규칙적으로 진행되는 생물적 과정을 의미한다. 즉, 성숙은 부모로부터 받은 유전인자가 지니고 있는 정보에 따라 발달적 변화가 통제되는 과정이다(김태련 외, 2004; 김태련 · 장휘숙, 1994), 학습(learning)은 직접 또는 간접 경험, 훈련과 연습 등의 후천적 경험의 결과로서 일어나는 개인 내적인 변화이다. 하지만 성장, 성숙, 학습은 서로 분리된 개념이 아니라 서로 연결되어 있으며, 인간의 발달은 성장, 성숙, 학습이라는 세 가지 과정이 공존할 때 비로소 이루어진다. 즉, 일생을 통하여 성장, 성숙, 학습에 의해 이루어지는 과정이 바로 인간 발달이다(정옥분, 2004).

인간 발달은 체계적이고 규칙적인 변화 과정으로, 전 생애에 걸친 발달은 일관성 있는 원리에 따라 진행된다(신명희 외, 2013; 임은미 외, 2013). 첫째, 발달은 유전(천성, nature)과 환경(양육, nurture)의 상호작용에 의해 이루어진다. 둘째, 발달은 전 생애에 걸쳐 이루어진다. 셋째, 발달에는 민감기 또는 결정적 시기(critical period)가 있다. 넷째, 발달에는 일정한 순서와 방향이 있는데, 상부 또는 두부(head)에서 하부 또는 미부(tail)의 방향으로, 중심 부위에서 말초 부위로 진행된다. 다섯째, 발달은 연속 또는 불연속적 과정을 거쳐 이루어진다. 여섯째, 발달은 점성적 원리를 따른다. 일곱째, 발달의 속도는 일정하지 않으며, 개인차가 존재한다. 여덟째, 발달은 신체 · 심리 · 사회적 영역에서 총제적으로 일어난다.

2. 인간 발달 단계와 발달 과업

1) 인간 발달 단계

인간 발달은 연속적이고 역동적인 변화의 과정이지만, 전 생애를 놓고 볼 때 기간에 따라서 서로 다른 신체 · 심리 · 사회적 발달 특성이 나타난다. 이와 같이 시간의 흐름에 따라 나타나는 인간의 특징적인 발달 특성을 근거로 하여 전체 발달 과정을 세분화하여 구분한 것을 인간 발달 단계라고 한다.

발달심리학자들이 인간 발달 단계를 구분함에 있어서 관심을 기울이는 영역과 기준은 각기 다르다(신명희 외, 2013; 정옥분, 2004). 하지만 전 생애에 걸친 신체 · 심리 · 사회적 발달을 모두 포괄하는 전체 발달 양상을 기준으로 인간 발달 단계를 구분할 때 가장 유용하게 사용될 수 있는 기준은 연령이며, 많은 학자가 연령을 기준으로 인간 발달 단계를 구분하고 있다. 그럼에도 연령 기준은 임의적이고 대략적인 기준이므로(임은미 외, 2013), 특정 발달 단계의 연령 구분은 그 연령의 전후, 즉 '그 연령 무렵'에 특징적 발달의 전환이 이루어진다는 의미로 이해하는 것이 바람직하다. 연령을 기준으로 구분한 전 생애에 걸친 인간 발달 단계를 살펴보면 〈표 2-1〉과 같다.

〈표 2-1〉 인간 발달 단계의 구분

학 자	발달 단계명	연령 구분
Havighurst(1972)	아동 초기	출생~5, 6세
	아동 중기	5, 6~12, 13세
	청년기	12, 13~18세
	성인 초기	18~35세
	성인 중기	35~60세
	성인 후기	60세 이후
Newman & Newman(1987)	태내기	임신~출생기
	영아기	출생~2세
	걸음마기	2~4세
	학령 초기	4~6세
	학령 중기	6~12세
	청소년 초기	12~18세
	청소년 후기	18~22세
	성인 초기	22~34세
	성인 중기	34~60세
	성인 후기	60~75세
	초고령기	75세~사망
Papalia & OLDS(1998)	태내기	수정~출생
	영아기	0~2세
	유아기	2~6세
	아동기	6~11세
	청년기	11~20세
	성년기	20~40세
	중년기	40~60세
	노년기	60세 이상

인간 발달 단계를 구분함에 있어서 학자에 따라 발달 관심 영역과 발달 과업 성취의 판단기준이 다르고, 사회문화적 특성이 다르기 때문에 인간 발달단계에 대한 합의된 연령 범위는 존재하지 않는다. 그러므로 이 책에서는 이상의 발달 단계 구분과 우리나라의 법체계, 교육제도, 사회문화적 배경 등을 고려하여, 인간 발달 단계를 크게 태내기(수정~출생 전), 영아기(출생~3세), 유아기(3~7세), 아동기(7~13세), 청소년기(13~19세), 성인기(19~40세), 중년기

(40~65세), 노년기(65세 이상)라는 8단계로 구분하고자 한다. 그리고 이 단계들을 좀 더 세분화하여, 영아기는 신생아기(출생~1개월)와 영아기(1개월~3세), 유아기는 걸음마기(3~5세)와 학령전기(5~7세), 그리고 성인기는 청년기(19~30세)와 성년기(30~40세)라는 2개 세부 단계로 구분하여 논의할 것이다. 이 책에서의 인간 발달 단계 구분은 〈표 2-2〉와 같다.

〈표 2-2〉 이 책의 인간 발달 단계 구분

발달 단계	세부 단계	연령 구분
태내기		수정~출생 전
영아기	신생아기	출생~1개월
	영아기	1개월~3세
유아기	걸음마기	3~5세
	학령전기	5~7세
아동기		7~13세
청소년기		13~19세
성인기	청년기	19~30세
	성년기	30~40세
중년기		40~65세
노년기		65세 이상

이 책에서의 발달 단계별 연령 구분 역시 일반적인 발달심리학에서와 마찬가지로 대략적 기준이지만, 나름의 연령 구분 기준을 활용하였다. 영아기와 유아기는 영유아보육법에 근거하여 구분하였다. 영유아보육법에서는 6세까지를 영유아로 규정하지만 3세 미만과 3세 이상의 보육교직원 배치기준에서 2배 이상의 큰 편차를 보이고 있는데, 이는 3세 이전의 영아와 3~7세 유아의 발달적 차이를 반영한 것이다. 따라서 이 책에서도 3세 이전을 영아기, 3~7세를 유아기로 구분하며, 유아기는 다시 기존의 발달에 관한 연구결과를 근거로 3~5세의 걸음마기와 5~7세의 학령전기로 구분하였다.

아동기와 청소년기는 초등학교와 중·고등학교의 교육연한과 청소년기 연령 기준에 대한 사회통념 그리고 청소년보호법에서 청소년을 19세 미만으로 규정하고 있는 점에 근거를 두고, 아동기는 7~13세로, 청소년기는 13~19세로 구분하였다.

성인기의 시작 연령은 민법상 성년 기준에 따라 19세로 설정하였으며, 우리나라의 사회통념상 결혼을 중요한 전환점으로 인식하는 점을 고려하여, 평균 초혼연령을 기준으로 성인기를 19세부터 40세까지 두 단계로 구분하였다. 중년기는 전통적 발달이론의 구분과 사회적 통념, 그리고 직업 및 부모 역할에 대한 사회문화적 기대를 반영하여 40세부터 64세까지로 설정하였다. 한편 중년기와 장년기를 별도로 나누기에는 관련 발달심리학 연구의 축적이 아직 충분하지 않다는 점에서 하나의 연령대로 통합하였다.

노년기는 노인복지법과 시행규칙, 기초연금법을 근거로 65세 이상으로 구분하였으며, 인생 100세 시대인 점을 고려하여 다시 세부 단계로 구분하여 논의하는 것이 바람직하지만 중·장년기와 동일한 이유로 세부 단계로 구분하지는 않았다.

2) 발달 과업

인간에게는 전 생애에 걸친 발달 단계를 거쳐 가는 과정에서 각 단계별로 특별히 요구되는 과업이 존재하는데, 이를 발달 과업이라 한다. 이 책에서는 각 발달 단계에서 수행해야 할 발달 과업에 대해 제2부에서 상세히 다룰 것이다. 해비거스트(Havighurst, 1972)의 발달단계이론을 중심으로 단계별 주요 발달 과업을 요약해 보면 〈표 2-3〉과 같다.

〈표 2-3〉 인간 발달 단계별 주요 발달 과업

발달 단계	발달 과업
영유아기	① 보행 학습, ② 고형분의 음식 섭취 학습, ③ 언어 학습, ④ 배설통제 학습, ⑤ 성차 인식, ⑥ 생리적 안정 유지, ⑦ 환경에 대한 단순 개념 형성, ⑧ 타인과의 정서적 관계 형성 학습, ⑨ 양심의 발달
아동기	① 놀이에 필요한 신체기술 학습, ② 자신에 대한 건전한 태도 형성, ③ 또래친구 사귀는 법 학습, ④ 성역할 학습, ⑤ 기본 학습기술(3R)의 습득, ⑥ 일상생활에 필요한 개념 학습, ⑦ 양심, 도덕, 가치체계의 발달, ⑧ 사회집단과 사회제도에 대한 태도 발달
청소년기	① 자신의 신체 및 정서 역할 수용, ② 동성 또는 이성 친구와의 새로운 관계 형성, ③ 부모와 다른 성인으로부터의 정서적 독립, ④ 경제적 독립의 필요성 인식, ⑤ 직업 선택 및 준비, ⑥ 유능한 시민으로서의 기본적인 지적 기능과 개념 획득, ⑦ 사회적 책임에 적합한 행동, ⑧ 결혼 및 가정생활의 준비, ⑨ 과학적 세계관에 근거한 가치체계의 발달
성인기	① 배우자 선택, ② 배우자와의 생활방법 학습, ③ 가정 형성, ④ 자녀양육과 가정관리, ⑤ 시민으로서의 의무 완수, ⑥ 친밀한 사회집단 형성
중년기	① 사회적 의무의 완수, ② 경제적 표준생활 확립과 유지, ③ 10대 자녀의 훈육과 선도, ④ 적절한 여가 활용, ⑤ 배우자와의 친밀한 관계 유지, ⑥ 중년기의 생리적 변화 인정 및 적응, ⑦ 노년기 부모에의 적응
노년기	① 신체적 건강 쇠퇴에의 적응, ② 은퇴와 수입 감소에의 적응, ③ 배우자의 사망에 대한 적응, ④ 동년배와의 유대관계 재형성, ⑤ 사회적 시민의 의무 수행, ⑥ 생활에 적합한 물리적 환경의 조성

3. 인간 발달과 사회복지실천의 관계

"요람에서 무덤까지"라는 베버리지(Beveridge, 1942)의 말에서 보듯이, 사회복지는 모든 국민의 전 생애에 걸쳐 나타나는 욕구를 충족하고, 그들이 직면한 문제를 예방하고 해결하기 위한 사회적 대책이다(현외성 외, 1996). 그런데 인간의 욕구는 연령이나 발달 단계에 따라 매우 다양하게 나타나며, 발달 과업의 적절한 이행에 어려움을 겪기도 하므로 인간의 신체·심리·사회적 발달에 대한 지식은 사회복지사로서 효과적으로 업무를 수행하기 위해서 필수적으로 갖추어야 할 지식이다(Hepworth et al., 1997; Maguire, 2002).

발달이론의 기본 전제는 사회복지실천의 환경 속의 인간이라는 이중적 초점과 인간을 통합적으로 기능하는 존재로 보는 전체적 인간관(holistic view)과 유사하다. 그러므로 인간발달이론은 사회복지 원조과정에의 기본 토대를 제공할 뿐만 아니라 각 분야의 사회복지제도의 발달을 위한 기반을 제공해 주고 있다.

사회복지실천은 개인과 환경에 이중적 초점(dual focus)을 두며, 이들이 상호작용하는 과정에서 적응적 균형을 달성하도록 하는 데 목적을 둔다. 이때의 적응(adaptation)이란 개인과 환경이 지속적으로 상호작용하는 과정에서 적합성(goodness-of-fit)을 획득하는 과정이라 할 수 있다. 사회복지사를 찾는 대다수의 내담자는 부적응 문제를 해결하기 위해 도움을 요청한다. 그러므로 사회복지실천에서는 개인과 환경 사이의 부적응으로 인하여 유발되는 내담자의 욕구와 문제를 원조나 개입의 주된 영역으로 삼는다.

적응의 또 다른 측면은 신체 · 심리 · 사회적 측면에서 성공적으로 발달적 전이(developmental transition)를 하는 것이다(Greene & Ephross, 1991). 저메인(Germain)은 주요 타인이나 사회제도와의 상호작용을 통하여 지지를 얻을 수 있을 때를 '적응적'이라고 하였다. 그러므로 사회복지실천에서는 내담자가 발달적 전이 과정에서 경험하는 스트레스와 문제에 적절히 대처할 수 있도록 원조하는 데 초점을 두어야 한다.

환경에 대한 적응력은 스트레스와 위기에 대한 대처자원에 따라 달라진다(Compton & Galaway, 1989; Newman & Newman, 1987). 카로프(Caroff, 1982)는 사회복지사는 내담자의 스트레스를 경감할 수 있는 수단을 발견하고, 내담자의 대처자원과 적응능력을 강화함으로써 개입전략을 수립할 수 있게 된다고 하였다. 그러므로 내담자의 대처능력을 고양하는 것, 즉 스트레스를 해결하고 각 발달 단계의 도전에 대한 새로운 해결책을 만들어 내기 위해 적극적인 노력을 기울이는 것이 사회복지실천의 핵심이다.

인간발달이론은 ① 전 생애에 걸친 변화와 안정에 기여하는 요인의 판별, ② 신체 · 심리 · 사회적 기능 간의 상호 관련성 설명, ③ 인간의 사회적 기능과 적응수준의 평가, ④ 인간 발달에 영향을 미치는 사회 영향력을 평가할 수 있는 잣대를 제공해 준다. 즉, 사회복지실천에서는 신체 · 심리 · 사회적 발달과 관련된 이론에 근거하여 개인의 적응과 부적응을 판단하는 기준을 설정할 때가 많다(Johnson & Yanca, 2001). 그러므로 인간발달이론은 사회복지실천의 원조 과정, 특히 내담자와 내담자가 속한 환경과 관련된 상황을 파악하는 자료수집 또는 조사 단계(data gathering or study), 내담자의 문제를 야기한 원인, 그리고 내담자가 지닌 강점 및 자원을 판별하는 사정 단계(assessment)와 밀접한 관련성을 지닌다.

사회복지실천에서 내담자와 관련된 자료수집과 사정을 할 때에는 신체적 구조와 기능상의 변화를 포함한 신체적 발달 수준을 이해하고, 신체 및 건강상의 역기능과 문제를 지니고 있는지를 파악해야 한다(Birren & Renner, 1977). 즉, 사회복지실천에서는 현재 건강 상태와 질병, 이전의 병력(病歷), 건강상의 습관, 신체구조와 기능상의 문제, 운동기술, 신체적 외모 등 신체적 발달과 관련된 다양한 자료를 수집하고, 이를 근거로 신체적 발달의 수준과 문제를 사정하여야 한다. 사회복지사가 내담자의 심리적 발달을 사정할 때에는 개인의 감각, 지각, 정서, 학습, 기억, 사고, 판단, 문제해결, 언어기술, 상징능력, 자기개념, 현실검증 등과 같은 다양한 요인의 내적 상태를 면밀히 조사하여야 한다(Cohen, 1980). 즉, 내담자의 심리적 발달과 관련된 조사와 사정에서는 광범위한 행동, 정서 및 인지적 발달뿐 아니라 정신건강, 이상행동 등에 대해서도 관심을 기울여야 한다. 사회복지사가 내담자의 사회적 발달을 이해하기 위해서는 사회적 지위와 역할수행 정도, 사회관계망(social network)과의 관계, 사회화 과정, 사회적 기대와 규범, 가족조직, 정치적 · 종교적 이데올로기, 경제활동과 경제적 안녕상태, 생활전이상의 문제 등에 대해서 조사하고 사정하여야 한다(Bengtson & Harber, 1983; Newman & Newman, 1987).

인간 발달에 대한 지식의 축적은 사회복지 분야의 발전을 가져왔다. 사회복지 전문직에서는 인간 발달에 관한 지식을 기반으로 발달 단계별로 욕구, 문제, 부적응 상태를 면밀히 분석하고 이를 충족 또는 해결할 수 있는 이상적이고 규범적인 사회복지 대책을 제안하였다(남세진 · 조흥식, 1995). 사회복지실천의 원칙, 방법론, 그리고 기술과 인간 발달 단계와의 관련성에 대해서는 앞으로 사회복지 교육과정의 전공 심화과정에서 심도 있는 논의가 이루어질 것이다.

생물학은 개인의 신체적 발달, 유전적인 영향, 인간의 성장 단계와 본능에 초점을 두고 있으며, 사회학은 사회와 환경적인 요소를 강조하고, 심리학은 정신, 정서적 발달, 성격과 관련된 행동의 발달에 중점을 두고 있다. 이들 각 분야는 생애 발달 과정을 달리 설명하고 있으므로, 이들의 설명은 사회복지실천의 상이한 접근을 제안하고 있다. 사회와 환경적인 영향 또한 인간의 발달에 중요한 영향을 미친다.

토론

1. 각 발달 단계별로 나타나는 주요 발달 과업과 욕구를 비교하고, 이에 따라 사회복지사의 개입 전략이 어떻게 달라져야 하는지 논의해 보자.
2. 전통적인 발달이론들이 현재의 사회문화적 변화 속에서 어떻게 재해석되어야 하는지 살펴보고, 다양한 발달 경로를 포용할 수 있는 이론적 접근이 가능한지 토론해 보자.

02
PART

인간의 성장과 발달

03 CHAPTER

태아기, 영유아기

학습목표

1. 태아기와 영유아기의 신체적 발달의 영향 요인과 양상을 이해한다.
2. 태아기와 영유아기의 인지적 발달의 영향 요인과 양상을 이해한다.
3. 태아기와 영유아기의 사회적 발달의 영향 요인과 양상을 이해한다.
4. 태아기와 영유아기의 사회복지실천과의 연관성을 이해한다.

목차

인간의 성장과 발달 과정은 지속적이고 순차적인 과정을 통해 이루어진다. 출생 후 6세까지는 신체, 심리, 사회적 측면에서 많은 변화가 일어나는 중요한 시기로, 이를 태아기와 영유아기로 나누어 살펴볼 필요가 있다(Erikson, 1950; Piaget, 1952). 태아기에는 신체적 성장과 주요 신경계 형성이 중심이 되며, 영유아기에는 인지 발달과 사회적 상호작용이 중요한 역할을 한다(Berk, 201). 이 시기의 발달 특성을 이해하는 것은 사회복지실천에서 영유아와 가족을 효과적으로 지원하는 데 필수적이며, 초기 발달 단계에서의 적절한 개입과 지원은 영유아의 장기적인 발달에 긍정적인 영향을 미칠 수 있다(Bronfenbrenner, 1979). 사회복지실천 과정에서 사회복지사는 이러한 발달 과정을 이해함으로써 클라이언트의 발달적 요구를 충족시키고, 맞춤형 개입 전략을 수립할 수 있다.

1. 태아기의 발달

1) 태아기의 특성

인간의 생명은 부부간의 사랑을 근거로 성적 관계를 통하여 남성의 정자와 여성의 난자가 결합됨으로써 시작된다. 즉, 태아기는 수정에서부터 출생까지를 말한다. 태아의 성장과 발달 과정은 인간의 모습을 갖추어 가는 과정에 맞추어 발아기, 배아기, 태아기 순으로 나누어진다.

태아기는 수정(受精)에서 출산까지의 280일의 태내(胎內) 기간 중 2개월에서 출산 전까지의 시기이다. 태아의 태내 발달은 크게 3기로 구분하는데, 수정에서 약 2주간을 발아기(period of the zygote), 다음 6주간을 배아기(period of the embryo), 2개월에서 출산까지를 태아기(period of the fetus)라고 한다.

이 시기에는 소화기관의 활동도 시작되고 골격·근육이 계속 발달하여 팔·다리·어깨를 자율적으로 움직이며 심장은 율동적으로 뛰게 된다. 이와 같이 태아의 성장은 발달의 법칙을 따르게 된다(서울대학교 교육연구소, 1995).

2) 태아기의 발달

(1) 신체적 발달

① 발아기(period of the zygote) : 수정~임신 2주

수정과 함께 정자와 난자의 핵이 융합됨으로써 본격적인 태내 발달이 시작된다. 발아기에는 세포 분열을 거친 수정란이 자궁벽에 착상하게 된다. 수

정란은 수정 후 약 30시간이 지나면서 두 개의 세포로 분열하기 시작하여, 수정된 지 3~4일이 지나면 60~70개의 세포로 이루어진 배반포(blastocyst, 난할기가 끝난 배)가 형성된다. 배반포의 안쪽은 배아가 되고, 바깥쪽은 양막으로 분화된다. 양막(amnion)은 수정 후 7~9일이 지나 배반포가 자궁벽에 착상했을 때 배반포의 바깥쪽이 형성하는 일종의 막으로, 양수로 차 있어 내부를 일정한 온도로 유지해 주는 동시에 모체의 움직임에서 비롯된 충격을 완화하는 역할을 한다.

장막(chorion)이라 불리는 또 다른 보호막 일부는 태반(placenta)을 형성하는데, 태반은 탯줄(umbilical cord)을 통해 모체와 태아를 연결해 주며 2가지 중요한 역할을 수행한다. 그중 하나는 모체에서 산소와 영양분이 담긴 혈액을 탯줄의 정맥을 통해 태아에게로 운반하는 것이고, 다른 하나는 태아의 분비물이 담긴 혈액을 탯줄의 동맥을 통해 바깥으로 배출하는 것이다. 2주에 걸쳐 일어나는 이 같은 일들은 매우 미묘하고 까다로워 정자와 난자가 제대로 결합하지 못하거나 세포의 분열에 문제가 발생한 약 30%의 수정란은 이 과정에서 살아남지 못한다. 이 같은 경우 착상 자체가 되지 않는데, 이는 앞으로 태내에서 일어날 여러 기형을 미리 차단하고자 하는 기제에서 비롯된 것이라 볼 수 있다(Sadler, 2006).

② 배아기(period of the embryo) : 임신 3~8주

배아기는 성장 속도가 가장 빠른 시기로, 3~4주에는 약 0.7cm이던 배아가 이 시기의 말기에는 약 2.5cm로 성장한다. 이 시기는 주요 기관을 포함한 대부분의 기관들이 형성되는 때이므로 결정적 시기(critical period)로도 불린다. 배아기 이후 시기인 태아기에도 경미한 장애가 생길 수 있지만 심한 기형이 될 가능성이 높은 장애의 발생 가능성은 배아기가 지나면 감소하며, 따라서 배아기의 태내 환경이 특히 중요하다.

수정란이 자궁벽에 착상한 후 배아는 외배엽(ectoderm), 중배엽(mesoderm),

내배엽(endoderm)의 세 겹의 층으로 다시 분화된다. 외배엽은 신체의 표면적 부분(표피, 손/발톱, 머리카락, 치아 등)과 신경계, 뇌, 척수로, 중배엽은 진피, 근육, 골격, 순환계, 배설기관으로, 내배엽은 신체의 내부 기관(소화기관, 기관지, 허파, 내장, 간, 갑상선 등)으로 발달한다. 초기에는 신경계의 발달이 매우 빠르게 진행되는데, 외배엽은 신경관을 형성하며, 이는 이후 척수가 된다. 3주의 절반이 지날 즈음에는 신경관의 윗부분이 부풀어 올라 뇌가 만들어지며, 신경관의 안쪽에서 신경세포(neuron)들이 1분에 25만 개의 속도로 빠르게 생산된다. 이처럼 신경계가 발달하는 동안 심장은 혈액을 펴 올리고, 근육과 척추, 갈비뼈, 소화관들이 모습을 드러내기 시작한다.

첫 한 달이 끝나갈 무렵 배아는 조직화된 백만 개의 세포들로 구성된다. 둘째 달에 접어들면 눈과 귀, 코, 턱, 목 등이 형성되고, 팔과 다리, 손가락, 발가락이 생겨나기 시작하며, 내부 장기들은 창자와 심장, 간, 비장으로 분화해 각각의 기능을 담당한다. 이때에야 비로소 태아는 주변 환경을 지각할 수 있게 되며 움직일 수도 있게 되는데, 이 움직임이 엄마에게까지 전달되지는 않는다(Moore & Persaud, 2008).

③ 태아기(period of the fetus) : 임신 9주~출생

태내기 중 가장 긴 기간으로, 출생 직전까지 세상에 나가기 위해 필요한 모든 준비를 하며, 큰 폭의 성장이 완성되는 시기이다(Berk, 2009). 우선, 임신 9주째에는 장기와 근육, 신경계가 조직적으로 연결되기 시작하며, 12주 정도가 되면 외부 생식기가 완전히 형성되어 초음파로 성별을 분간할 수 있다(Sadler, 2006). 임신 17~20주에는 엄마가 태동을 느낄 수 있을 정도로 많이 자라며, 태아의 피부를 덮고 있는 백색 크림 같은 태지(vernix)가 양수 속에서 태아의 살갗이 트는 것을 막아주고, 태아의 온몸을 덮고 있는 연모(lanugo)는 태지가 피부에 달라붙어 있게 도와준다.

임신 6개월에 접어들면 많은 장기들이 어느 정도 발달한 상태를 보이고,

수억 개의 신경 세포들도 자리를 잡는다. 뇌의 이 같은 발달은 소리나 빛과 같은 자극에 반응하는 등의 새로운 행동을 가능하게 해준다. 그러나 이 시기의 태아는 폐가 아직 미성숙하고 뇌가 호흡과 체온을 통제할 만큼 발달하지 않았으므로 조산으로 태어날 경우 생존할 수 없다.

임신 7개월째부터 태아는 모체 밖에서도 생존할 수 있는 능력(age of viability)을 갖게 되는데, 이 시기의 조산아들은 호흡을 맡은 뇌 영역은 발달해 있지만 폐에 있는 공기 주머니가 아직 산소와 이산화탄소를 교환하는 기능을 담당할 정도로 성숙하지 못했기 때문에 인큐베이터 안에서 길러져야 살아남을 수 있다(Moore & Persaud, 2008). 마지막 3개월 동안에는 인간의 사고 기능의 핵심 영역이라 할 수 있는 대뇌피질(cerebral cortex)의 크기가 커지고, 표면에 주름과 홈이 나타나 뇌의 표면적이 큰 폭으로 증가하는 등 태아의 뇌가 발달상 큰 진전을 보인다. 또 출산이 가까워지면 태아는 기질의 일부를 드러내기도 한다.

한 연구에서 임신 마지막 주에 나타나는 태아의 활동성(activity)은 생후 1년, 나아가 초기 아동기의 활동성으로 이어졌으며(Groome et al., 1999), 또 다른 연구에서는 이 시기에 활동적이었던 태아가 생후 1년에 좌절 상황을 더 잘 나누고, 생후 2년에 장난감이나 낯선 어른들과 더 잘 상호작용하는 모습을 보였다(DiPietro et al., 2002). 이 시기에 외부 자극에 대한 반응성이 크게 발달하기도 하는데, 8~9개월의 태아는 서로 다른 음색과 리듬의 소리를 구분할 줄 알며 이에 대해 서로 다른 심장 박동을 보인다는 연구 결과가 있다(Kisilevsky et al., 2003). 임신 마지막 주가 되어 세상에 나갈 때가 임박하면, 자궁의 형태와 머리의 무게 때문에 대부분의 태아들은 머리와 발이 뒤바뀐 자세를 취하게 된다.

(2) 인지적 발달

태아기의 인지적 발달은 어머니의 건강 상태와 환경적 요인의 영향을 받으며, 자궁 내에서 경험하는 다양한 감각 자극과 신경계의 발달을 통해 이루어진다. 이 시기의 발달은 출생 후의 학습 능력과 인지 기능의 기초를 형성하므로 태아기의 인지적 발달에 대한 이해는 출생 후 아동의 발달을 지원하고 최적의 발달 환경을 제공하는 데 중요한 기초가 된다.

① **신경계 발달** : 태아기의 인지적 발달은 신경계의 발달과 밀접하게 관련되어 있다. 임신 3주경부터 뇌의 초기 구조가 형성되기 시작하며, 임신 6주경에는 신경관이 완성된다(O'Rahilly & Müller, 2008). 이 시기에 신경세포의 생성과 이동이 활발히 이루어지며, 이는 뇌의 기본적인 구조를 형성한다.

② **감각 경험** : 태아는 임신 중 다양한 감각 자극을 경험한다. 예를 들어, 청각 자극은 임신 약 20주부터 가능하며, 태아는 외부 소리와 어머니의 목소리를 들을 수 있다(Hepper, 1991). 이러한 청각 경험은 출생 후 언어 발달과 사회적 상호작용에 중요한 영향을 미친다, 임신 24주부터는 태아가 빛 자극에 반응하기 시작하며, 이는 시각 발달의 기초가 된다(Granier-Deferre et al., 2011).

③ **학습 능력** : 태아는 임신 중 학습 능력을 발달시키기 시작한다. 연구에 따르면, 태아는 반복적인 자극에 대해 습관화 반응을 보이며, 이는 학습과 기억의 초기 형태로 볼 수 있다(Dirix et al., 2009). 이러한 능력은 출생 후 인지적 발달의 중요한 기초가 된다.

④ **뇌 발달과 인지 기능** : 태아기의 뇌 발달은 인지 기능의 기초를 형성하는 시기이다. 즉, 뇌의 각 영역이 발달하면서 특정 인지 기능과 연관된 네트워크가 형성된다. 예를 들어, 전두엽의 발달은 주의력, 계획, 문제 해결 등 고등 인지 기능과 관련이 있다(Kostović & Jovanov-Milošević, 2006).

⑤ **환경적 영향** : 태아기의 인지적 발달은 어머니의 건강 상태, 영양 상태, 스트레스 수준 등 환경적 요인의 영향을 받는다. 어머니의 스트레스와 관련된 호르몬 변화는 태아의 뇌 발달에 영향을 미치며, 이는 출생 후 인지 기능에 장기적인 영향을 줄 수 있다(Van den Bergh et al., 2005). 또한 어머니의 영양 상태는 태아의 뇌 발달에 필수적인 요소이다(Georgieff, 2007).

(3) 사회적 발달

태아기의 사회적 발달은 태아가 태내 환경에서 경험하는 다양한 감각 자극과 상호작용을 통해 이루어지는데, 이러한 발달은 출생 후의 사회적 상호작용의 기초가 되며, 감각 발달, 정서적 유대, 호르몬과 화학적 신호 등을 포함한다. 이 시기의 발달이 순조롭게 이루어지면 아이는 출생 후 보다 건강한 사회적 관계를 형성할 수 있는 토대를 마련하게 된다.

① **청각 발달** : 태아는 임신 약 20주부터 외부 소리를 들을 수 있는 능력을 갖추게 된다(Hepper, 1991). 특히 어머니의 목소리와 심장 박동 소리는 태아에게 중요한 자극이 되며, 이는 태아가 출생 후 어머니를 인식하고 애착을 형성하는 데 중요한 역할을 한다(DeCasper & Fifer, 1980).

② **촉각 발달** : 태아는 자궁 내에서 움직이면서 자궁벽이나 자신의 신체와 접촉할 수 있다. 이러한 촉각 자극은 신경 발달과 감각 통합에 기여한다(Kisilevsky et al., 2004). 태아기의 촉각 경험은 출생 후 환경과의 상호작용에 필요한 기초를 형성한다.

③ **운동 발달** : 태아는 임신 초기부터 움직이기 시작하며, 이러한 움직임은 뇌와 신경계의 발달에 중요한 역할을 한다(Piontelli, 2010). 또한 어머니가 태아의 움직임을 느끼는 경험은 출생 후의 상호작용을 준비하게 한다(DiPietro et al., 2002).

④ **호르몬과 화학적 신호** : 태아는 어머니의 스트레스 수준이나 정서 상태에 반응할 수 있다. 어머니의 정서 상태는 호르몬을 통해 태아에게 영향을 미치며, 이는 태아의 발달에 중요한 역할을 한다(Glover, 2011). 스트레스 호르몬인 코르티솔은 태아의 신경 발달에 직접적인 영향을 줄 수 있다(Van den Bergh et al., 2005).

출생 후 태아는 이미 어머니의 목소리와 심장 박동 소리에 익숙해져 있다. 이는 신생아가 어머니와의 첫 애착을 형성하는 데 중요한 요소가 된다(Stern, 1995). 임신 기간 동안 어머니와의 정서적 유대는 자연스럽게 출생 후 아이의 정서적 안정과 사회적 상호작용에 영향을 미치며(Feldman et al., 2007), 이러한 유대는 출생 후 초기 발달에 중요한 역할을 한다. 태아기의 감각 경험은 출생 후 환경과의 상호작용에 필요한 감각 통합 능력을 발달시키는 기초가 되므로(Schore, 2001), 감각 경험은 태아의 뇌 발달에 중요한 기여를 한다고 할 수 있다.

3) 태아의 발달에 영향을 미치는 요인

태아의 발달은 다양한 요인에 영향을 받으며, 신체적, 정신적, 사회적 발달에 중요한 역할을 한다. 주요 요인을 ▌그림 3-1▐과 같이 생물학적 요인, 환경적 요인, 사회경제적 요인으로 나누어 살펴볼 수 있다.

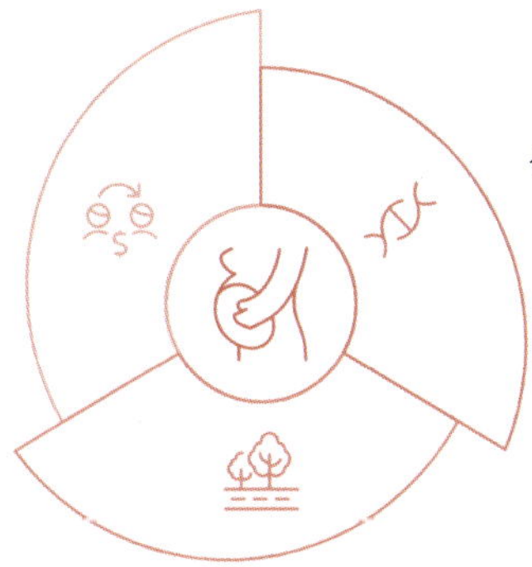

| 그림 3-1 | 태아의 발달에 영향을 미치는 요인

(1) 생물학적 요인

① **유전적 요인** : 태아의 유전자는 부모로부터 물려받은 DNA에 의해 결정된다. 이는 태아의 신체적 특성, 성별, 잠재적인 질병 소인 등을 포함한다(National Institutes of Health, 2006).

② **모체의 건강 상태** : 모체의 건강은 태아의 발달에 직접적인 영향을 미친다. 이는 영양 상태, 만성 질환의 유무, 체중, 혈압 등을 포함하며, 특히 임신 중의 질병이나 건강 상태는 태아에게 심각한 영향을 미칠 수 있다(American College of Obstetricians and Gynecologists, 2015).

③ **임신 중 약물 및 알코올 섭취** : 임신 중 약물, 알코올, 흡연 등의 섭취는 태아의 발달에 치명적인 영향을 미칠 수 있다. 태아 알코올 증후군(FAS)이나 신경계 이상 등의 위험이 증가할 수 있다(Centers for Disease Control and Prevention, 2020).

(2) 환경적 요인

① **영양 상태** : 임신 중 모체의 영양 상태는 태아의 성장과 발달에 중요한 역할을 한다. 충분한 영양 섭취는 태아의 뇌 발달과 신체적 성장에 필

수적이다(World Health Organization, 2016).

② **환경 독소 노출** : 화학 물질, 방사선, 공해 등에 노출되는 것은 태아의 건강에 부정적인 영향을 줄 수 있다. 이러한 환경 독소는 태아의 발달장애, 저체중 출생, 조산 등의 위험을 높일 수 있다(March of Dimes, 2019).

③ **스트레스 및 정신건강** : 모체의 정신적 스트레스와 정서적 상태도 태아의 발달에 영향을 미친다. 높은 스트레스는 호르몬 변화를 유발하여 태아의 발달에 부정적인 영향을 미칠 수 있다(O'Connor et al., 2002).

(3) 사회경제적 요인

① **경제적 안정성** : 가족의 경제적 상태는 임신 중 모체의 영양, 건강관리 접근성 등에 영향을 미친다. 경제적 어려움은 스트레스 증가와 적절한 의료 서비스 이용의 어려움을 초래할 수 있다(Bloom et al., 2001).

② **교육 수준** : 모체의 교육 수준은 건강 정보에 대한 접근성과 이를 활용할 수 있는 능력에 영향을 미친다. 교육 수준이 높을수록 임신과 출산 관련 건강 정보를 잘 이해하고 실천할 가능성이 높다(Grossman et al., 2006).

③ **사회적 지원** : 가족 및 지역사회의 지원은 임신 중 모체의 정신적 안정과 스트레스 감소에 중요한 역할을 한다. 사회적 지원이 풍부할수록 모체의 전반적인 건강 상태가 좋아질 수 있다(Kahn et al., 2000).

4) 태아기의 사회복지실천

사회복지 현장에서의 효과적인 실천을 위해 생물학적, 심리적, 사회적 차원의 문제 등 발달에 영향을 주는 요인을 다음의 〈표 3-1〉을 통하여 살펴보도록 한다.

〈표 3-1〉 발달에 영향을 주는 요인

구 분	내 용
생물학적 차원	• 임산부의 건강 및 영양 상태 • 선천성 장애 예방을 위한 산부인과적 문제의 검토 • 임산부의 나이 • 임신에 관련된 여러 문제 전력 • 유전적 질병이나 만성질환의 존재 • 약물 사용이나 중독, 유전상담이 필요한 경우 : 임산부 가계에 유전병이 있는 경우, 유전 결함이 있는 자녀를 출산한 경험이 있는 경우, 습관 유산 경험이 있는 경우
심리적 차원	• 계획하지 않은 임신에 대한 부정적인 심리적 반응 • 임신 기간에 유발되는 불안, 스트레스, 정서적 흥분 등의 심리적 변화 • 임신/출산 과정에서 비롯되는 지식 및 부모의 역할 변화와 그에 따르는 책임감에 따른 심리적 변화
사회적 차원	• 빈곤으로 인해 임신 기간 중 필요한 영양과 의료적 보살핌을 받지 못하는 것 • 가정 환경 문제 • 직장 생활을 하는 임산부의 과도한 업무 부담으로 인한 신체적 과로와 스트레스

사회복지사나 보건 전문가는 조산이나 저체중아 출산의 위험이 있는 여성을 발견하고, 의료, 영양, 교육, 심리적인 개입을 제공하는 역할을 한다. 이러한 서비스 제공은 임신 결과를 긍정적으로 이끌기 때문에 매우 중요하다. 태아기 관리의 사회복지실천 측면에서 사회복지사는 임산부가 복잡한 보건 관리체계를 잘 이용할 수 있도록 돕고, 이용할 수 있는 보험이나 의료서비스를 받을 수 있도록 지원해야 한다(김도영, 2018). 또한 클라이언트의 욕구를 반영하여 진료소 내부 환경을 개선하는 옹호자의 역할을 수행해야 한다. 또한 임산부가 진료소에서 제공하는 서비스(정기 진료, 검사, 임산부 교육 등)에 참석할 수 있도록 돕는 역할도 중요하다(박지현, 2017).

사회복지사는 실질적인 서비스를 제공해야 한다. 예를 들어, 높은 위험에 처해 있는 임산부를 선별하여 전화나 서신으로 다음 진료 일정을 확인해 주

4) 영유아기의 사회복지실천

(1) 영아기의 문제와 사회복지실천과의 연관성

출생 직후 영아에게서 발견되는 다양한 유전적 선천성 질환은 사회복지사들이 관심을 가져야 하는 중요한 문제이다. 예를 들면, 다운증후군과 지적장애뿐 아니라 유아 자폐와 정서장애를 포함한 소아 정신질환, 야뇨증 등은 가능한 한 조기에 진단과 치료를 시작할 수 있도록 도와야 한다. 지적장애 이외에도 시각장애, 청각장애, 언어장애 등은 조기에 전문적인 상담과 치료를 받을 수 있도록 장애인종합복지관을 비롯한 관련 단체나 시설을 연결하여 적절한 개입을 해야 한다.

발달 초기에 나타나는 유아 자폐(autism)에도 관심이 필요하다. 유아 자폐는 어머니나 주변 사람에게 반응이 없거나 의사소통에 큰 장애가 있고, 환경 변화에 비정상적인 반응을 보이는 증상으로 출생 후 2년 안에 주로 나타난다.

자폐 증상이 있는 아이들의 경우 대부분 태어날 때부터 다른 아이들과 다른 반응을 보이는데, 울지도 않고 안기기도 싫어하며, 6개월이나 1년이 지나도 어머니에게 애착 행동을 보이지 않는다. 유아 자폐는 이후 발달에도 큰 영향을 미치므로 집중적인 치료가 필요하다.

우선 부모의 죄책감과 좌절감을 해결해 주고 아이와 신뢰 관계를 유지하도록 도와주어야 하며, 아이가 자라면 속히 전문가에게 의뢰하여 치료받도록 해야 한다. 약물치료가 보조 치료 방법으로 도움이 되며, 행동장애를 감소시키고 부족한 의사소통을 개선하기 위해서는 특수교육과 행동요법을 병행하는 것이 좋다. 특히 놀이치료가 효과적인데, 장기간의 일관성 있는 관계 형성을 통하여 아이가 치료자와 애착 관계를 경험하도록 해야 한다.

(2) 유아기의 문제와 사회복지실천과의 연관성

유아를 학대하는 문제는 우리 사회의 적극적인 관심과 개입이 필요한 심각한 사회문제로서 사회복지사들이 주도적인 관심을 가져야 한다. 우리나라 경우, 현재 아동 보호 서비스가 전국적으로 시행되고 있으나 아직 서비스 내용이나 전문 인력, 프로그램 면에서는 한계가 많다. 따라서 앞으로 아동학대에 대한 적극적인 홍보와 더불어 한층 실질적인 아동 보호 서비스 체계가 구축될 수 있도록 지속해서 노력해야 한다. 또한 보호가 필요한 유아에 대해서는 격리나 시설보호보다는 가능한 한 원가정에서 보호받을 수 있도록 재가복지 차원의 지지적이고 보충적인 서비스를 개발하고 확대해야 한다.

부모의 바람직한 양육 태도는 유아의 심리적·정서적 발달에 큰 영향을 미친다. 예를 들어, 유아가 부모와 긍정적인 정서 관계를 형성하는 것은 그 이후 인간관계의 질을 결정하는 중요한 바탕이 된다. 따라서 유아를 둔 부모들이 긍정적인 양육 태도를 가질 수 있도록 교육하고 상담하는 예방 프로그램들이 확대되어야 한다.

특히 다문화가족에서는 문화적 차이와 부부 갈등, 의사소통 문제 등으로 유아의 건전한 양육과 보호가 어려운 실정이다. 따라서 전국의 지역아동센터를 비롯한 가족센터, 사회복지관, 관련 기관에서는 취약한 유아와 부모를 지원하는 다양한 사업을 전개하는 것이 바람직하다.

또한 사회복지사는 점차 심각해지는 유아기 스마트폰 중독에 관심을 가져야 한다. 유아의 뇌는 3세 전후에 빠른 속도로 발달하는데, 이 시기에 스마트폰이나 미디어에 지나치게 노출되면 뇌의 발달이 늦어지게 된다. 더욱이 스마트폰은 쌍방적 소통이 아니라 일방적으로 주어지는 자극이기 때문에 유아에게 꼭 필요한 공감과 애정 표현, 적절한 반응의 기회를 놓치게 된다. 따라서 학령전기 유아를 보호하거나 양육하는 기관이나 현장에서는 불필요한 미디어의 사용을 줄이고, 현장 체험과 신체활동 기회를 늘려가는 것이 바람직하다. 아울러 가정에서는 유아들이 가능한 한 스마트폰에 접촉하지 못하도록 부모들이 주의를 기울이고, 스마트폰에 과하게 노출된 유아들의 경우에는 조기에 개입하여 학령기 게임 중독이나 인터넷 중독으로 이어지지 않도록 관심을 기울여야 한다.

토론

1. 태아기의 발달 특성을 이해하고 설명해 보자.
2. 영유아기의 발달 특성을 이해하고 설명해 보자.
3. 어머니의 건강 상태, 영양, 스트레스 등 환경적 요인이 태아 및 영유아의 발달에 미치는 영향을 사례를 통해 설명하고, 이를 개선하기 위한 사회복지적 접근 방법을 논의해 보자.
4. 부모의 양육 태도와 스타일이 영유아의 정서적·사회적 발달에 미치는 영향을 탐구하고, 긍정적인 양육 태도를 장려하기 위한 교육 프로그램의 중요성에 대해 이야기해 보자.

CHAPTER 04

아동기, 청소년기

학습목표

1. 아동기와 청소년기의 신체적 발달의 영향 요인과 양상을 이해한다.
2. 아동기와 청소년기의 인지적 발달의 영향 요인과 양상을 이해한다.
3. 아동기와 청소년기의 사회적 발달의 영향 요인과 양상을 이해한다.
4. 아동기와 청소년기의 사회복지실천과의 연관성을 이해한다.

목차

1. 아동기의 발달

1) 아동기의 특성

아동기는 인간 발달에서 중요한 시기로 6~12세에 해당되며, 이 시기의 특성은 신체적, 인지적, 정서적, 사회적 발달이 통합적으로 이루어진다는 점에서 두드러진다. 아동기의 신체적 발달은 급격한 성장과 함께 근육 발달, 운동 능력의 향상을 포함한다. 이 시기 아동들은 대근육과 소근육의 협응력이 향상되며, 이는 다양한 신체 활동과 운동 기술 습득으로 이어진다(김정희, 2017). 인지적 발달 측면에서는 피아제(Jean Piaget)의 인지발달이론에 따르면, 아동기는 구체적 조작기(concrete operational stage)에 해당한다. 이 시기의 아동은 논리적 사고와 문제 해결 능력이 발달하며, 보존 개념, 분류, 서열화 등의 인지적 과제를 수행할 수 있게 된다. 이러한 인지적 성장은 아동이 학교에서 학습하는 데 중요한 기초가 된다(박지영, 2019). 정서적 발달에서는 자아 개념과 자기 존중감이 형성되는 시기로, 아동은 자신에 대한 긍정적 또는 부정적 인식을 바탕으로 자기 존중감을 발달시킨다. 에릭슨(Erik Erikson)의 심리사회적 발달이론에 따르면, 아동기는 근면성 대 열등감의 단계로, 이 시기에 아동은 학업 성취나 과제 수행을 통해 성취감을 느끼고 자신감을 키운다. 성공적인 경험은 아동의 근면성을 강화하며, 반복되는 실패는 열등감을 초래할 수 있다.

사회적 발달 측면에서는 또래 관계와 사회적 기술의 발달이 중요한 역할을 한다. 아동은 또래와의 상호작용을 통해 사회적 규범과 역할을 학습하며, 협력, 갈등 해결, 공감 능력을 키운다. 학교는 이러한 사회적 기술을 연습하고 발전시키는 중요한 환경으로 작용한다. 또래 관계에서의 긍정적 경험은 사회적 유능감을 증진시키며, 부정적 경험은 사회적 불안을 유발할 수 있다.

종합적으로, 아동기는 신체적, 인지적, 정서적, 사회적 발달이 종합적으로 이루어지는 중요한 시기이다. 이 시기의 특성을 잘 이해하는 것은 아동의 건강한 성장과 발달을 지원하는 데 필수적이다. 이를 위해 다양한 발달이론과 연구 결과를 바탕으로 아동기의 특성을 반영한 교육과 양육 방법이 필요하다. 아동의 전인적 발달을 촉진하기 위해서는 가정, 학교, 사회가 협력하여 아동에게 적절한 환경과 지원을 제공해야 한다.

2) 아동기의 발달

(1) 신체적 발달

아동기의 신체적 발달은 여러 측면에서 중요한 변화가 일어나는 시기로, 신체 성장과 운동 능력의 향상이 두드러진다. 이 시기의 아동은 키와 체중이 꾸준히 증가하며, 신체 비율이 점차 성인과 비슷해진다. 이러한 발달은 아동의 일상 생활과 학습에 중요한 영향을 미친다.

우선, 이 시기의 아동은 평균적으로 매년 약 5~7cm 정도 키가 자라고, 2~3kg 정도 체중이 증가한다. 이러한 성장률은 유전적 요인과 영양 상태, 신체 활동량에 따라 다소 차이가 있을 수 있다(김정희, 2017). 특히 균형 잡힌 식단과 규칙적인 운동은 아동의 건강한 신체 발달을 촉진하는 데 중요한 역할을 한다. 신체적 발달에서 또 다른 중요한 변화는 근육 발달이다. 대근육과 소근육의 협응력이 크게 향상되기 때문에 아동은 더 복잡한 운동을 수행할 수 있게 되며, 이는 학교 체육 활동이나 놀이를 통해 확인할 수 있다. 예를 들어, 이 시기의 아동은 축구, 농구, 줄넘기와 같은 스포츠 활동에 적극적으로 참여하며, 이러한 활동은 근력과 지구력 발달에 기여한다.

이 시기에는 또한 운동 능력뿐만 아니라 신체 조절 능력도 발달한다. 이는 세밀한 동작을 조절하는 능력으로, 글씨 쓰기, 그림 그리기, 악기 연주와 같은 활동을 통해 발전된다. 소근육의 발달은 특히 중요한데, 이는 아동의 학업 성취와도 밀접한 관련이 있다. 소근육 발달이 잘 이루어진 아동은 글씨를 더 깔끔하게 쓰고, 정교한 작업을 수행하는 데 유리하다(이현주, 2020). 아동기의 신체적 발달은 또한 뇌의 발달과도 깊은 연관이 있다. 이 시기에 뇌는 여전히 빠르게 성장하고 있으며, 특히 전두엽의 발달이 두드러진다. 전두엽은 계획, 문제 해결, 자기 조절과 같은 고차원적인 인지 기능을 담당하는 부분으로, 이 시기의 아동은 점차 복잡한 사고와 계획을 세우는 능력을 발달시킨다. 이는 학업 성취와 사회적 기술 향상에 중요한 기초가 된다(김은경,

2018). 마지막으로, 아동기의 신체적 발달은 사회적 환경의 영향을 크게 받는다. 부모의 지원, 학교의 체육 교육, 친구와의 놀이 등이 아동의 신체 발달을 촉진하는 중요한 요소이다. 부모는 균형 잡힌 식단과 규칙적인 신체 활동을 장려하고, 학교는 체육 수업을 통해 다양한 운동 기회를 제공하며, 친구들과의 놀이를 통해 사회적 상호작용과 신체 활동을 동시에 경험하게 된다 (최민수, 2019).

(2) 인지적 발달

아동기의 인지적 발달은 생각하고 말하고 이해하고 의사소통하는 활동을 포함하며, 아동기 전 단계인 영유아기와 비교했을 때 큰 변화는 없다. 아동은 자신의 구체적 경험이나 익숙한 사물, 친숙한 환경에 대해서만 논리적으로 사고할 수 있다. 즉, 눈에 보이는 구체적 사실들만 사고할 수 있으며, 추상적이거나 가설적인 개념을 사고하는 것은 어렵다. 이는 구체적 경험 중심적 사고 단계라고 할 수 있다. 피아제는 인지발달이론에서 아동의 발달 단계를 감각운동기, 전조작기, 구체적 조작기, 형식적 조작기로 나누었으며, 특히 이 시기의 아동은 논리적 조작이 가능하고 보존, 분류, 서열화가 가능한 구체적 조작기(the concrete operational period)라 설명하였다(임선하, 1985; 조재훈, 1996).

구체적 조작기의 아동은 논리적 사고를 어느 정도 활용하여 보존 문제와 구체적인 문제를 해결할 수 있다. 보존 개념이란 물체의 모양이 변해도 그 물체의 양이 변하지 않는다는 것을 이해하는 능력이다. 예를 들어, 물을 다른 모양의 용기에 옮겨 담아도 그 양이 동일하다는 것을 이해할 수 있다. 또한 분류 능력은 사물을 특정 기준에 따라 그룹화하는 능력을 말하며, 서열화는 사물을 일정한 순서에 따라 배열하는 능력이다. 그러나 이 단계의 아동은 추상적인 문제를 해결하는 데는 논리적 사고를 적용하지 못한다. 이 단계에서는 사물을 직접 대상으로 하거나 사물 간의 관계를 대상으로 사고하며, 판단이나 추리의 형식은 판단이나 추리하는 내용과 밀접하게 관련되어 있다(김정희, 2017). 또한 구체적 조작기에서는 자기 중심성이 완화되고 다른 사람의 생각이나 감정을 이해하는 지각 능력을 가지게 된다. 이는 아동이 타인의 관점을 고려할 수 있게 되는 중요한 능력으로, 예를 들어 친구가 슬퍼하는 이유를 이해하고 공감하는 능력이 발달한다. 이 시기의 아동은 공간에 대한 개념도 발달하여 우리나라, 우리집, 이웃 동네와 같은 공간 개념을 형성하게 된다. 또한 가역성(reversibility) 개념을 이해하여 어떠한 상황을 역순으로 상상하여 처음 상황으로 재변환할 수 있다.

종합적으로, 구체적 조작기의 아동은 논리적 사고 능력을 발달시키며, 이는 구체적인 경험과 사실을 중심으로 이루어지므로 추상적이고 가설적인 개념에 대한 사고는 여전히 어렵다. 아동기의 인지적 발달을 이해하는 것은 아동의 학습과 교육에 중요한 영향을 미치며, 이를 바탕으로 효과적인 교육 방법을 설계하는 데 도움이 된다.

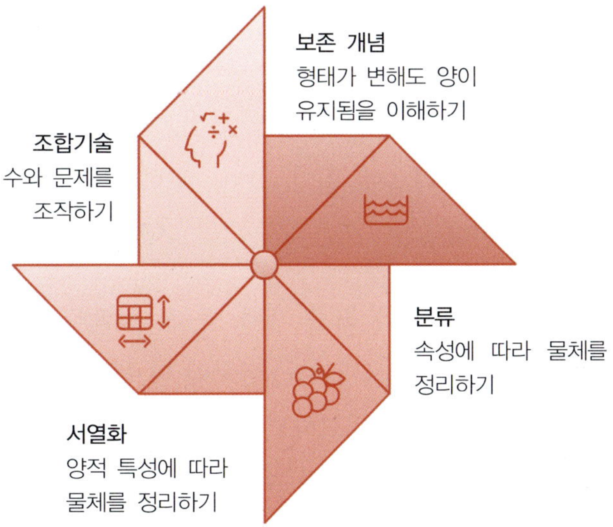

그림 4-1 인지적 발달

▌그림 4-1▐과 같은 아동기의 주요 인지적 발달의 구체적인 내용은 다음과 같다.

① **보존 개념** : 보존 개념은 형태에 따라 외형은 변하여도 양이나 부피는 변화하지 않고 그대로 유지된다는 것으로, 예를 들면 1리터의 물을 컵에 담거나 그릇에 담아도 외형만 변하고 양이나 부피는 동일한 상태로 유지된다는 것을 이해하는 것이다. 보존 개념 발달은 아동이 속해있는 집단의 문화적·교육적 환경에 영향을 받을 수 있다.

② **분류** : 사물을 속성에 따라 배열하는 능력으로 사물의 관련성과 공통점, 차이점을 이해하고 상하위 범주를 인지한다. 한 가지 속성에 따른 단순분류와 두 가지 이상의 속성에 따른 다중분류로 나눌 수 있는데, 즉 수박이나 바나나는 과일이고, 기차나 비행기는 먼 곳을 이동하기 위한 교통수단이라는 것을 이해한다.

③ **서열화** : 사물의 길이와 무게 같은 양적 차원에 따라 순서를 배열하는 능력으로, 자동차와 비행기를 크기로만 배열하는 단순서열화와 크기와 속도, 두 가지 이상의 속성에 따라 배열하는 다중서열화로 나눌 수 있다.

④ **조합기술** : 조합기술은 보존 개념, 분류, 서열화를 이해하고 활용하여 수를 조작하는 능력으로, 읽기, 쓰기, 셈하기 등을 적용하여 문제를 해결하는 기술이다.

피아제의 구체적 조작기의 보존 개념, 분류, 서열화, 조합기술은 지금의 아동기와는 많은 차이가 있으며 최근 연구에 따르면 아동들은 4세에서 5세 사이에도 이미 부피와 양을 비교하고, 속성에 따라 사물을 분류하며, 크고 작은 것, 빠르고 느린 것을 구분할 수 있다. 이러한 능력들을 통해 아동은 일의 순서를 정하고 차례를 지키며, 상황에 따라 자신의 기분과 감정을 표현하고, 행동의 옳고 그름을 구분할 수 있다.

또한 현대의 초등학생들은 생활 수준의 향상으로 양질의 영양을 섭취하며, 성적 성숙이 급격하게 이루어지고, 2차 성징이 나타나는 아동들이 많아졌다. 아동이 속한 집단의 문화, 교육 수준, 사회 환경에 따라 차이는 있지만, 통계적으로 볼 때 1950년대와 비교하여 많은 변화와 발전이 있었다.

이와 같은 변화는 학자들이 왕성하게 연구 활동을 하던 시기와 현재 사이의 발달에 큰 차이를 보여준다. 따라서 기존 이론 중심의 연구도 중요하지만, 현 사회에 맞는 새로운 발달 이론을 고려할 필요가 있다. 현대 아동의 발달 특성을 반영한 연구와 이론이 필요한 시점이다.

(3) 사회적 발달

아동기의 사회적 발달은 개인이 사회적 규범을 배우고, 또래 관계를 형성하며, 자아 개념을 발달시키는 중요한 과정이다. 이 시기에 아동은 가족, 학교, 또래 집단과의 상호작용을 통해 사회적 기술을 습득하고, 자신과 타인에 대한 이해를 깊이 있게 발전시킨다.

아동기의 사회적 발달에서 중요한 한 측면은 또래 관계의 형성이다. 가정에서 학교생활 중심으로 바뀌게 되고 또래 친구, 스포츠, 인터넷게임, 아이돌그룹, 대중매체를 통한 공통 관심사를 공유하는 학교 친구들과 함께 어울리는 능력이 발달하게 된다. 또래와의 상호작용은 아동에게 사회적 기술을 연습하고 발전시키는 중요한 기회를 제공한다. 아동은 또래와의 놀이를 통해 협력, 타협, 갈등 해결과 같은 중요한 사회적 기술을 배우게 된다. 이러한 경험은 아동의 사회적 유능감을 증진시키며, 긍정적인 또래 관계는 자존감 형성에도 중요한 역할을 한다(김정희, 2017). 또한 아동기는 자아 개념이 형성되고 발전하는 시기이다. 자아 개념은 자신에 대한 인식으로, 이는 아동이 자신을 어떻게 보는지, 자신을 어떤 사람이라고 생각하는지에 관한 것이다. 긍정적인 자아 개념은 아동이 자신감을 가지고 새로운 도전을 시도하도록 돕는다. 반면 부정적인 자아 개념은 자신에 대한 불신과 낮은 자존감으로 이어질 수 있다. 부모와 교사, 또래의 피드백은 자아 개념 형성에 중요한 영향을 미친다(박지영, 2019).

에릭슨의 심리사회적 발달이론에 따르면, 아동기는 근면성 대 열등감의 단계에 해당한다. 이 단계에서 아동은 자신이 능력이 있다는 느낌을 가질 필요가 있으며, 이는 학교와 가정에서의 성공 경험을 통해 강화된다. 아동이 자신이 가치 있는 존재라고 느끼는 경험을 많이 할수록 근면성이 강화되고, 이는 이후의 발달에 긍정적인 영향을 미친다. 반대로 반복적인 실패와 부정적인 피드백은 열등감을 강화시킬 수 있다.

사회적 발달은 또한 규칙과 규범을 이해하고 따르는 능력과 관련이 있다. 아동은 놀이와 학습 활동을 통해 규칙을 배우고 이를 준수하는 방법을 익힌다. 규칙을 지키는 것은 사회적 질서를 유지하는 데 중요하며, 이를 통해 아동은 사회의 일원으로서의 역할을 이해하게 된다. 규칙을 배우고 지키는 경험은 아동이 책임감과 자기 통제력을 기르는 데도 중요한 역할을 한다.

마지막으로, 아동기의 사회적 발달은 문화적 맥락과 환경적 요인의 영향을 크게 받는다. 다양한 문화적 배경을 가진 아동들은 각기 다른 사회적 규범과 기대 속에서 자라며, 이는 그들의 사회적 행동과 발달에 중요한 영향을 미친다. 또한 가정의 분위기, 부모의 양육 방식, 학교 환경 등도 아동의 사회적 발달에 중요한 역할을 한다. 긍정적이고 지지적인 환경은 아동이 건강한 사회적 발달을 이루는 데 필수적이다.

① 학교

학교는 아동의 학습 공간인 동시에 생활 공간으로, 아동은 학교 생활을 통해 읽기, 쓰기, 말하기, 셈하기 등 기본적인 지식을 습득한다. 또한 다양한 친구들과의 경험을 통해 사회적 기술과 태도를 익힐 수 있는 장소이다. 학교는 아동이 사회적 환경 속에서 바르게 적응할 수 있도록 의도적으로 힘을 길러주는 기관으로, 학교에서의 학습 활동, 특별활동, 생활태도 등은 학생과 교사 간의 관계, 학생 상호 간의 관계를 포함한다.

최근 맞벌이 부부가 증가하면서 아동은 가족과 함께하는 시간보다 학교에서 보내는 시간이 많아지고 있다. 따라서 아동이 학교생활에 얼마나 적응하고 만족하는지는 매우 중요하다. 아동이 사회적 · 심리적 욕구를 충족시키지 못하면 학습에 흥미를 잃게 될 뿐 아니라 사회적 관계에서도 고립될 수 있다(박용헌, 1986). 초등학교 시기는 전인적인 인간 형성을 중시하는 시기로 교사의 행동은 학생의 학업 성취뿐만 아니라 심리, 정서 및 인성 형성에 절대적인 영향을 미친다(서명진, 1996). 대부분의 아동은 학교를 좋아하고, 선생님과 학급 친구들에 대해 긍정적인 태도를 가진다. 이때 아동들은 부모가 학교, 친구들, 교사에 대해 가지는 생각과 감정에 많은 영향을 받으며 이를 동일시하는 경향이 있다. 따라서 부모는 교사를 존중하고 다양한 친구들의 특성을 긍정적으로 생각하여 아동이 학교와 친구들, 교사에 대해 좋은 감정을 가질 수 있도록 교육해야 한다. 아동은 초등학교에 입학하면서 친구라는 중요한 집단과 접하게 되며, 친구를 통해 사회의 가치관을 배우고, 학교에서의 성격 형성은 아동 간의 관계에 큰 영향을 준다.

학급 내에서 아동은 각자의 능력, 환경, 용모, 행동, 특성 등에 따라 사회적 지위가 결정된다. 어떤 아동은 인정받고, 어떤 아동은 무시되며, 집단 활동에서의 역할이 분담된다. 이러한 과정에서 아동은 학급 내에서 안정감, 소속감, 친밀감을 느끼며, 동료 상호 간의 협동, 신의, 희생, 동조, 복종 등의 풍토를 조성하게 된다(최은영, 1999).

저학년일수록 집단의식보다는 개인의식이 강하고 사회적 관계기술이 발달하지 못해 생활의 대부분을 교사와 부모에게 의존하는 경향이 있다. 고학년이 될수록 교사보다는 친구들의 영향을 더 많이 받는다. 교사는 아동의 특수한 재능을 알아보고 바람직한 행동을 발달시키기 위해 칭찬, 비난, 특권, 처벌과 같은 강화를 사용하며, 아동의 능력과 성취도를 비교하여 사회적 지위를 차별화한다. 이러한 교사의 행동이나 지도 방법에 의해 아동은 사회적으로 바람직한 행동과 관련된 규범을 학습하고, 자신의 사회적 지위에 따른 사회 정체감을 형성하게 된다. 일반적으로 교사의 행동을 긍정적으로 지각하는 아동일수록 긍정적 자기 개념을 형성하는 경향이 강하다(권중돈, 2020).

긍정적인 학생일수록 교우 관계와 학습 과제를 긍정적으로 받아들이며, 문제 해결을 위한 효과적인 방법을 동원하여 학교생활에 잘 적응하고, 교사와 또래 친구들과 원만한 대인관계를 유지하며, 학업 성취도 또한 매우 우수해 이로 인해 즐거운 학교생활을 하게 된다.

② 단체놀이와 상호작용

아동기의 또래와의 관계와 상호작용은 아동의 인성과 사회성 발달에 중요한 영향을 미친다. 아동은 학교생활을 통해 또래 집단과 다양한 활동을 경험하며, 동일한 관심사를 중심으로 친구를 선택하고 상호작용을 통해 자기 중심적 관점을 감소시킨다. 또래 집단 속에서의 활동을 통해 행동 기준, 태도, 가치관을 배울 수 있으며, 자신의 행동을 유지하거나 교정하면서 또래 집단의 인정과 승인을 받기를 원한다. 이러한 과정은 아동의 자아 개념 형성과 성격 발달에 중요한 의미를 가진다.

놀이는 아동의 사회성 발달에 크게 기여한다. 놀이를 통해 아동은 또래와 접촉하며, 자기와 타인의 관계를 학습하고, 대인관계에서 발생하는 다양한 문제를 해결하는 방법을 배운다. 놀이 집단에서 지켜야 할 규칙을 준수하는 과정에서 사회적 적응력과 사회적 규범의 준수라는 사회성 발달이 이루어진다(장선철, 1994).

아동기는 또래 집단과의 단체 놀이를 선호하는 시기로, 단체 놀이는 팀 스포츠 형태로 진행되며, 일정한 시간을 정해 다양한 규칙을 준수하며 승패에 집중하게 된다. 승리와 패배를 경험하면서 아동은 또래 집단과의 관계가 더욱 친밀해지고, 공동의 목표를 위해 각자의 역할을 성실히 수행해야 승리를 보장받을 수 있음을 배운다. 이러한 팀 스포츠 경험을 통해 개인의 목표보다 집단의 목표가 우선한다는 것을 인식하게 되며, 자신이 잘했더라도 팀이 패배하면 슬퍼하고, 자신이 못했더라도 팀이 승리하면 기뻐하는 상호작용의 교훈을 얻는다.

팀 스포츠에서 아동은 자신의 역량을 내세우기보다 팀 전체에 동기부여하며, 가장 약한 구성원을 도와주는 것이 팀 전체에 이익이 됨을 깨닫는다. 이는 사회의 다른 문제를 해결하기 위한 중요한 밑거름이 된다. 아동은 팀 스포츠에 참여함으로써 패배의 비참함을 맛보고, 이를 피하기 위해 팀에 헌신하는 경험을 하게 된다(이인정 외, 2004).

③ 대중매체

대중매체는 아동들의 사회적 발달과 대중문화 형성에 매우 큰 영향을 미치고 있다. 텔레비전뿐만 아니라 개인용 컴퓨터, 태블릿 PC, 그리고 국민 대다수가 소유하고 있는 스마트폰은 언제 어디서든 적은 비용으로 원하는 정보를 찾아보고 빠르게 공유할 수 있는 장점을 지닌다. 그러나 이러한 매체는 잘못된 정보를 전달하여 왜곡된 시각을 형성할 수 있는 단점도 있다.

아동들이 인터넷이나 스마트폰에 지나치게 몰두하면 또래 친구들과 어울릴 기회가 줄어들고, 놀이나 스포츠를 통한 신체적 활동이 감소하여 근골격의 성장 발달에 부정적인 영향을 미칠 수 있다. 또한 친구들과의 상호작용이 부족해지면서 사회성 발달이 저해될 수 있다. 특히 대중매체의 정보 중 지나치게 폭력적이고 선정적인 거짓 정보는 사람들의 비판적 사고 능력을 저하시킬 뿐만 아니라, 아동들에게 잘못된 사회 인식과 가치관을 심어줄 수 있다. 따라서 저질 콘텐츠를 통제, 관리, 차단하고, 아동들이 양질의 콘텐츠를 구별할 수 있도록 교육하는 공교육과 아동을 보호해야 하는 사회 구성원의 책임 의식이 필요하다. 이러한 노력은 아동들이 건강하고 균형 잡힌 사회적 발달을 이룰 수 있도록 도울 것이다.

3) 아동기의 발달 과업

발달 과업이라는 개념을 제시한 사람은 미국의 과학자이자 교육학자인 로버트 해비거스트(Robert J. Havighurst, 1900~1991)이다. 그는 개인이 속한 사회·문화적 환경에 따라 차이가 있지만, 개인이 환경에 적응하기 위해서는 인간 발달의 각 단계마다 반드시 성취해야 할 과업(task)이 있음을 주장하며, 이를 발달 과업이라고 하였다. 발달 과업은 단계별로 질서와 계열성을 가지는데, 각 발달 단계에는 결정적 시기(critical period)가 있으며, 이전의 발달 단계는 다음 발달 단계의 행동에 영향을 미친다는 특성이 있다. 발달 과업의 성취는 매우 중요한데, 개인이 각 단계에서 발달 과업을 잘 성취하면 다음 단계의 과업을 원만히 수행하고 삶에 잘 적응할 수 있지만, 그렇지 못하면 다음 과업 발달에 곤란을 겪고 불행을 느끼며 사회적으로 부적응하게 된다.

에릭슨에 따르면 인간에게는 미리 정해진 8개의 발달 단계가 있으며, 모든 사람들은 유전적 기질을 바탕으로 사회적 환경과 상호작용하면서 한 단계씩 거쳐 나간다. 각 단계를 성공적으로 완수하면 정상적이고 건강한 개인으로 발달할 수 있지만, 어느 단계에서 실패하면 그 단계와 관련한 정신적 결함을 가지고 살아가게 된다. 발달 단계에 따라 발달 과업이 정해져 있고, 이를 해결하여 그 핵심적 가치를 달성했는지 여부에 따라 발달 정도를 판단할 수 있다(Erikson, 1950).

에릭슨은 심리사회적 발달 이론의 8단계 중 4단계를 아동기(학령기)로 보았으며, 아동기 단계에서의 발달 과업을 근면성 대 열등감(industry vs. inferiority)이라고 하였다. 근면성 대 열등감의 시기는 초등학교에 입학하는 학령기 연령대로, 이때부터 아동은 열심히 노력하는 것을 통해 성취감을 맛보기 시작한다. 그러나 자기가 노력한 만큼의 결과를 얻지 못하면 주변 또래 집단에 비해 뒤떨어진다고 느끼고 열등감을 느끼게 된다. 에릭슨의 심리사회적 발달이론에 따르면, 학령기의 아동들은 또래 친구들과 함께 학교라는 공간에서 새로운 것을 학습하고 경험하면서 상호작용을 통해 배우게 된다. 이 과정에서 또래 집단이 정한 규칙과 규범을 준수하고 학교의 교육과정을 성실히 수행해야 한다. 이 모든 과정을 성실히 수행하기 위해 필요한 것이 바로 근면성이다. 적극적인 참여 자세와 자발성으로 어려운 문제를 해결하려 노력하고, 과정 중 실수를 하거나 결과가 실패하더라도 포기하지 않고 열심히 노력한 결과물에 대한 성취감은 근면성의 중요함을 배우게 되는 소중한 경험이 된다.

반대로 아무리 노력해도 결과물을 얻지 못하고 또래 친구들에 비해 뒤떨어진다고 느끼게 되면 열등감이 생길 수 있다. 열등감은 자신의 능력을 과소평가해서 생기기도 하지만, 사회적 분위기나 문화 차이로 인해 생길 수도 있다. 자신의 가치를 신체 조건이나 출생 지역, 피부색이나 언어와 같은 사회문화적 차이에 의해 판단하고 이를 극복하려 하지 않으면 아동은 상처를 받고 정체감과 침체기를 겪게 된다. 부모와 교사는 아동이 노력한 만큼 좋은 결과를 얻기 위해 노력하는 근면성을 칭찬하고, 노력한 만큼의 결과를 얻지 못해 상대적 열등감을 느끼는 아동들에게 충분한 기다림의 시간과 기회를 제공하며, 격려와 관심을 아끼지 말아야 한다.

4) 아동기의 사회복지실천

아동기의 사회복지는 아동이 편안하고 행복하게 지내는 상태를 의미한다. 넓은 의미에서 아동복지는 모든 아동의 신체적·사회적·심리적 발달을 보호하고 촉진하기 위해 경제, 교육, 보건, 노동 등 다양한 분야에 걸쳐 국가와 사회단체 및 개인이 행하는 정책, 법률, 서비스 등을 포함하는 포괄적인 노력을 의미한다. 좁은 의미에서는 아동복지를 보호자 또는 양육자에 의한 아동 양육이 불가능한 경우에 아동과 그 가족을 위한 공공 및 민간 기관에서 제공하는 사회복지 서비스로 볼 수 있다(최천규, 2020). 아동복지는 아동의 복지 증진을 위한 실천적 활동을 포함하며, 다음의 의미를 내포한다. 첫째, 아동의 건전한 발달과 보호를 향한 이념, 둘째, 아동들에게 혜택을 주기 위한 사회복지 프로그램, 셋째, 아동들을 위하여 제공되는 인간 서비스의 일부분을 의미한다. 이는 아동복지라는 이념을 함축하고 있으며, 아동을 위한 프로그램이나 서비스의 실천적 활동을 포함한다. 아동복지를 아동의 복지 증진을 위한 사회제도로 볼 때, 아동복지와 관련된 다양한 개념들이 있다.

첫째, 아동복지 서비스의 개념은 아동의 복지를 증진시키기 위한 다양한 서비스, 즉 아동보호 서비스, 보육 서비스, 방과 후 서비스, 위탁보호 서비스, 입양 서비스, 시설보호 서비스 등을 포함한다. 이러한 아동복지 서비스는 아동복지 전문가에 의한 개입과 대면적 접촉이 필요한 인간 서비스로 특징지어진다. 둘째, 아동지원의 개념은 아동 양육 지원을 의미하는 것으로, 한부모와 생활하는 아동의 양육을 위한 현금 소득의 이전을 포함한다. 셋째, 아동보호의 개념은 아동의 발달과 생명을 유지하기 위한 일상적인 욕구를 충족시키는 돌봄 형태의 양육과 관리를 의미한다.

아동기에는 학교에서의 교과수업 외에도 또래 친구들과의 다양한 체험을 통해 관계를 형성하고 자아 개념을 발달시키는 것이 중요하다. 아동기에는 신체적 성장에 필요한 영양 공급이 적절히 이루어지고, 정서적 발달을 저해하는 요인이 없는지 확인해야 하며, 조기에 장애를 발견하여 적절한 치료 기회를 제공함으로써 심리사회적 문제를 제거해야 한다. 해비거스트(Havighurst, 1972)에 따르면, 아동기의 발달 과업은 자주 하는 놀이에 필요한 신체적 기능의 학습, 자기 자신을 향한 긍정적인 태도 확립, 동년배와의 어울리기, 적절한 성 역할 학습, 기본적 학습 기술 발달, 일상생활에 필요한 기본 개념의 발달, 양심과 도덕, 가치 기준의 발달, 개인적 독립의 성취, 그리고 사회집단과 도덕에 대한 태도 발달이 포함된다. 이러한 발달 과업을 충족하기 위해서는 부모와 교사, 학교사회복지사의 지속적인 관심과 관찰이 필요하다(박재훈, 2018).

아동들의 문제를 파악하여 사회보장 제도를 통한 주거, 의료, 교육 급여를 실시하고, 사회보험을 통한 공공부조를 실행해야 한다. 사회복지사는 부모와 아동의 상담, 심리치료, 지역자원 연계를 통해 물질적 지원 방법을 모색하고, 방과 후 프로그램을 활용하며, 심각한 문제가 있는 가정폭력 사례는 분리 및 단기 보호로 적극적으로 개입하여 아동복지 사각지대에 있는 아이들을 위해 노력해야 한다.

토론

1. 현 사회환경에서 본인이 생각하는 적정 아동기 발달 단계를 논리적으로 제시하고 각자의 생각을 토론해 보자.
2. 아동의 성장 발달 과정에서 가장 중요시 생각해야 하는 부분은 무엇인지 본인의 생각을 제시하고 논리적 근거를 설명하자.
3. 우리나라 아동복지의 장점과 단점을 이야기하고 발전방향을 제시해 보자.

프로이트는 심리성적 발달이론에서, 잠재되어 있던 리비도(성본능)가 다시 활성화되는 생식기를 중요한 시기로 보았다. 이 시기에는 성적 욕구와 이성에 대한 관심이 증가한다. 발달 단계를 성공적으로 마치지 못할 경우 고착(발달 단계에 머무름)과 퇴행(이전 상태로 되돌아감)이라는 부정적 현상이 나타날 수 있다고 하였다.

에릭슨은 심리사회적 발달이론의 8단계 중 다섯 번째 단계로 청소년기를 자아 정체감 대 역할 혼미의 단계로 규정하였다. 이 단계에서 청소년은 다양한 실험과 경험을 통해 자신의 위치를 파악하며, 자아 정체감을 형성해 나간다.

피아제는 인지발달이론에서 청소년기를 형식적 조작기(formal operational stage)로 보았다. 이 단계에서는 청소년이 구체적이지 않고 추상적인 사상이나 개념에 대해서도 논리적이고 체계적으로 사고할 수 있는 능력을 갖추게 된다.

청소년기의 생리적, 정신적, 사회적 변화는 반드시 부정적인 결과로 이어지는 것은 아니다. 청소년기의 문제 행동들은 일정 기간이 지나면 자연스럽게 중단되며, 이러한 일탈과 문제 행동은 자아를 발견하고 건강한 사회 구성원으로 발전하기 위해 필요한 중요한 긍정적 시기일 수도 있다. 신체적으로는 이미 성인과 비슷하지만, 사회적으로는 성인으로 인정받지 못하는 시기이며, 현저한 성적 발달에도 불구하고 청소년들의 성적 행위는 사회적으로 금지되어 많은 사회적 문제를 야기할 수 있다.

2) 청소년기의 발달

(1) 신체적 발달

청소년기는 급격한 신체적 변화를 경험하는 시기로, 신장과 체중이 빠르게 증가하여 청소년기 말에는 성인과 유사한 체격에 이르게 된다. 특히 여자 청소년은 남자 청소년보다 2~3년 정도 신체 성숙이 빨리 진행된다. 일반적으로 여자는 11세 전후, 남자는 13세 전후로 신체적 성숙이 시작된다. 이 시기에는 급격한 호르몬 변화와 함께 2차 성징이 나타나 남녀의 신체적 차이가 뚜렷해지며, 이는 지위와 역할의 변화에도 영향을 미친다(한국청소년개발원, 2004).

청소년기에는 자신과 타인의 신체적 변화를 비교하면서 우월감이나 열등감을 느끼기 쉽고, 이러한 신체적 변화에 민감하게 반응한다. 따라서 각기 다른 성장률과 신체 구조는 청소년에게 큰 고민거리가 될 수 있다. 이 시기에 청소년의 신장은 빠르게 자라고 근육이 발달하여 성인과 비슷한 신체 형태로 변화한다.

남자 청소년은 근골격이 발달하면서 어깨와 허리가 넓어지고 몸이 두꺼워지며, 목소리가 변하는 변성기를 겪는다. 여자 청소년은 허리가 가늘어지는 반면, 골반이 넓어지고 가슴이 발달한다. 이러한 급속한 신체 변화로 인해 청소년은 자신의 신체에 어색함이나 불편함을 느낄 수 있다. 신체 내부 기관의 발달과 함께 내분비선이 활성화되면서 여드름이 생기고, 성호르몬의 분비로 생식기가 성숙하며 2차 성징이 나타난다. 남자 청소년은 고환에서 안드로겐이 활발히 분비되어 외부 생식기가 발달하고 음모와 체모가 자라며, 정자를 생산할 수 있게 된다. 또한 성적 욕구가 증가하여 몽정을 경험한다. 여자 청소년은 난소에서 에스트로겐이 활발히 분비되어 유방이 발달하고 음모와 체모가 자라며 자궁이 발달하여 임신이 가능해지고 초경을 경험하게 된다(백운효, 2009). 초경(menarche)은 소녀에게 가장 충격적인 신체적 변화 중 하나로, 공포, 불안, 수치심을 유발할 수 있으며, 성적 예비 지식이 부족할 경우 이러한 감정이 더욱 심해질 수 있다. 초경의 연령은 개인차가 크지만 일반적으로 11~13세 사이에 시작되며, 변이 범위는 9세부터 17세까지 다양하다. 한국 10대 소녀의 초경 연령은 9세부터 18세까지 분포하며, 평균 초경 연령은 13.2세이다. 그러나 약 1/3 정도의 소녀들은 초등학교 시절에 초경을 경험한다(Frisch, 1991). 최근 초경 연령이 점차 낮아지고 있으며, 우리나라에서도 상당수의 초등학교 4~5학년 여아들이 초경을 경험하고 있다.

〈표 4-2〉 초경 시작 연령

사례수	초등학교 1~3학년	초등학교 4학년	초등학교 5학년	초등학교 6학년	중학교 1학년	중학교 2학년	아직 없음
1,121명	2.5%	4.2%	24.5%	40.7%	25.5%	2.4%	2.5%

출처 : 한국청소년정책연구원(2021~2022) 통계청 자료.

〈표 4-3〉 몽정 시작 연령

사례수	초등학교 1~3학년	초등학교 4학년	초등학교 5학년	초등학교 6학년	중학교 1학년	중학교 2학년	아직 없음
1,168명	0.5%	2.9%	6.3%	17.2%	26.7%	37.4%	5.4%

출처 : 한국청소년정책연구원(2021~2022) 통계청 자료.

오늘날 청소년들은 균형 잡힌 식단으로 인해 양질의 영양을 공급받아 신체적 성장이 빠르게 진행된다. 또한 대중매체를 통해 성에 대한 정보를 쉽게 접하면서 빠른 속도로 신체적 성숙을 이루고 있다. 이러한 이유로 현재 청소년 세대는 이전 세대보다 더 빨리 성장하여 일찍 성인과 유사한 신체 구조를 갖추게 된다.

청소년기의 신체 변화에 따른 운동 능력은 남녀 모두 급속히 발달하지만, 근육과 골격의 발달 측면에서는 남자가 여자보다 더 우세하다. 신체적으로 조숙한 남자 청소년은 또래보다 신장이 크고 체중이 많이 나가며 근력이 강해 우수한 운동 능력을 보인다. 이로 인해 운동 경기에 적극적으로 참여하여 존재감을 드러내고, 친구들의 부러움을 받으며 긍정적인 자아 개념을 형성한다. 반면 조숙한 여자 청소년은 또래보다 신체적으로 더 많이 발달되어 자신을 성인에 가깝게 느끼고, 자의식이 강해진다. 이로 인해 타인의 말과 행동에 대해 어색함을 느낄 수 있으며, 아동기에는 대수롭지 않았던 주변의 작은 자극에도 수줍음, 불편함, 불안에 과민하게 반응할 수 있다.

신체적으로 발달이 빠른 청소년들은 또래 사이에서 인기가 높고 리더십을 발휘하며, 학교나 가정, 대인관계에서도 큰 문제 없이 긍정적으로 사회적 발달을 이루는 경우가 많다. 반면 신체적으로 미성숙한 청소년은 낮은 자존감과 열등감으로 인해 불평과 불만이 많으며, 관심을 끌기 위해 부적응 행동이나 공격적 행동을 나타내고 부정적인 자아 개념을 가질 수 있다. 따라서 청소년들은 긍정적인 자아 개념과 건강한 신체 발달을 위해 균형 잡힌 식습관과 규칙적인 생활 습관을 형성하는 것이 중요하다. 이러한 노력을 통해 청소년들은 신체적, 정서적, 사회적으로 건강하게 성장할 수 있다.

(2) 인지적 발달

청소년기는 신체적 발달과 함께 지적 능력이 급격히 발달하는 시기로, 추상적 사고와 논리적 사고가 고도로 발달하는 시기이다(Weisfeld & Berger, 1983). 인지란 지각, 사고, 기억, 학습, 문제 해결 등을 포함하는 모든 정신적 과정을 의미한다.

인간의 타고난 능력 중 가장 탁월한 것은 지식을 획득하는 능력이다. 이 알아가는 과정은 발달 단계를 거치며 이루어진다. 각 단계는 다음 단계를 촉진하며, 두 단계가 겹쳐지면서 다음 단계로 옮겨가게 된다. 피아제(Jean Piaget)에 따르면, 학습과 이해에 대한 수용 능력은 대체로 그들의 특정한 발달 단계에 의해 결정된다.

피아제는 청소년기를 인지 발달 단계의 네 번째 단계인 형식적 조작기(formal operational stage)로 분류하였다. 이 시기에는 대상이 없어도 추상적이고 논리적으로 상황과 사물을 추리할 수 있으며, 가설과 연역적 추론이 가능하고, 구체적이고 체계적인 조합적 사고도 가능한 단계라고 하였다. 이러한 논리적 사고의 발달은 청소년이 다양한 문제를 해결할 수 있게 하며, 추상적 사고 능력의 발달은 청소년이 현실 세계를 넘어서 과거, 현재, 미래를 사고할 수 있게 한다(김애순, 2005).

청소년기의 인지 발달은 상호 논리적 관계나 규칙, 법칙 등을 이해하고 자기 자신의 사고를 비판적으로 검토하는 능력을 포함한다. 또한 다양한 경험과 대인관계를 통해 상대방을 이해하고 포용하는 능력도 발달한다. 추상적이고 논리적인 사고가 발달하면서 다수의 변수를 정신적으로 조절할 수 있고, 시간이 지나면 사건이나 관계도 변화한다는 것을 이해하며, 가설적으로 발생할 수 있는 사건들을 미리 생각할 수 있다. 청소년은 문장이나 말 속에 논리적 일관성이나 숨은 의도가 있는지 구분할 수 있으며, 자신의 말과 행동이 어떤 결과를 초래할지 예측할 수 있다. 발달된 사고 능력을 가진 청소년은 어른의 세계에서 자신의 역할에 관심을 가지게 되고, 다양한 행동과 활동을 시도한다. 여러 가지 이론에 관심을 가지며 계획을 세우고 여행을 하거나 모험을 하려 하며, 정치나 종교 집단에 가입하는 등의 새로운 경험은 청소년의 정체성을 찾는 과정이다.

엘킨드(D. Elkind)가 제시한 청소년기의 자기 중심성은 자신의 독특한 세계와 타인의 보편적인 세계를 구분하지 못하고 자신이 특별한 존재라는 착각에 빠지는 경향을 설명한다. 청소년은 자신에 대한 강한 자의식을 보이며, 다른 사람의 경험이나 위기가 자신에게는 일어나지 않을 것이라고 믿는다. 청소년기의 자기 중심성은 상상의 청중과 개인적 우화라는 특징적인 행동으로 나타난다. 상상의 청중은 청소년 자신이 타인에게 집중적으로 관심과 주목의 대상이 되고 있다고 믿는 현상이며, 개인적 우화는 자신이 특별하고 독특한 존재이므로 자신의 감정이나 경험의 세계는 다른 사람과 근본적으로 다르다고 믿는 현상이다.

(3) 사회적 발달

청소년기는 신체적 발달 속도는 빠르지만, 심리적 및 사회적 발달 속도는 신체적 발달 속도를 따라가지 못하는 특징을 보인다. 이러한 발달 속도의 차이는 정서적 불안, 고독, 반항 등으로 표현되며, 이에 따라 청소년기는 흔히

질풍노도의 시기로 알려져 있다. 청소년기는 가족으로부터 지지와 보호가 필요하면서도 자기 충족과 독립을 준비하는 중요한 시기이다.

초기 청소년기에는 부모로부터 독립하고자 하는 욕구가 강해지면서 부모에 대한 신뢰와 존경심이 줄어들고, 반항적이고 공격적인 행동이 나타나며 갈등이 시작된다(김초록, 2014). 반면 또래 집단의 영향력은 커지게 되고, 상호작용을 통해 집단 내에서 소속감을 가지려 한다. 청소년은 또래 집단의 우정, 이성 친구와의 관계, 부모-자녀 관계 등의 대인관계를 통해 사회적 발달이 이루어진다. 이 과정에서 친구들의 지지와 이해가 필요하며, 소속감과 연대감 속에서 긍정적인 자아 개념을 형성하고 사회성을 발달시킨다(한상철, 2009). 그러나 부정적인 정체성을 가진 또래 집단 내에서는 잘못된 판단과 동조성으로 인해 학교 폭력, 집단 따돌림, 흡연 및 음주 등 비행과 일탈 행위가 나타나기도 한다(정옥분, 2004; 고영희, 2012). 더불어, 문제가 되는 청소년들은 불안정한 정서와 충동적 행동으로 인해 조절이 어려워지며, 정상적인 자기 표현 능력이 발달하기 어렵다. 따라서 청소년기 초기에 올바른 자기 표현 능력을 형성하도록 지도하는 것이 중요하다(고영희, 2012).

청소년기는 아동에서 성인으로 전환되는 과도기 시기로, 아직 모든 체계가 완전하지 않은 상태이므로 청소년들의 올바른 사회성 발달을 위해 세심한 주의와 긍정적인 환경 조성이 필요하다. 청소년기에 들어서면서 청소년이 처한 환경과 주변 사람들은 더 이상 그들을 아동으로 보지 않고, 청소년에 맞는 책임 있는 행동과 태도를 요구하게 된다. 이러한 갑작스러운 변화는 청소년의 적응 문제를 유발할 수 있다. 이 과정을 통해 청소년은 자신의 사회적 책임과 의무를 다시 수정하고 재설정한다.

사회적 발달 측면에서 가장 두드러지는 특징은 대인관계의 변화이다. 현실적으로는 가족에 속해서 생활하지만, 심리적으로는 가족으로부터 독립을 준비하는 심리적 유예기에 속한다. 부모의 지지와 승인을 필요로 하면서도 동시에 부모의 통제를 받지 않으려 하고, 부모의 권위에 도전하며 잦은 갈등을 겪는다. 이 시기에는 애착 대상이 부모에서 친구로 이동하며, 부모나 가족으로부터 분리되어 친구나 자기 자신에게 의존하려는 분리 개별화 경향이 증가한다. 청소년들은 또래 집단과 강한 유대감을 형성하며, 또래 집단의 인정을 받고자 하는 욕구가 매우 강하다. 상호 간의 심리사회적 관여가 깊어지고 정서적 안정감을 제공하며, 상호작용이 활발해져 우정을 통해 자신을 표현하고 타인을 이해할 수 있게 된다. 그러나 또래 집단과의 관계에서 서로 다른 성질의 특성으로 갈등이나 긴장을 경험할 수 있다.

① 가족관계의 변화

가족은 한 공간 안에서 함께 생활하며, 혈연이라는 독특한 특성을 지니고 있어 구성원들에게 미치는 영향력이 매우 크다. 이철수(2009)는 가족관계를 "일반적으로 가족 구조 내의 가족 성원 간 상호 관계를 말하고 친족 관계도 포함한다"라고 정의하였다. 가족 관계는 부부, 자녀, 형제라는 하위 체계로 구성되며, 이 모든 하위 체계 간의 관계를 포함한다. 가족 관계는 비교적 고정되어 있으며 장기적 혹은 영구적으로 지속된다. 또한 가정은 인간 최초의 교육의 장으로서 기본적인 생활양식을 학습하는 장소이며, 부모와 형제와의 인간관계를 통해 욕구 충족이 이루어지는 곳으로, 개인의 정신건강이 형성되는 환경이다(이화숙, 2009).

청소년기에 들어서면서 청소년들은 부모와 가정으로부터 심리적 독립을 준비하는 단계를 거친다. 이 과정에서 청소년들은 부모보다 또래 집단에 의존하려는 경향이 강해지며, 부모는 여전히 자녀를 아동으로 대하기 때문에 잦은 갈등이 발생한다. 청소년들은 자신의 의지대로 행동하려 하고, 부모의 의견을 논리적으로 비판하거나 맞서기도 하며, 간섭, 통제, 강제성에 대해 반항적 대응을 보인다. 이러한 심리적 독립 과정에서 청소년들은 해방감을 느끼기도 한다. 그러나 청소년들은 자신의 과잉 행동을 후회하고 반성하는 경우도 많다. 이 과정에서 부모는 자녀의 심리적 독립 단계를 인정하고, 지지와 응원을 통해 부모 자식 간의 관계가 한 단계 발전하는 애정 관계를 형성하게 된다. 가족은 건강한 대화를 통해 의견 차이를 조율하고 서로 이해하려는 노력이 필요하다. 이러한 자연스러운 과정을 통해 일시적으로 사춘기를 겪는 청소년은 대부분 정서적, 심리적으로 성장하고 발전하여 제자리로 돌아오게 된다. 부모는 자녀의 성장 과정에서 보람과 행복감을 느낄 수 있기 때문에 가족은 청소년기의 자녀가 건강하게 성장할 수 있도록 지지하고 격려하며, 열린 대화를 통해 서로의 의견을 존중하고 이해하는 과정이 필요하다.

② 또래 관계

청소년기에는 신체적, 심리적 변화와 함께 또래 집단과의 상호작용이 중요한 역할을 한다. 청소년들은 가족이나 부모보다 또래 집단과 더 많은 시간을 보내며, 진솔한 대화를 통해 우정 관계를 돈독히 하고, 또래 집단의 이해와 인정을 필요로 한다. 이러한 상호작용을 통해 사회성이 발달하게 된다. 이 시기에 좋은 또래 관계는 친밀한 교감을 형성하며, 나이가 들어서도 지속되는 소중한 지지와 응원의 존재가 된다.

또래 관계는 사회적 발달과 정신건강에도 긍정적인 영향을 미치지만, 때로는 문제 행동을 배우거나 군중 심리에 휩쓸려 부정적인 행동을 할 수도 있다. 또한 또래 집단 내의 성격 차이로 인해 의견 충돌이 발생하거나 무시와 배척의 과정을 통해 극심한 스트레스를 경험할 수 있어, 사회적 발달의 부정적인 측면도 존재한다.

문제 행동은 행동 문제, 정서 문제, 행동 장애, 부적응 행동, 역기능적 행동 등과 혼용되어 사용되는데, 이는 보통 부적응적이고 사회적 기준과 규범에 위배되는 행동을 의미한다(안효민, 2013; 최유진, 2019). 조정숙(2015)은 청소년의 문제 행동을 일상생활에서 사회적 규범을 벗어난 행동이나 태도로 정의하며, 가정, 학교, 지역사회에서 정서적, 행동적, 사회적 부적응 상태로 나타난다고 설명하였다.

또래와의 우정 관계 형성은 초기에는 동성 또래에서 시작하여, 신체적 성숙이 진행됨에 따라 차츰 이성에 대한 관심이 증가한다. 이성에 대한 관심이 증가하고 교제를 원하지만, 대부분의 또래 집단은 동성인 경우가 많아 이성과의 접촉은 주로 단체 활동(종교, 집회, 모임)을 통해 이루어지다가 점차 개별적인 관계로 발전한다. 시기와 지역에 따라 차이가 있지만, 절반 이상의 청소년들이 이성 교제 경험이 있다고 말하며, 첫 이성 교제의 시기로 12세에서 14세가 가장 많은 비중을 차지했다. 이성 교제는 타인과의 정서적 교류뿐만 아니라 대인관계의 기술을 습득하고, 즐거움과 설렘 등의 감정을 경험하며, 자신과 이성이 서로 다르다는 것을 알아가는 중요한 과정이다.

③ 청소년기의 성행동

청소년기에는 증가하는 성적 욕구와 이성교제를 통해 성적 경험을 할 수 있다. 청소년기의 성 가치관 변화로 인해 성 경험 연령이 낮아지고 성 경험률이 높아지면서 청소년 임신이나 미혼 부모와 같은 여러 사회적 문제들이 발생하고 있다. 성 경험이 있는 남학생 중 53%는 '분위기에 휩쓸려서', 16%는 '자신이 원해서' 성관계를 가졌다고 응답한 데 비해, 여학생의 경우 43.4%가 '분위기에 휩쓸려서', 31.1%가 '상대방이 원해서' 성관계를 가졌다고 응답하여 성에 대한 적극성에서 남녀 간 차이를 보여주었다(이명화, 1998).

청소년기의 성 행동은 신체적 발달의 결과로 나타나기도 하지만, 환경적 요인, 즉 성적 내용을 담은 매체의 발달과 그에 대한 접촉에 의해서도 유발된다. 다양한 성적 내용을 담은 매체들을 접하는 행동은 간접 성 행동으로 분류되며, 이러한 간접 성 행동에 대한 노출이 청소년들에게 미치는 부정적 영향에 대한 우려의 목소리가 크다.

윤영민(2000)의 연구에 따르면, 청소년 1,930명 중 39.3%가 인터넷 음란 사이트를 방문해 본 경험이 있었으며, '거의 매일' 방문하는 경우에서부터

'일주일에 1~2번', '한 달에 1~2번'까지 주기적으로 음란물을 경험하는 청소년은 21.9%로 나타났다. 그중 '거의 매일' 방문하는 청소년은 1.6%, '일주일에 1~2번' 방문하는 청소년은 8%로, 약 10%의 청소년들이 매우 빈번하게 음란물에 접촉하고 있었다.

또한 2022년 통계청 조사 결과 47.5%가 성인용 영상물 접촉 경험이 있으며, 남학생이 여학생보다, 고등학생이 중학생보다 접촉 경험이 더 많은 것으로 나타났다.

청소년기의 성적 경험은 자위행위나 타인과의 성교를 통해 나타날 수 있다. 성 충동을 조절하는 방법으로 가장 많이 선택되는 것은 자위행위로, 이는 온전히 자신의 성적 욕구 만족을 위한 행위이며, 이성에 대한 사랑의 감정 표현 방법은 아니다. 이로 인해 청소년들은 불안과 죄책감을 느끼게 되며, 다수의 청소년들은 도덕적 혹은 의학적 이유로 자위행위를 해서는 안 될 행동으로 생각한다. 자위행위가 불안전하고 건전하지 못한 행동으로 인식되면서도 이를 멈출 수 없고, 빈도와 정도가 심해지면 심한 불안감을 느끼고 정상적인 또래 관계나 사회 활동에 심각한 문제가 생길 수 있다.

성 충동은 중학생보다 고등학생이, 여자보다 남자가 더 높다. 올바른 성교육을 통해 성은 인간 생활에 필수적인 조건이며, 자신과 상대 이성의 성에 대한 특성과 역할을 이해하고 건전한 인간관계를 유지하며 상호 존중의 인식을 가진 인격체로 성장할 수 있도록 교육하는 것이 중요하다.

3) 청소년기의 발달 과업

청소년기는 다른 시기에 비해 여러 가지 문제 행동을 보이는 시기이다. 이 시기는 발달 특성상 정서적으로 불안하고 부모와 성인으로부터 독립을 추구하며, 기존의 가치관을 재구성하는 시기이다. 이러한 변화는 다양한 갈등과 문제를 수반하며, 이를 순조롭게 해결하지 못할 경우 잘못된 사리판단으로 인해 비행을 저지르거나 극단적인 행동을 할 수 있다(서혜석 · 송유미 · 이미영, 2009).

청소년기에 해당하는 발달 과업은 자기의 체격을 인정하고 자신의 성역할 수용, 동성이나 이성의 친구와 새로운 관계 형성, 부모와 다른 성인으로부터 정서적으로 독립, 경제적 독립의 필요성 인식, 직업을 선택하고 준비, 유능한 시민으로서 갖추어야 할 지적 기능과 개념 획득, 사회적으로 책임 있는 행동을 원하고 실천, 결혼과 가정생활 준비, 과학적 세계관에 맞는 가치체계 형성 등이 있다(이화숙, 2009). 해비거스트의 발달 과업은 개인이 적절한 시기에 기본적인 기능과 태도를 습득하는 것이 중요하다는 점을 강조하고 있기 때문에, 평생교육 분야에서 교육의 목표와 내용을 설정하는 데 많은 시사점을 제공하였다.

에릭슨은 심리사회적 발달이론의 다섯 번째 단계인 청소년기를 '정체성 대 역할 혼란의 시기'로 규정하였다. 이 시기에는 '정체성 대 혼돈(identity vs. role confusion)'의 과제가 주어진다. 청소년은 자신이 누구인지, 사회에서 어떤 역할을 할 수 있는지에 대한 개념을 형성하면서 건강한 정체성을 가지게 된다. 그러나 이를 해내지 못하면 혼돈의 심리 상태에 빠져 모든 것을 부정하거나 정서적으로 큰 괴로움을 겪는다.

이 시기의 주요 과제로는 두 가지가 있다. 첫째는 자신이 어느 집단에 속하여 그 집단의 책임과 의무를 완수하는 '소속감(commitment)'이다. 둘째는 가족의 울타리 밖에서 새로운 것을 탐색하려는 '탐색(exploration)'이다. 이 두 가지를 잘 해내면 성공적인 정체성을 형성하지만, 소속감만 있고 탐색할 용기가 없으면 '정체성의 조기 마감(foreclosure)'이 일어난다. 반면 소속감을 거부하고 탐색만 하는 경우는 '모라토리엄(moratorium)'에 머무른다(하지현, 2016).

4) 청소년기의 사회복지실천

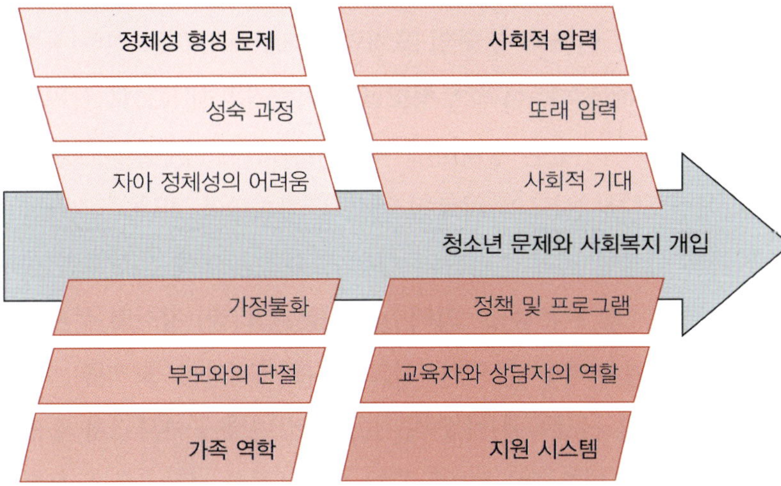

❙그림 4-2❙ 청소년기의 사회복지실천 접근

❙그림 4-2❙와 같이 청소년기의 사회복지실천은 청소년 문제 해결을 위한 포괄적 접근을 해야 하며, 다음과 같은 사항들이 고려된다.

청소년기는 신체적, 심리적, 정서적으로 매우 불안정한 시기이지만 자아 정체감을 확립하고 성에 대한 올바른 이해를 습득하며, 부모로부터의 자아 독립을 준비하고 미래에 무엇을 할지 꿈을 찾는 중요한 시기이다. 우리의 청소년들이 교과수업에서 배울 수 없는 다양한 활동을 통해 직접 체험하고 느끼는 기회가 많이 제공되어야 한다. 각자의 특성과 목표가 다른 현대사회에서 청소년들의 적성과 창의성, 다양성을 무시하고 높은 점수와 좋은 대학, 안정적인 취직만을 목표로 삼아서는 안 된다. 사회복지사, 부모, 교육계, 정치권 모두가 청소년들이 건강한 사회적 구성원으로 성장할 수 있도록 기회를 제공하고 응원해야 한다.

청소년들은 청년기와 성인기로 발달하는 과정에서 여러 문제를 겪을 수 있으며, 미성숙한 가치관과 자아정체감으로 인해 사회문제를 일으키기도 한다. 가출한 청소년들이 무리를 형성하고 비용을 마련하기 위해 범죄를 저지르거나 음주, 흡연, 약물 등 일탈행동을 하게 되면 비행청소년이라는 낙인이 찍히고 법적 처벌로 이어지며, 학업 포기와 부모와의 단절로 인해 돌이킬 수 없는 상처를 남기게 된다. 이러한 청소년들을 범죄의 대상으로 삼거나 범죄를 부추기는 일부 성인들은 강력하게 처벌해야 하며, 비행을 저지른 청소년들에게는 처벌보다는 선도와 치료적 개입을 강화해야 한다.

청소년기는 급격한 신체적 성장과 성적 성숙으로 인해 부정적인 신체 이미지를 야기할 수 있으며, 이로 인해 발생하는 심리적, 정서적 문제는 주위 사람들에게 말하기 어려울 수 있다. 학교의 사회복지사는 성, 피임, 임신, 출산, 양육 등 올바른 성교육을 시행하고, 신체적 변화에 따른 2차 성징이 자연스러운 과정임을 교육해야 한다. 또한 지역사회의 전문가들을 통해 다양한 프로그램을 제공하여 신체변화와 성에 대한 올바른 이해와 가치관 형성을 돕는 노력이 필요하다.

이 시기는 자신의 외형적 모습이 어떻게 비추어지는지에 대한 관심이 증가하는데, 특히 여자 청소년은 정상 체중임에도 불구하고 자신의 체형과 체중에 불만을 가지고 음식 섭취를 극도로 제한하는 경우가 많다. 이는 신체 불균형, 자존감 상실, 불안, 공포, 우울, 자살 등의 심각한 부작용을 초래할 수 있으며, 이에 따라 얼굴 성형을 원하는 청소년도 증가하고 있다. 외모보다 중요한 내면의 자아를 발견하고 존중하는 프로그램을 개발하고 교육하며, 같은 고민을 하는 학생들을 대상으로 강연이나 심리 상담을 정기적으로 진행해야 한다.

대부분의 문제는 가정의 불화에서 출발하기 때문에 가정에 대한 관심도 필요하다. 가족 치료 프로그램을 통해 부모의 심리 상담과 치료, 부모 교육을 병행하고 심각한 문제가 있을 경우 가족과의 분리를 통한 적극적인 개입도 고려해야 한다. 범죄 이력이 있는 청소년의 정상 생활로의 복귀를 돕기 위해 학업을 이어갈 수 있도록 지원하고, 직업 훈련, 검정고시, 대안학교, 쉼터 생활 등 다양한 방법을 소개하며 문제 요소를 제거해야 한다.

미혼 부모 청소년에 대해서는 출산, 양육, 입양 등의 정보를 제공하고, 청소년이 스스로 결정할 수 있도록 결정권을 보장하며, 효과적이고 실질적인 지원을 제공해야 한다. 미혼 부모의 심리적 불안과 경제적 위기, 학업 중도 포기 등의 문제를 예방하기 위해 주거 지원, 학업 지원, 공공부조를 적극 활용하고, 성과 책임, 의무에 대한 공교육을 강화하며 현실적인 재정 지원 및 사회복지 서비스를 확대 보완해야 한다.

토론

1. 청소년의 성장 발달 과정에서 가장 중요시 생각해야 하는 부분은 무엇인지 본인의 생각을 제시하고 논리적 근거를 설명해 보자.
2. 비행청소년의 사회복귀와 자립 지원을 위한 구체적 방법을 제시해 보자.
3. 우리나라 청소년복지의 장점과 단점을 이야기하고 발전방향을 제시해 보자.

(1) 신체적 특성

청년기는 신체적 능력과 건강 상태가 최고조에 달하는 시기이다. 이 시기에는 근력, 지구력, 심폐 기능 등이 절정에 이르며, 일반적으로 신체적 성장이 마무리된다. 성적 성숙이 완료되며, 생리적 변화가 안정화되어 성인의 신체적 특성을 완전히 갖추게 된다. 신체적 활동성과 에너지가 높아 스포츠나 다양한 신체 활동에 적극적으로 참여하는 경향이 있다.

(2) 인지적 특성

청년기는 인지적 능력이 최고조에 달하는 시기이다. 피아제의 인지발달이론에서 형식적 조작기를 넘어서면서, 청년들은 복잡한 문제 해결, 추상적 사고, 논리적 분석 능력을 발달시키게 된다. 또한 학문적 전문성을 깊이 있게 추구하며, 직업적 지식과 기술을 습득하게 된다. 이 시기에는 장기적인 목표 설정과 계획 수립이 가능해지며, 자신과 사회에 대한 깊이 있는 이해를 형성한다.

(3) 정서적 및 심리적 특성

청년기는 정서적 자율성을 획득하는 시기이다. 자아 정체성이 확립되고 자신에 대한 이해와 수용이 깊어지며, 자율성과 독립성이 강화되고, 자신의 가치와 신념을 탐구하고 확립하게 된다. 청년들은 다양한 정서적 경험을 통해 성숙해지고, 안정된 감정 조절 능력을 갖추게 된다. 또한 자아 존중감이 형성되며, 자신의 삶에 대한 책임감을 가지게 된다.

(4) 사회적 특성

사회적으로 청년기는 중요한 전환점에 해당한다. 직업 선택, 결혼, 가정 형성 등 주요한 삶의 결정을 내리는 시기이다. 이 시기에는 직장 동료, 친구,

배우자와 같은 새로운 사회적 관계가 형성되고, 사회적 역할과 책임이 확대되며, 사회적 네트워크가 확장되고 다양한 사회적 경험을 통해 사회적 기술과 대인관계 능력이 발달한다.

(5) 경제적 특성

청년기에는 경제적 독립이 중요한 목표가 된다. 많은 청년들이 직업을 갖고 독립적인 생활을 시작한다. 이 시기에는 재정 관리 능력이 발달하고, 경제적 자립을 위해 필요한 지식과 기술을 습득한다. 또한 장기적인 재정 계획을 수립하고 실천하는 능력을 갖추게 된다.

(6) 문화적 및 사회적 기대

청년기는 사회적 기대가 높아지는 시기이다. 사회는 청년들에게 직업적 성공, 결혼과 가정 형성, 사회적 참여 등 다양한 역할을 기대한다. 이러한 기대는 때로는 청년들에게 압박으로 작용할 수 있지만, 동시에 사회에 기여하고 자신의 가치를 입증할 수 있는 기회를 제공한다.

이와 같이, 청년기는 신체적, 인지적, 정서적, 사회적, 경제적 측면에서 성숙과 성장의 시기로, 개인이 성숙한 성인으로서의 삶을 준비하는 중요한 단계이다. 이 시기에는 자아 정체성을 확립하고, 사회적 역할을 수행하며, 독립적인 삶을 시작하는 데 필요한 다양한 능력을 개발하게 된다.

2) 청년기의 발달

(1) 신체적 발달

청년기는 신체적 성숙이 완성되고 신체 능력이 최고조에 이르는 시기이다. 이 시기의 신체적 발달은 다음과 같은 특징을 가진다.

① **근력과 지구력 증가** : 청년기에는 근력과 지구력이 최고조에 달한다. 이는 근육량의 증가와 효율적인 심폐 기능 덕분으로, 청년들은 신체적 활동에서 높은 성과를 보일 수 있다.

② **신진대사와 회복력** : 신진대사율이 높아 에너지 소모와 회복이 빠르게 이루어진다. 이는 청년들이 스포츠나 피트니스 활동에 적극적으로 참여할 수 있는 기반이 된다. 또한 부상이나 질병에서의 회복력이 뛰어나 건강한 생활을 유지할 수 있다.

③ **성적 성숙과 호르몬 안정** : 청년기에는 성적 발달이 완성되고 생식 능력이 최적화된다. 이 시기는 성 호르몬의 균형이 안정적으로 유지되는 시기이며, 이로 인해 성적 활동과 관련된 신체적 변화가 완성된다.

④ **신체적 외모 변화** : 이 시기에 신체는 성인의 외모를 완전히 갖추게 되며, 피부, 머리카락, 체지방 분포 등 신체 외모의 변화가 안정된다. 이로 인해 개인의 신체적 자아 이미지가 확립된다.

(2) 인지적 발달

청년기는 인지 기능이 성숙하며 복잡한 사고와 문제 해결 능력이 발달하는 시기이다. 주요 특징은 다음과 같다.

① **추상적 사고** : 청년기에는 형식적 조작기에 해당하며, 복잡하고 추상적인 개념을 이해하고 조작할 수 있는 능력이 발달한다. 이는 이론적 사고, 가설 설정, 논리적 분석 능력을 포함한다.

② **논리적 문제 해결** : 청년들은 다양한 문제를 체계적으로 접근하고 해결할 수 있는 능력을 갖추게 된다. 이는 수학적 문제, 논리적 퍼즐, 철학적 논쟁 등에 대한 이해와 해결 능력으로 나타난다.

③ **비판적 사고와 자기 성찰** : 비판적 사고 능력이 강화되어 정보의 타당성을 평가하고 다양한 관점에서 사안을 분석할 수 있다. 또한 자기 성찰

능력이 발달하여 자신의 신념, 가치, 행동을 평가하고 개선하려는 노력을 기울인다.

④ **전문적 지식과 기술 습득** : 이 시기에 고등 교육과 직업 훈련을 통해 전문적 지식과 기술을 습득한다. 이는 특정 분야에서의 전문성을 키우고 미래의 직업적 경로를 설정하는 데 중요한 역할을 한다.

(3) 사회적 발달

청년기는 자아 정체성 확립과 사회적 역할 탐색의 중요한 시기이다. 주요 사회적 발달 특징은 다음과 같다.

① **자아 정체성 확립** : 청년기에는 자아 정체성을 확립하는 과정이 중요하다. 이는 자신이 누구인지, 어떤 가치와 신념을 지지하는지에 대한 깊이 있는 탐구를 포함한다. 이 과정에서 청년들은 자신만의 고유한 자아를 형성하고, 사회적 기대와 개인적 욕구 사이에서 균형을 찾는다.

② **독립성과 책임감** : 청년들은 부모나 보호자로부터 경제적, 정서적 독립을 추구한다. 이는 독립적인 생활공간 확보, 재정적 자립, 자율적인 의사 결정 등의 형태로 나타난다. 또한 청년기에는 자신과 타인에 대한 책임감을 배양하며, 사회적 규범과 기대에 따라 행동하는 법을 배운다.

③ **친밀한 관계 형성** : 이 시기에는 친구, 동료, 연인 등과의 관계에서 깊은 친밀감을 형성하게 된다. 이는 정서적 지지와 사회적 연결망을 제공하며, 삶의 중요한 사회적 역할을 수행하는 데 도움을 준다. 특히 연애와 결혼, 동거 등의 경험을 통해 배우자와의 관계를 형성하게 된다.

④ **사회적 참여와 기여** : 청년들은 사회적, 정치적, 문화적 활동에 적극적으로 참여하며, 사회적 책임을 인식하게 된다. 이는 자원봉사, 정치 활동, 지역사회 참여 등을 통해 나타난다. 이 과정에서 청년들은 자신이

속한 사회에 긍정적인 영향을 미치고자 노력하며, 사회적 기여의 중요성을 배우게 된다.

이와 같이, 청년기는 신체적, 인지적, 사회적 발달이 활발히 이루어지는 시기로, 성숙한 성인으로서의 역할을 준비하고 독립적인 생활을 시작하는 중요한 시기이다.

3) 청년기의 발달 과업

청년기의 발달 과업은 개인이 성숙한 성인으로서 사회에 적응하고 독립적인 삶을 영위하기 위해 성취해야 하는 중요한 과업들이다.

(1) 직업 선택과 직업적 역할 확립

청년기에는 자신에게 적합한 직업을 선택하고, 그 직업에서의 역할을 확립하는 것이 중요한 과업이다. 이는 개인의 경제적 자립과 사회적 정체성을 확립하는 데 중요한 요소이다.

① **교육과 훈련 및 직업 탐색** : 청년기는 고등 교육을 마치거나 직업 훈련을 받는 시기로, 이를 통해 필요한 지식과 기술을 습득하게 되며, 다양한 직업을 탐색하고 자신의 능력과 흥미에 맞는 직업을 선택하게 된다.

② **직업 안정성** : 직업 선택 후에는 직장에서의 역할을 성공적으로 수행하고, 직업적 안정성을 확보하기 위한 노력이 필요하다.

③ **경제적 독립** : 청년기에는 부모나 보호자로부터 경제적으로 독립하는 것이 중요한 과업이다. 이는 스스로 생계를 유지하고 재정 관리를 할 수 있는 능력을 기르는 것을 포함한다.

④ **재정 계획** : 수입과 지출을 관리하고, 저축과 투자를 통해 장기적인 재

정 계획을 세운다.

⑤ **재정적 자립** : 직업을 통해 얻은 소득으로 생활비를 충당하고, 독립적인 생활을 영위하게 된다.

(2) 자아 정체성 확립

자아 정체성 확립은 청년기의 중요한 발달 과업 중 하나이다. 이는 자신의 가치, 신념, 목표를 명확히 하고, 자신에 대한 이해와 수용을 통해 성숙한 자아를 형성하는 과정이다.

① **자아 탐색** : 다양한 경험을 통해 자신에 대해 탐색하고 자신의 강점과 약점을 이해하게 된다.

② **자기 수용** : 자신의 특성과 한계를 수용하고 긍정적인 자아 존중감을 형성하게 된다.

③ **목표 설정** : 장기적인 목표를 설정하고 이를 달성하기 위한 계획을 수립한다.

(3) 친밀한 인간관계 형성

청년기에는 친밀한 인간관계를 형성하고 유지하는 것이 중요한 과업이다. 이는 사회적 지지망을 형성하고 정서적 안정을 유지하는 데 중요한 역할을 한다.

① **친구 관계** : 신뢰할 수 있는 친구를 사귀고 지속적인 우정을 유지하게 된다.

② **배우자 선택** : 결혼을 고려하는 경우, 배우자를 선택하고 결혼 생활을 준비하게 된다.

③ **사회적 네트워크** : 직장 동료, 커뮤니티 등 다양한 사회적 관계를 형성

하고, 이를 통해 사회적 지지망을 구축하게 된다.

④ **독립적인 생활 방식 확립** : 청년기에는 독립적인 생활 방식을 확립하는 것이 중요한 과업이다. 이는 개인이 자율적으로 생활하고 자신의 삶을 관리하는 능력을 기르는 것을 포함한다.

⑤ **주거 독립** : 독립적인 주거 환경을 마련하고 스스로 가사를 관리한다.

⑥ **자기 관리** : 건강한 생활 습관을 형성하고 스트레스와 감정을 효과적으로 관리하게 된다.

⑦ **책임감 있는 생활** : 개인적인 결정에 대한 책임을 지고 성숙한 성인으로서의 역할을 수행하게 된다.

(4) 사회적 책임과 참여

청년기에는 사회적 책임을 인식하고 사회에 적극적으로 참여하는 것이 중요한 과업이다. 이는 성숙한 사회 구성원으로서의 역할을 수행하는 데 필수적이다.

① **시민의식 함양** : 사회적 이슈에 관심을 가지고 공공의 이익을 위한 활동에 참여한다.

② **자원봉사** : 지역사회나 커뮤니티에서 자원봉사 활동을 통해 사회에 기여하게 된다.

③ **정치적 참여** : 투표와 같은 정치적 참여를 통해 자신의 의견을 반영하고 사회적 변화에 기여하게 된다.

(5) 가족과의 관계 재정립

청년기에는 부모와의 관계를 재정립하고 정서적으로 독립하는 것이 중요한 과업이다. 이는 가족과의 건강한 관계를 유지하면서도 자율적인 개인으로서의 삶을 구축하는 것을 의미한다.

① 부모로부터의 정서적 독립 : 부모의 기대와 간섭으로부터 벗어나 자신의 결정을 내리고 이에 대한 책임을 지는 능력을 기른다.

② 가족과의 건강한 관계 유지 : 가족과의 관계를 재정립하고 서로의 독립성을 존중하는 성숙한 관계를 형성하게 된다.

청년기의 이러한 발달 과업들은 개인이 성숙한 성인으로 성장하고, 독립적인 사회적 역할을 수행하는 데 중요한 기초를 제공한다. 각 과업의 성취는 이후 성인기의 삶의 질과 전반적인 행복에 큰 영향을 미치며, 성공적인 발달 과업의 완수는 개인의 사회적, 정서적, 경제적 안정성을 강화하는 데 필수적이다.

4) 청년기의 사회복지실천

청년기는 중요한 전환기이자 성인기로의 발돋움을 준비하는 시기이다. 이 시기의 사회복지실천은 청년들이 이러한 도전에 효과적으로 대처하고, 건강하고 안정적인 삶을 영위할 수 있도록 지원하는 데 중점을 둔다. 청년기 사회복지실천의 주요 영역은 다음과 같다.

〈표 5-1〉 청년기의 사회복지실천 영역별 내용

실천 영역	주요 내용
직업 및 경제적 지원	취업 지원 서비스, 재정 관리 교육
정신건강 및 정서적 지원	정신건강 상담, 위기 지원
사회적 관계 및 대인관계 지원	사회적 기술 훈련, 멘토링 프로그램
주거 및 생활 지원	주거 지원, 기본 생활 지원
교육 및 훈련 기회 제공	교육 지원, 직업 훈련 및 재교육
사회 참여와 자원봉사 기회 제공	자원봉사 및 사회 참여 프로그램, 정치 및 사회적 참여 지원
특수 상황에 대한 지원	다문화 청년 지원, 장애 청년 지원

(1) 직업 및 경제적 지원

① 취업 지원 서비스 : 청년들이 직업을 찾고 유지할 수 있도록 지원하는 서비스이다. 여기에는 직업 상담, 직업 훈련 프로그램, 인턴십 기회 제공, 이력서 작성 및 면접 준비 등의 지원이 포함된다. 이러한 지원은 청년들이 경제적으로 자립하고 직업적 정체성을 확립하는 데 중요한 역할을 한다.

② 재정 관리 교육 : 재정적 독립을 위한 재정 관리 능력 향상 프로그램이 제공된다. 이는 예산 수립, 저축, 투자, 부채 관리 등에 대한 교육을 포함하며, 청년들이 책임 있는 경제 생활을 할 수 있도록 돕는다.

(2) 정신건강 및 정서적 지원

① 정신건강 상담 : 청년들은 자아 정체성 확립, 직업 선택, 대인관계 등 다양한 문제로 인해 스트레스를 경험할 수 있다. 이를 돕기 위해 상담 서비스와 정신건강 지원 프로그램이 제공된다. 심리 상담, 스트레스 관리 워크숍, 집단 치료 프로그램 등이 포함된다.

② 위기 지원 : 자살 예방, 중독 치료, 가정 폭력 등의 위기 상황에서 청년들에게 즉각적인 지원이 제공된다. 위기 상황에 처한 청년들이 필요한 자원과 도움을 받을 수 있도록 지원 체계를 마련한다.

(3) 사회적 관계 및 대인관계 지원

① 사회적 기술 훈련 : 청년들이 효과적인 의사소통, 갈등 해결, 팀워크 등의 사회적 기술을 개발할 수 있도록 지원한다. 이러한 기술은 직장 생활뿐만 아니라 개인적인 삶에서도 중요하다.

② 멘토링 프로그램 : 청년들이 성숙한 성인으로 성장할 수 있도록 지원하는 멘토링 프로그램이 제공된다. 멘토는 직업적 조언, 인생 계획, 개인적 고민 해결 등 다양한 측면에서 도움을 준다.

(4) 주거 및 생활 지원

① **주거 지원** : 경제적 어려움을 겪는 청년들에게 저렴한 주거 공간을 제공하거나 주거 비용을 지원한다. 이는 특히 독립 생활을 시작하는 청년들에게 중요한 지원이다.

② **기본 생활 지원** : 저소득층 청년들에게는 식료품, 의복, 의료 지원 등의 기본 생활 지원이 제공된다. 이러한 지원은 기본적인 생활 안정성을 확보하는 데 필수적이다.

(5) 교육 및 훈련 기회 제공

① **교육 지원** : 청년들이 고등 교육을 마치거나 추가 교육을 받을 수 있도록 장학금, 학비 지원, 교육 상담 서비스가 제공된다. 이는 청년들이 직업적 경쟁력을 갖추고 평생 학습의 기회를 확대하는 데 기여한다.

② **직업 훈련 및 재교육** : 청년들이 급변하는 직업 환경에 적응할 수 있도록 다양한 직업 훈련 프로그램이 제공된다. 새로운 기술 습득, 자격증 취득을 위한 지원 등이 포함된다.

(6) 사회 참여와 자원봉사 기회 제공

① **자원봉사 및 사회 참여 프로그램** : 청년들이 사회적 책임감을 가지고 지역사회에 기여할 수 있는 자원봉사 기회가 제공된다. 이러한 프로그램은 청년들이 사회적 네트워크를 구축하고 공동체 의식을 함양하는 데 도움이 된다.

② **정치 및 사회적 참여 지원** : 청년들이 자신의 목소리를 낼 수 있도록 정치적 참여를 장려하고 사회적 이슈에 대한 이해를 돕는 교육이 제공된다. 이는 청년들이 적극적인 시민으로 성장하는 데 중요한 역할을 한다.

(7) 특수 상황에 대한 지원

① **다문화 청년 지원** : 다양한 문화적 배경을 가진 청년들이 사회에 적응할 수 있도록 언어 교육, 문화 적응 프로그램, 법률 지원 등이 제공된다.

② **장애 청년 지원** : 장애를 가진 청년들에게는 장애 인식 개선 교육, 접근성 지원, 직업 재활 프로그램 등을 통해 평등한 기회가 제공된다.

청년기 사회복지실천은 청년들이 직면하는 다양한 도전과 문제를 지원하고, 그들이 독립적이고 책임 있는 성인으로 성장할 수 있도록 돕는 중요한 역할을 한다. 이러한 지원은 개인의 성장뿐만 아니라 사회 전체의 발전과 안정에도 긍정적인 영향을 미친다.

토론

1. 청년들이 직업을 선택하는 데 있어 가장 중요한 요소는 무엇인가? 경제적 안정, 개인적 흥미, 사회적 영향력 중 어떤 요소가 우선시되어야 하는가? 또한 급변하는 현대사회에서 청년들이 장기적인 경력 계획을 세울 때 고려해야 할 주요 요소는 무엇인지 토론해 보자.
2. 청년기는 자아 정체성이 확립되는 시기이다. 이 과정에서 사회적 기대와 개인적 욕구 사이의 갈등이 발생할 수 있다. 사회적 기대(예 결혼, 직업 안정, 사회적 지위)에 맞추기 위해 개인의 정체성을 조정해야 하는가, 아니면 개인의 정체성이 우선되어야 하는가? 이러한 갈등을 해결하기 위한 방법을 논의해 보자.
3. 청년들은 학업, 취업, 대인관계 등 다양한 스트레스를 경험하며, 이는 정신건강 문제로 이어질 수 있다. 청년기의 정신건강을 지원하기 위해 어떤 사회적 지지 체계가 필요하며, 가족, 친구, 교육기관, 사회적 서비스가 각각 어떤 역할을 해야 하는지 토론해 보자. 특히 정신건강 문제에 대한 사회적 낙인을 줄이기 위한 방안을 논의해 보자.

2. 중년기의 발달

1) 중년기의 특성

중년기는 대략 40대에서 60대 초반에 해당하는 시기로, 개인의 삶에서 중요한 전환기이다. 이 시기에는 신체적, 인지적, 정서적, 사회적 변화를 경험하며, 삶의 다양한 역할에서 안정성과 성취를 추구하는 시기이다.

(1) 신체적 특성

중년기에는 신체적 변화가 두드러지며, 이러한 변화는 신체적 기능과 건강에 영향을 미친다.

① **신체적 노화** : 중년기는 신체 기능이 서서히 감소하기 시작하는 시기이다. 대사율이 떨어지고 근육량과 골밀도가 감소하며, 신체의 유연성과 지구력이 약화될 수 있다. 이러한 변화는 체중 증가, 에너지 감소, 체력 저하로 나타날 수 있다.

② **건강 문제 증가** : 중년기에는 만성 질환의 위험이 증가한다. 심혈관 질환, 당뇨병, 고혈압, 관절염 등의 만성 건강 문제가 발생할 가능성이 높아지며, 정기적인 건강 검진과 생활 습관 관리가 중요해진다.

③ **호르몬 변화** : 여성의 경우, 폐경기와 관련된 호르몬 변화가 나타난다. 이는 갱년기 증상, 예를 들어 열감, 발한, 기분 변화 등을 유발할 수 있다. 남성도 테스토스테론 수치가 감소하면서 에너지 수준, 근육량, 성욕 감소를 경험할 수 있다.

④ **인지적 특성** : 중년기에는 인지 기능의 변화가 서서히 시작되며, 일부 영역에서의 변화는 개인의 삶에 다양한 영향을 미칠 수 있다.

⑤ **경험과 지혜** : 중년기는 경험과 지혜가 축적되는 시기이다. 직업적, 사

회적, 개인적 경험이 축적되면서 문제 해결 능력, 의사 결정 능력, 창의적 사고가 강화된다.

⑥ **인지 기능의 변화** : 처리 속도나 기억력과 같은 특정 인지 기능은 감소할 수 있으나, 이는 대체로 학습된 지식과 경험을 통해 보완된다. 특히 결정적 사고나 감정 조절 능력은 향상될 수 있다.

⑦ **계속적인 학습** : 많은 중년 성인들은 새로운 기술을 배우고 자신을 계발하려는 욕구가 있다. 이는 직업적 변화나 새로운 관심사 추구를 통해 나타날 수 있다.

⑧ **정서적 특성** : 중년기는 정서적으로 안정된 시기일 수 있지만, 동시에 다양한 정서적 도전을 경험할 수도 있다.

⑨ **정서적 안정** : 많은 중년 성인들은 자신에 대한 이해와 수용이 깊어지면서 정서적으로 안정감을 느낀다. 이는 자아 존중감과 삶에 대한 긍정적인 태도를 강화한다.

⑩ **중년 위기** : 일부 사람들은 이 시기에 '중년 위기(midlife crisis)'를 경험할 수 있다. 이는 자기 성취에 대한 의문, 미래에 대한 불확실성, 인생의 유한성에 대한 인식 등으로 인한 정서적 혼란을 포함한다.

⑪ **자녀의 독립과 빈둥지 증후군** : 자녀가 성장하여 집을 떠나면서 부모는 '빈둥지 증후군'을 경험할 수 있다. 이는 삶의 중요한 역할 변화로 인한 감정적 공허감을 유발할 수 있다.

(2) 사회적 특성

중년기는 사회적 역할과 관계에서 중요한 변화가 일어나는 시기이다.

① **직업적 성취와 도전** : 중년기는 직업 경력의 정점에 도달하거나 새로운 도전을 추구하는 시기이다. 많은 중년 성인들은 직업적 안정성을 확보하거나 승진, 전직, 창업 등의 변화를 경험할 수 있다.

② **가족 책임** : 중년기에는 자녀 양육, 부모 부양 등 다양한 가족 책임을 동시에 짊어질 수 있다. 이는 이 시기가 '샌드위치 세대'로 불리는 이유이기도 하다. 또한 배우자와의 관계를 재정립하거나 돌봄 책임을 분담하는 경우도 많다.

③ **사회적 참여와 기여** : 많은 중년 성인들은 자원봉사, 지역사회 활동, 취미 활동을 통해 사회에 기여하려는 욕구를 느낀다. 이는 새로운 사회적 네트워크 형성과 개인적 만족감을 증대시키는 역할을 한다.

(3) 경제적 특성

중년기는 경제적 안정과 미래 준비가 중요한 시기이다.

① **경제적 안정** : 이 시기에는 직업 경력에서의 안정성으로 인해 경제적으로 안정된 상태일 수 있으며, 주택 소유, 자산 축적 등의 목표를 달성했을 가능성이 크다.

② **은퇴 준비** : 중년기에는 은퇴 후의 삶을 준비하기 시작한다. 이는 은퇴 자금 저축, 재정 계획 수립, 투자 관리 등의 활동을 포함한다. 경제적 계획은 미래의 안정성을 보장하는 중요한 요소이다.

(4) 문화적 및 사회적 기대

중년기는 사회적·문화적 기대가 변하는 시기이다. 사회는 중년 성인들에게 경제적 기여, 가족 책임, 사회적 리더십 등 다양한 역할을 기대한다. 이러한 기대에 따라 중년기는 자신의 삶을 재평가하고 사회적 역할을 재정립하며, 남은 생애를 계획하는 중요한 시기이다.

2) 중년기의 발달

(1) 신체적 발달

중년기는 신체적 변화와 함께 노화 과정이 본격적으로 나타나는 시기이다. 주요 특징은 다음과 같다.

① **신체 기능 저하** : 중년기에는 신체 기능이 서서히 감소하기 시작한다. 근육량과 근력이 줄어들고, 골밀도 감소로 인해 골절 위험이 증가한다. 또한 대사율이 감소하면서 체중 증가와 같은 변화가 나타날 수 있다.

② **호르몬 변화** : 중년기에는 호르몬 변화가 두드러진다. 여성은 폐경을 경험하며 에스트로겐 수치가 급격히 감소하고, 이로 인해 갱년기 증상(예 열감, 발한, 기분 변화)을 겪을 수 있다. 남성의 경우, 테스토스테론 수치가 점차 감소하면서 에너지 저하, 근력 감소, 성욕 저하 등이 나타날 수 있다.

③ **감각 기능 변화** : 시력과 청력 등 감각 기능이 약화된다. 이는 독서, 운전, 대화 등의 일상 활동에 영향을 미칠 수 있다. 안경, 보청기 등의 보조기구 사용이 필요할 수 있으며, 감각 저하로 인한 안전 문제도 고려해야 한다.

④ **만성 질환의 발병** : 고혈압, 당뇨병, 고지혈증, 심혈관 질환 등의 만성 질환 발생률이 높아진다. 이러한 질환은 생활 습관 관리와 정기적인 건강 검진을 통해 예방 및 관리가 필요하다. 특히 건강 관리의 중요성이 크게 부각되는 시기이다.

(2) 인지적 발달

중년기는 인지 기능이 안정적으로 유지되거나 일부 변화가 나타나는 시기이다. 주요 특징은 다음과 같다.

① **유동성 지능과 결정성 지능** : 유동성 지능(새로운 정보를 학습하고 문제를 해결하는 능력)은 다소 감소할 수 있지만, 결정성 지능(축적된 지식과 경험을 사용하는 능력)은 지속적으로 증가할 수 있다. 이는 중년기에 접어든 개인이 문제 해결과 의사 결정에서 강점을 발휘할 수 있게 한다.

② **기억력의 변화** : 일시적인 기억력 저하나 처리 속도의 지체가 나타날 수 있다. 그러나 이는 개인의 경험과 학습된 전략을 통해 보완될 수 있다. 예를 들어, 중년 성인들은 중요한 정보를 더 잘 기억하기 위해 조직화된 노트를 작성하거나 일정 관리 시스템을 사용하기도 한다.

③ **지속적인 학습과 전문성 강화** : 많은 중년 성인들은 직업적 요구에 부응하거나 개인적인 성장 욕구를 충족시키기 위해 새로운 기술을 배우거나 학습을 지속한다. 이는 경력 발전과 개인적 만족을 위해 중요한 요소로 작용하며, 직장 내에서의 경쟁력을 유지하는 데 도움이 된다.

(3) 사회적 발달

중년기는 가족, 직업, 사회적 관계에서 중요한 변화와 적응이 필요한 시기이다. 주요 특징은 다음과 같다.

① **가족 역할과 책임** : 중년기에는 부모로서 자녀를 지원하는 역할이 줄어들고, 동시에 노부모를 돌보는 책임이 생기는 경우가 많다. 이들은 '샌드위치 세대'로 불리며, 양쪽에서의 요구를 조율하는 것이 중요한 과제가 된다. 또한 자녀가 독립하면서 빈둥지 증후군을 경험할 수 있으며, 배우자와의 관계 재정립이 필요하다.

② **직업적 안정과 경력 변화** : 중년기는 직업적 경력의 정점에 이르거나 새로운 경력을 탐색하는 시기이다. 많은 중년 성인들은 직업적 안정성을 추구하는 동시에 일부는 경력 전환을 통해 새로운 도전을 찾기도 한다. 이 과정에서 직무 만족도, 승진 기회, 직무 스트레스 관리 등이 중요한

이슈로 대두된다.

③ **사회적 네트워크와 활동** : 중년기는 다양한 사회적 역할을 수행하며 사회적 네트워크가 확장될 수 있는 시기이다. 자원봉사, 동호회 활동, 지역사회 참여 등을 통해 사회적 유대감을 강화하며, 이는 개인의 삶의 만족도와 자아실현에 긍정적인 영향을 미친다.

④ **삶의 목표 재평가** : 이 시기에는 자신의 인생 경로와 목표를 재평가하고, 새로운 의미와 목적을 찾는 과정이 중요하다. 이는 중년기 위기를 극복하고 긍정적인 삶의 변화를 이끌어 내는 데 필수적인 요소이다.

중년기는 신체적, 인지적, 사회적 측면에서 복합적인 변화를 겪는 시기로, 개인이 새로운 역할과 책임을 받아들이고 적응하는 과정이며, 개인의 전반적인 삶의 만족도와 웰빙에 큰 영향을 미치며, 성공적인 적응을 위해서는 적극적인 자기 관리와 사회적 지원이 필요하다.

3) 중년기의 발달 과업

중년기의 발달 과업은 개인이 성숙한 성인으로서 삶의 안정을 유지하고, 앞으로의 노후를 준비하며, 가족과 사회에서 중요한 역할을 수행하는 데 필요한 과업들이다. 이 시기의 발달 과업은 삶의 여러 측면에서 개인적 성장과 적응을 요구하며, 중년기 특유의 도전을 성공적으로 극복하는 데 도움을 준다. 주요 발달 과업은 다음과 같다.

(1) 자아 재평가와 재정립

① **자아 정체성의 재평가** : 중년기는 자아 정체성을 재평가하는 시기이다. 개인은 자신의 삶의 방향, 가치, 성취를 재검토하고 앞으로의 삶에서 무엇이 중요한지를 재설정하게 된다. 이는 중년 위기를 극복하고 새로

운 인생 목표를 설정하는 데 중요한 역할을 한다.

② **삶의 의미 탐색** : 많은 중년 성인들은 삶의 목적과 의미를 재탐색하게 된다. 이는 직업적 성취 외에도 개인적인 성취, 가족, 사회적 기여 등 다양한 측면에서의 만족감을 추구하는 것을 포함한다.

(2) 직업적 안정성과 전환 관리

① **직업적 성취와 발전** : 중년기는 직업 경력의 정점에 도달하는 시기로, 자신의 분야에서의 전문성과 성취를 극대화하는 시기이다. 직장 내에서의 역할 확대, 승진, 또는 경력의 전환을 고려하며, 이를 통해 직업적 만족과 안정성을 추구하게 된다.

② **재교육과 스킬 향상** : 기술 발전과 직업 환경의 변화에 적응하기 위해 재교육과 새로운 기술 습득이 필요할 수 있다. 중년 성인들은 직업적 경쟁력을 유지하고 새로운 도전에 대비하기 위해 지속적인 학습과 자기 계발을 추구하게 된다.

③ **은퇴 준비** : 이 시기는 은퇴를 대비해 재정적 계획을 세우고 은퇴 후의 삶을 준비하는 중요한 시기이다. 연금 저축, 투자 관리, 부동산 관리 등 다양한 재정적 계획을 통해 안정적인 노후를 준비한다.

(3) 가족 관계와 책임의 재조정

① **부모로서의 역할 변화** : 중년기에는 자녀가 성장하여 독립하거나 결혼하는 등의 변화를 경험하게 된다. 이 과정에서 부모로서의 역할이 변화하고, 자녀와의 관계를 재정립하게 된다. 이는 자녀의 독립을 지원하는 동시에 자신의 삶에 집중할 수 있는 기회를 제공한다.

② **부모 부양과 돌봄** : 중년기 성인들은 종종 고령의 부모를 돌봐야 하는 상황에 직면하게 된다. 이들은 '샌드위치 세대'로서 자녀 양육과 부모

부양이라는 이중의 책임을 감당하게 된다. 이를 위해 가족 내 역할 분담과 효율적인 자원 활용이 필요하다.

③ **배우자와의 관계 재정립** : 자녀의 독립 이후 부부는 서로의 관계를 재평가하고 새로운 삶의 동반자로서의 역할을 재정립하게 된다. 이는 부부 간의 친밀감을 회복하고, 공통의 관심사를 찾으며, 함께하는 시간을 늘리는 기회가 된다.

(4) 정서적 안정과 개인적 성장

① **정서적 안정 추구** : 중년기는 정서적 안정과 균형을 추구하는 시기이다. 개인은 스트레스 관리, 감정 조절, 긍정적인 자아 존중감 유지 등을 통해 정서적 안정감을 강화하게 된다. 이는 중년기 위기와 같은 정서적 도전을 극복하는 데 중요한 역할을 한다.

② **자기 돌봄과 건강 관리** : 중년기에는 건강을 유지하고 증진시키는 것이 중요하다. 규칙적인 운동, 건강한 식습관, 정기적인 건강 검진 등을 통해 신체적 건강을 유지하고 스트레스와 피로를 관리한다. 또한 정신적 건강을 유지하기 위해 명상, 취미 활동, 사회적 참여를 장려하게 된다.

(5) 사회적 역할 확립과 사회적 기여

① **사회적 참여와 기여** : 중년기는 사회적 기여와 참여의 시기이다. 많은 중년 성인들은 자원봉사, 지역사회 활동, 전문 단체 참여 등을 통해 사회에 기여하고자 한다. 이는 사회적 네트워크를 확장하고 자신의 경험과 지식을 사회에 환원하는 기회를 제공하게 된다.

② **정치적, 문화적 참여** : 중년 성인들은 정치적, 문화적 활동에 참여하면서 사회 변화에 적극적으로 기여하기도 한다. 이는 정치적 참여, 지역

사회 이슈에 대한 관심, 문화적 이벤트 참여 등을 포함하며, 성숙한 시민으로서의 역할을 수행하는 데 기여하게 된다.

(6) 경제적 안정과 재정 관리

① **재정적 안전망 구축** : 중년기에는 경제적 안정이 중요한 목표이다. 이는 주택 소유, 자산 축적, 부채 관리 등을 통해 이루어진다. 중년 성인들은 재정적 안정을 유지하고 미래의 불확실성에 대비하기 위해 신중한 재정 관리를 실천하게 된다.

② **은퇴 계획 수립** : 은퇴 후의 경제적 안정성을 확보하기 위해 은퇴 계획을 세운다. 이는 연금 저축, 보험 가입, 자산 관리 등을 포함하며, 경제적 독립을 유지하기 위한 필수적인 과정이다.

중년기의 이러한 발달 과업들은 개인이 삶의 다음 단계로 원활하게 전환할 수 있도록 돕고 안정된 삶을 유지하며, 자신의 역할과 목표를 재평가하는 기회를 제공한다. 성공적인 발달 과업의 완수는 개인의 전반적인 삶의 질 향상과 미래에 대한 준비를 가능하게 한다.

4) 중년기의 사회복지실천

중년기는 개인이 여러 가지 신체적, 정신적, 사회적 변화를 겪으며 새로운 삶의 과제를 마주하는 시기이다. 이 시기의 사회복지실천은 개인이 이러한 변화에 효과적으로 대처하고, 삶의 질을 유지하며, 앞으로의 노후를 준비할 수 있도록 지원하는 것을 목표로 한다. 중년기 사회복지실천의 주요 관계 영역은 다음과 같다.

〈표 5-2〉 중년기의 사회복지실천 영역별 내용

실천 영역	주요 내용
건강 관리 및 의료 지원	건강 증진 프로그램(정기 건강 검진, 운동 프로그램, 영양 상담), 정신건강 서비스(상담, 스트레스 관리 워크숍), 의료 및 보험 상담
직업 지원 및 재교육	직업 상담, 재교육 프로그램, 경력 전환 지원, 노동 시장 재진입 지원(취업 알선, 이력서 작성, 면접 준비)
재정 관리 및 은퇴 준비	재정 상담, 은퇴 준비 교육(연금 계획, 사회보장 혜택, 생활비 예산 책정)
가족 지원과 돌봄 서비스	가족 상담, 돌봄 지원 서비스(방문간호, 재가복지 서비스, 요양원 정보 제공)
정신적 · 정서적 지원	심리사회적 상담, 지원 그룹 운영, 위기 관리 서비스(이혼, 사별 등)
사회적 참여와 사회적 연결	자원봉사와 커뮤니티 참여, 문화적 및 교육적 프로그램(새로운 관심사 개발)
특수한 지원 서비스	이민자 및 다문화 가정 지원(언어 교육, 문화 적응 지원), 장애인 지원 서비스(접근성 개선, 재활 프로그램, 직업 재활)

(1) 건강 관리 및 의료 지원

① **건강 증진 프로그램** : 중년기에는 만성 질환의 위험이 증가하기 때문에 건강을 유지하고 질병을 예방하는 프로그램이 중요하다. 사회복지기관은 정기적인 건강 검진, 운동 프로그램, 영양 상담 등을 통해 개인이 건강한 생활 방식을 유지하도록 지원한다.

② **정신건강 서비스** : 중년기는 스트레스, 우울증, 불안 등의 정신건강 문제를 경험할 수 있는 시기이다. 이를 지원하기 위해 상담 서비스, 스트레스 관리 워크숍, 정신건강 자원 연결 등이 제공된다. 이러한 서비스는 정서적 안정과 긍정적인 삶의 태도를 유지하는 데 도움이 된다.

③ **의료 및 보험 상담** : 중년기에 접어들면 복잡한 의료 보험 선택과 노후 대비를 위한 건강 관리가 중요해진다. 사회복지사는 건강 보험, 장기 요양 보험 등에 대한 정보를 제공하고, 적절한 의료 서비스를 이용할 수 있도록 지원한다.

(2) 직업 지원 및 재교육

① **직업 상담과 재교육** : 중년기는 직업 경력에서의 변화가 필요한 시기일 수 있다. 사회복지기관은 직업 상담, 재교육 프로그램, 경력 전환을 위한 지원을 제공하여 개인이 직업 시장에서 경쟁력을 유지할 수 있도록 돕는다.

② **노동 시장 재진입 지원** : 일자리를 잃거나 경력 전환을 시도하는 중년 성인들을 위해 취업 알선 서비스, 이력서 작성 도움, 면접 준비 프로그램 등이 제공된다. 이는 경제적 안정성을 유지하고 새로운 직업 기회를 찾는 데 중요하다.

(3) 재정 관리 및 은퇴 준비

① **재정 상담과 계획** : 중년기에는 은퇴 준비가 중요한 과제로 떠오른다. 사회복지기관은 재정 상담 서비스를 제공하여 개인이 재정 계획을 세우고 관리할 수 있도록 돕는다. 이는 저축, 투자, 부채 관리 등 다양한 재정 관리 방법을 포함한다.

② **은퇴 준비 교육** : 은퇴 후의 삶을 준비하는 교육 프로그램이 제공된다. 이는 연금 계획, 사회 보장 혜택, 은퇴 후 생활비 예산 책정 등에 대한 교육을 포함하여 안정적인 노후 생활을 설계하는 데 도움을 준다.

(4) 가족 지원과 돌봄 서비스

① **가족 상담과 지원** : 중년기는 자녀 양육, 노부모 돌봄 등 가족 내 다양한 책임을 관리하는 시기이다. 사회복지사는 가족 상담을 통해 가족 관계의 갈등을 해결하고, 돌봄 책임을 분담하는 방법을 제안한다.

② **돌봄 지원 서비스** : 노부모를 돌보는 중년 성인을 위해 사회복지기관은 방문 간호, 재가 복지 서비스, 요양원 정보 제공 등의 지원을 제공한다.

이는 중년 성인들이 돌봄 책임을 효율적으로 수행하고 자신의 삶의 질을 유지하는 데 도움이 된다.

(5) 정신적 · 정서적 지원

① **심리사회적 지원** : 중년기는 개인적, 직업적, 가족적 변화로 인해 심리사회적 스트레스가 증가할 수 있는 시기이다. 사회복지사는 심리사회적 상담, 지원 그룹 운영, 스트레스 관리 워크숍 등을 통해 개인이 건강한 정서적 삶을 유지할 수 있도록 지원한다.

② **위기 관리** : 이혼, 배우자의 사망, 중년 위기 등 심리적 충격을 겪는 경우, 즉각적인 위기 관리 서비스를 제공한다. 이는 개별 상담, 지원 그룹, 법률 자문 등을 포함하여 개인이 위기 상황을 극복하는 데 도움을 준다.

(6) 사회적 참여와 사회적 연결

① **자원봉사와 커뮤니티 참여** : 중년기는 사회적 기여와 참여 욕구가 증가하는 시기이다. 사회복지기관은 자원봉사 기회, 지역사회 참여 프로그램을 통해 중년 성인들이 사회적 역할을 수행하고, 사회적 네트워크를 확장할 수 있는 기회를 제공한다.

② **문화적, 교육적 프로그램** : 중년 성인들이 새로운 관심사와 취미를 개발할 수 있도록 다양한 문화적, 교육적 프로그램이 제공된다. 이는 개인적 성장과 사회적 연결을 촉진하는 데 중요하다.

(7) 특수한 지원 서비스

① **이민자 및 다문화 가정 지원** : 다문화가정이나 이민자 중년 성인들을 위해 언어 교육, 문화 적응 지원, 법률 자문 등의 서비스가 제공된다. 이는 사회 통합을 촉진하고 다문화적 이해를 증진하는 데 기여한다.

② 장애인 지원 서비스 : 중년기에 장애를 가진 성인들을 위한 맞춤형 지원 서비스가 제공된다. 이는 장애인 접근성 개선, 재활 프로그램, 직업 재활 등을 포함한다.

중년기 사회복지실천은 중년 성인들이 신체적, 정신적, 경제적, 사회적 변화에 효과적으로 대응하고, 삶의 질을 유지하며, 향후 노후를 안정적으로 준비할 수 있도록 다각적인 지원을 제공한다. 이러한 실천은 중년기의 도전을 극복하고 개인의 전반적인 삶의 만족도를 높이는 데 중요한 역할을 한다.

토론

1. 중년기에 이르러 많은 사람들이 경력 변화 또는 전환을 고려하게 된다. 중년기의 직업 만족도에 영향을 미치는 주요 요인(예 직업 안정성, 직무 성취감, 근무 환경)은 무엇인가? 또한 경력 전환을 고려할 때 직면하는 주요 도전은 무엇이며, 이를 성공적으로 극복하기 위한 전략은 무엇인지 토론해 보자. 특히 기술 변화와 노동 시장의 변화가 중년기의 경력 전환에 미치는 영향을 논의해 보자.
2. 중년기에는 만성 질환의 발병 위험이 증가하며, 건강 관리의 중요성이 더욱 부각된다. 중년기에 접어들면서 신체적 건강을 유지하기 위한 효과적인 방법은 무엇인가? 또한 직업적 스트레스와 같은 심리적 요인이 중년기의 건강에 미치는 영향과 이를 관리하기 위한 방안을 토론해 보자.
3. 중년기에는 부모 부양, 자녀 양육, 배우자와의 관계 등 다양한 가족 책임이 중첩된다. 이러한 가족 내 역할과 책임은 중년기의 정서적, 경제적 스트레스에 어떻게 영향을 미치는가? 또한 중년 세대와 그들의 자녀 또는 노부모 간의 관계에서 발생하는 주요 갈등과 이를 해결하기 위한 전략은 무엇인지 논의해 보자. 특히 '샌드위치 세대'로서의 역할 갈등과 이를 완화하기 위한 사회적 지원 시스템의 필요성을 탐구해 보자.

3. 노년기의 발달

1) 노년기의 특성

노년기는 일반적으로 65세 이후의 연령대를 지칭하며, 신체적, 인지적, 정서적, 사회적 측면에서 다양한 변화가 나타나는 시기이다. 이 시기는 인생의 마무리 단계로서, 개인의 경험과 지혜가 풍부해지는 반면 여러 가지 도전과 어려움에 직면하게 된다.

(1) 신체적 특성

① **신체 기능 저하** : 노년기에는 신체 기능이 전반적으로 저하된다. 근력과 근육량이 감소하고 골밀도가 낮아져 골절 위험이 증가한다. 관절의 유연성 감소와 함께 운동 능력도 저하된다. 이러한 변화는 일상 활동의 제약을 초래할 수 있다.

② **감각 기능의 변화** : 시력, 청력, 미각, 후각 등의 감각 기능이 감퇴함에 따라 안경이나 보청기 사용 등의 보조기구가 필요할 수 있으며, 감각 기능 저하로 인한 안전 문제도 증가할 수 있다.

③ **면역 기능 약화** : 면역 체계가 약화되어 감염성 질환에 대한 저항력이 감소한다. 이는 독감, 폐렴 등의 감염병에 걸릴 위험을 높이고, 회복 속도도 느려질 수 있다.

④ **만성 질환** : 고혈압, 당뇨병, 관절염, 심장 질환, 암 등 다양한 만성 질환이 흔하게 나타난다. 이러한 질환은 신체적 불편을 초래할 뿐만 아니라 복합적인 건강 관리가 요구된다.

(2) 인지적 특성

① **인지 기능 저하** : 일반적으로 노년기에는 인지 기능이 어느 정도 저하된다. 특히 기억력, 주의력, 처리 속도 등이 감소할 수 있다. 그러나 이러한 변화의 정도는 개인차가 크며, 일부는 상당히 유지될 수 있다.

② **결정적 지능 유지** : 노년기에도 축적된 지식, 경험, 판단력 등 결정적 지능은 비교적 잘 유지된다. 이는 문제 해결 능력과 의사 결정 과정에서 여전히 중요한 역할을 한다.

③ **치매의 위험 증가** : 노년기는 알츠하이머 병과 같은 형태의 치매 발병 위험이 증가하는 시기이다. 이는 기억력 상실, 혼동, 판단력 저하 등 인지적 기능에 심각한 영향을 미칠 수 있다.

(3) 정서적 특성

① **정서적 안정과 변화** : 노년기에는 정서적 안정감을 느끼는 경우가 많다. 삶에 대한 경험과 지혜를 바탕으로 상황을 받아들이고 이해하는 능력이 향상되며, 자신의 감정을 더 잘 조절할 수 있다. 그러나 은퇴, 배우자나 친구의 상실, 건강 문제 등으로 인해 정서적 변화를 겪기도 한다.

② **우울증과 고립감** : 노년기에는 우울증의 위험이 증가할 수 있다. 이는 사회적 고립, 신체적 질병, 경제적 어려움 등 다양한 요인으로 인해 발생할 수 있다. 특히 사랑하는 사람의 사망이나 사회적 역할 상실이 주요 원인으로 작용할 수 있다.

③ **삶의 성찰과 수용** : 많은 노인들은 자신의 삶을 돌아보고, 이루었던 성취와 실수를 성찰한다. 이러한 과정에서 자신의 삶에 대한 수용과 감사의 마음을 가지게 되기도 하며, 개인적인 성장의 기회가 될 수 있다.

(4) 사회적 특성

① **사회적 역할 변화** : 노년기에 접어들면서 많은 사람들은 직업에서 은퇴하게 된다. 이는 경제적 수입의 변화뿐만 아니라 사회적 정체성과 역할의 변화를 가져온다. 은퇴 후의 새로운 역할 찾기, 예를 들어 자원봉사, 취미 활동, 가정 내 역할 강화 등이 중요해진다.

② **사회적 관계의 축소** : 노년기에는 사회적 관계망이 축소되는 경향이 있다. 이는 배우자나 친구의 상실, 신체적 제약으로 인한 사회적 활동 감소 등으로 인해 발생할 수 있다. 그러나 가족, 친구, 지역사회와의 관계 유지는 여전히 중요한 정서적 지지의 원천이다.

③ **세대 간 관계** : 많은 노인들은 자녀, 손자·손녀와의 관계에서 중요한 역할을 한다. 세대 간 관계는 정서적 지지를 제공하고 가족의 역사를 전수하며, 다양한 삶의 경험을 공유하는 기회를 제공한다.

(5) 경제적 특성

① **경제적 안정성의 문제** : 많은 노인들이 은퇴 후 경제적 어려움을 겪을 수 있다. 노년기는 연금, 저축, 사회 보장 혜택 등에 대한 의존도가 높아지는 시기로, 재정 관리가 중요해진다. 경제적 안정성은 노후 생활의 질에 큰 영향을 미친다.

② **소비 패턴 변화** : 노년기에는 의료비, 주거비, 생활비 등 주요 지출 항목이 변화할 수 있다. 특히 건강 관리와 관련된 비용이 증가할 가능성이 크다.

(6) 삶의 질과 웰빙

① **삶의 질 유지** : 노년기에는 신체적, 정신적, 사회적 웰빙을 유지하는 것이 중요한 과제가 된다. 이는 건강 관리, 정서적 안정, 사회적 관계 유

지 등을 통해 이루어질 수 있다.

② **의미 있는 활동** : 노년기에도 여전히 의미 있는 활동을 지속하는 것이 중요하다. 취미 활동, 자원봉사, 종교 활동 등은 삶의 의미와 목적을 제공하며, 정서적 만족감을 높인다.

③ **자립성과 지원** : 가능하다면 자립적인 생활을 유지하는 것이 중요하지만, 필요한 경우 적절한 지원을 받을 수 있어야 한다. 이는 가정 내 지원, 재가 복지 서비스, 요양 시설 이용 등을 포함한다.

노년기는 이처럼 다층적인 변화를 겪는 시기이며, 각 개인의 경험과 환경에 따라 다양한 도전과 기회를 맞이하게 된다. 사회적으로는 노년층의 필요를 이해하고, 그들의 삶의 질을 높이기 위한 지원과 배려가 필요하다.

2) 노년기의 발달

(1) 신체적 발달

노년기는 신체 기능의 저하가 두드러지며, 다양한 신체적 변화가 발생하는 시기이다. 주요 특징은 다음과 같다.

① **근육량과 근력 감소** : 노년기에는 근육량과 근력이 감소하면서 신체 활동 능력이 저하된다. 이는 이동성과 균형 감각에 영향을 미쳐 낙상의 위험이 증가하게 된다. 따라서 근력 강화 운동과 균형 훈련이 중요하다.

② **골밀도 감소** : 특히 여성의 경우, 폐경 후 에스트로겐 수치 감소로 인해 골밀도가 감소하여 골다공증 위험이 증가한다. 이는 골절의 위험을 높이며, 예방을 위해 칼슘과 비타민 D 섭취, 적절한 운동이 필요하다.

③ **심혈관 및 호흡기 기능 저하** : 심장 박동수와 폐활량이 감소하면서 심혈관 및 호흡기 질환의 발생 위험이 증가한다. 정기적인 심장 건강 검진

과 호흡기 질환 예방이 중요하며, 심장 강화 운동과 폐활량 증진 운동이 권장된다.

④ **감각 기능 저하** : 시각, 청각, 미각, 후각 등 감각 기능이 감퇴한다. 이는 일상 생활에서의 안전 문제를 초래할 수 있으며, 보조기구(안경, 보청기 등)의 사용이 필요할 수 있다.

⑤ **면역력 약화** : 면역 체계가 약화되어 감염성 질환에 대한 저항력이 감소한다. 독감, 폐렴 등의 예방 접종이 권장되며, 개인위생 관리와 감염 예방 조치가 중요하다.

⑥ **만성 질환 증가** : 고혈압, 당뇨병, 관절염, 심장 질환 등 다양한 만성 질환이 노년기에 흔히 발생한다. 이러한 질환들은 지속적인 관리와 치료가 필요하며, 건강한 생활 습관과 정기적인 의료 관리를 통해 관리할 수 있다.

(2) 인지적 발달

노년기에는 인지 기능이 다양한 방식으로 변화한다. 주요 특징은 다음과 같다.

① **인지 기능 저하** : 노년기에는 기억력, 주의력, 처리 속도 등 일부 인지 기능이 감소할 수 있다. 특히 단기 기억력과 새로운 정보 학습 능력이 저하될 수 있다. 이러한 변화는 일상적인 의사결정과 문제 해결에 영향을 미칠 수 있다.

② **결정적 지능 유지** : 축적된 지식과 경험을 사용하는 결정적 지능은 비교적 잘 유지된다. 이는 노년층이 문제를 해결하고 일상 생활에서 중요한 결정을 내리는 데 도움이 된다. 사회적, 역사적, 문화적 지식의 축적은 여전히 강점으로 작용한다.

③ **치매와 관련된 문제** : 노년기에는 알츠하이머병과 같은 치매 질환의 위

험이 증가한다. 치매는 기억력 상실, 혼동, 인지 기능 저하를 초래하며, 일상 생활의 독립성을 크게 감소시킬 수 있다. 조기 진단과 적절한 관리가 중요하다.

(3) 사회적 발달

노년기는 사회적 역할과 관계에서 중요한 변화를 겪는 시기이다. 주요 특징은 다음과 같다.

① **사회적 역할의 변화** : 은퇴 후 직업적 역할이 상실되면서 새로운 사회적 역할을 찾는 것이 중요하다. 이는 자원봉사, 지역사회 활동, 취미 활동 등을 통해 이루어질 수 있다. 새로운 사회적 역할은 노년기의 삶의 목적과 의미를 제공할 수 있다.

② **사회적 관계 유지와 재구성** : 노년기에는 친구, 배우자, 동료의 상실과 같은 이유로 사회적 관계가 축소될 수 있다. 이를 보완하기 위해 가족, 친구, 지역사회와의 관계를 유지하고 강화하는 것이 중요하다. 이는 정서적 지지와 사회적 유대감을 제공하며, 사회적 고립을 예방하는 데 도움이 된다.

③ **세대 간 교류** : 자녀와 손자·손녀와의 관계를 통해 가족 내에서의 역할을 재확인할 수 있다. 세대 간 교류는 노년층에게 정서적 만족감을 제공하고, 젊은 세대에게는 지혜와 경험을 전수하는 기회를 제공한다.

④ **사회적 참여와 기여** : 노년기에는 자원봉사, 정치적 활동, 지역사회 행사 참여 등 다양한 방식으로 사회에 기여할 수 있다. 이는 노년층이 사회의 일원으로서 가치 있는 역할을 수행하고 있다는 자긍심을 느끼게 한다.

⑤ **경제적 안정과 재정 관리** : 고정된 수입에 의존하는 노년기에 재정적 안정은 중요한 이슈이다. 연금, 저축, 사회 보장 혜택 등을 통해 경제적

안정성을 확보하고, 불필요한 지출을 줄이며 효율적인 재정 관리를 유지하는 것이 필요하다.

노년기의 발달은 신체적, 인지적, 사회적 측면에서의 변화와 적응을 포함하며, 이 시기의 개인은 이러한 변화를 효과적으로 관리하고 적응하는 데 중점을 둔다. 성공적인 노년기 발달은 전반적인 삶의 질을 향상시키고, 의미 있고 만족스러운 삶을 영위하는 데 기여한다.

3) 노년기의 발달 과업

노년기는 인생의 마지막 단계로, 이전의 삶을 정리하고 마무리하는 중요한 시기이다. 이 시기의 발달 과업은 개인이 신체적, 정신적, 정서적, 사회적 변화를 잘 관리하고, 삶의 의미와 목적을 유지하며, 가능한 한 자립적으로 생활할 수 있도록 돕는 데 중점을 둔다. 노년기의 주요 발달 과업은 다음과 같다.

(1) 신체적 건강 유지와 관리

① **건강 관리 및 예방** : 노년기는 만성 질환의 발생률이 높아지는 시기이다. 건강한 생활 습관을 유지하고, 정기적인 건강 검진을 통해 질병을 조기 발견하고 관리하는 것이 중요하다. 올바른 식습관, 규칙적인 운동, 충분한 수면 등이 건강 유지에 기여한다.

② **신체적 활동 유지** : 신체적 활동은 근력 유지, 유연성 강화, 심혈관 건강 증진 등 여러 면에서 중요하다. 개인의 능력에 맞는 운동, 예를 들어 걷기, 수영, 요가 등을 통해 신체 기능을 유지하고, 낙상 예방을 위한 균형 감각 훈련도 포함될 수 있다.

③ **의료 관리와 보조기구 사용** : 필요에 따라 보청기, 안경, 보행기 등의 보

조기구를 사용하여 일상생활의 질을 높인다. 만성 질환 관리, 약물 관리, 재활 치료 등도 중요한 발달 과업에 속한다.

(2) 인지적 발달과 지속적인 학습

① **인지 기능 유지** : 노년기에 인지 기능을 유지하거나 향상시키기 위해 다양한 활동이 필요하다. 독서, 퍼즐 풀기, 새로운 언어 배우기 등 인지적 자극을 제공하는 활동이 도움이 된다. 이는 치매 예방과 함께 전반적인 정신건강에 긍정적인 영향을 미친다.

② **기술 적응** : 급변하는 기술 환경에 적응하기 위해 기본적인 디지털 기기 사용법을 배우고 유지하는 것이 중요하다. 이는 사회적 연결 유지와 정보 접근성 확보에 필수적이다.

③ **지식과 경험의 전수** : 노년기는 축적된 지식과 경험을 다음 세대에 전수하는 시기이다. 이는 가족 내에서뿐만 아니라 지역사회나 커뮤니티에서도 이루어질 수 있다. 이러한 활동은 노년기의 자기 가치감을 높이는 데 기여한다.

(3) 정서적 안정과 자아 수용

① **정서적 건강 유지** : 노년기에는 정서적 안정과 긍정적인 자아 존중감을 유지하는 것이 중요하다. 이는 상실과 변화에 대한 적응, 과거 삶에 대한 성찰과 수용을 포함한다. 종교 활동이나 명상 등 정서적 안정을 도울 수 있는 활동이 포함될 수 있다.

② **우울증과 불안 관리** : 은퇴, 배우자 사별, 건강 악화 등으로 인해 우울증과 불안을 경험할 수 있다. 이러한 정서적 문제를 인식하고 필요한 경우 전문적인 상담이나 치료를 받는 것이 중요하다.

③ **삶의 마무리 준비** : 삶의 의미를 되새기고, 죽음을 준비하는 것도 중요

한 발달 과업이다. 이는 죽음에 대한 두려움 감소와 남은 시간을 의미 있게 보내는 데 도움을 준다.

(4) 사회적 관계 유지와 재조정

① **사회적 연결 유지** : 사회적 고립을 예방하기 위해 적극적으로 사회적 관계를 유지하는 것이 중요하다. 이는 친구, 가족과의 연락 유지, 지역사회 활동 참여 등을 포함한다.

② **새로운 사회적 역할 찾기** : 은퇴 후 직업 역할의 상실은 사회적 정체성의 변화를 초래한다. 자원봉사, 취미 활동, 손자·손녀 돌보기 등의 새로운 역할을 찾고 수행하는 것이 중요하다. 이는 사회적 유대감을 강화하고 자기 가치감을 증진시킨다.

③ **세대 간 관계 강화** : 자녀, 손자·손녀와의 관계를 유지하고 강화하는 것이 중요하다. 이는 정서적 지지와 가족의 일원으로서의 역할을 강화하며, 가족 역사와 전통을 전달하는 역할도 포함된다.

(5) 경제적 안정과 재정 관리

① **재정적 자원 관리** : 고정된 소득으로 생활하는 노년기에는 효율적인 재정 관리가 필수적이다. 예산 관리, 절약, 필요한 의료 비용 준비 등이 이에 포함된다.

② **사회적 지원 및 혜택 활용** : 정부나 지역사회에서 제공하는 사회적 지원 및 혜택을 최대한 활용하여 경제적 부담을 줄이는 것이 중요하다. 이는 연금, 건강 보험, 노인 복지 서비스 등을 포함한다.

(6) 삶의 의미와 목적 유지

① **자기 계발과 성장** : 새로운 취미나 관심사를 발견하고, 개인적 성장의

기회를 추구하는 것이 중요하다. 이는 예술 활동, 여행, 교육 프로그램 참여 등을 통해 이루어질 수 있다.

② **삶의 의미 찾기** : 자신의 인생에 대한 깊은 성찰을 통해 삶의 의미와 목적을 재확인하고, 이를 유지하는 것이 중요하다. 이는 자아 실현과 만족감을 높이고, 노년기를 긍정적으로 경험하는 데 기여한다.

노년기의 발달 과업은 개인의 신체적, 정신적, 정서적, 사회적 건강을 유지하고, 삶의 질을 향상시키며, 인생의 마지막 단계를 의미 있게 마무리하는 데 중점을 둔다. 이를 성공적으로 수행하기 위해서는 개인의 적극적인 노력과 함께 가족, 사회의 이해와 지원이 필수적이다.

4) 노년기의 사회복지실천

노년기는 다양한 신체적, 정신적, 사회적 변화가 나타나는 시기이다. 이와 관련된 여러 가지 문제와 도전에 대처하기 위해 사회복지실천의 역할이 중요하다. 사회복지실천은 노년층이 가능한 한 최고의 삶의 질을 유지하고, 신체적, 정서적, 경제적 안정성을 확보하며, 사회적 참여를 유지할 수 있도록 지원하는 데 중점을 둔다. 노년기 사회복지실천의 주요 관계 영역은 다음과 같다.

〈표 5-3〉 노년기의 사회복지실천 영역별 내용

실천 영역	주요 내용
건강 및 의료 지원	포괄적 건강 관리(정기 건강 검진, 질병 예방), 의료 접근성 보장(의료 비용 지원, 원격 진료), 정신건강 지원(상담 서비스, 지원 그룹)
경제적 지원과 재정 관리	재정 상담 및 지원(예산 관리, 저축), 공적 지원 프로그램 안내(연금, 기초생활수급자 혜택), 노후 생활비 지원(생활비, 식품, 의약품 지원)

주거 및 생활 지원	안전하고 적합한 주거 제공(장애인 접근성 개선, 낙상 방지 시설), 재가 복지 서비스(가사 도우미, 식사 배달), 장기 요양 및 돌봄 서비스(요양 시설, 주간보호센터)
사회적 참여와 활동 지원	사회적 고립 예방(사회적 활동 프로그램, 자원봉사 기회 제공), 세대 간 교류 프로그램(세대 간 이해와 지지), 문화 및 여가 프로그램(예술, 음악, 공예, 운동)
정신적 · 정서적 지원	정서적 지원과 상담(상담 서비스, 위기 개입 프로그램), 삶의 의미와 목적 찾기(철학적, 종교적 지원), 사별과 애도 지원(애도 지원 프로그램, 그룹 치료)
법적 지원과 권리 보호	법적 자문 및 권리 보호(재산 관리, 유언장 작성), 노인 학대 예방 및 대응(학대 예방 프로그램, 법적 대응)

(1) 건강 및 의료 지원

① **포괄적 건강 관리 :** 노년기는 만성 질환과 건강 문제가 일반적으로 발생하는 시기이다. 사회복지실천은 정기적인 건강 검진, 질병 예방, 만성 질환 관리 등 포괄적인 건강 관리 서비스를 제공하는 데 중점을 둔다. 이는 신체적 기능을 유지하고 생활의 질을 높이는 데 필수적이다.

② **의료 접근성 보장 :** 사회복지 프로그램은 노년층이 적절한 의료 서비스를 이용할 수 있도록 돕는다. 이는 의료 비용 지원, 이동 수단 제공, 원격 진료 등 다양한 형태로 이루어질 수 있으며, 건강 관리의 접근성을 높이는 데 기여한다.

③ **정신건강 지원 :** 우울증, 불안 등 노년기에 흔히 발생하는 정신건강 문제를 관리하기 위한 상담 서비스, 지원 그룹, 정신건강 교육이 제공된다. 이는 정서적 안정과 긍정적인 정신건강을 유지하는 데 중요하다.

(2) 경제적 지원과 재정 관리

① **재정 상담 및 지원 :** 노년기에는 고정된 수입에 의존하기 때문에 사회복지실천은 재정 관리와 관련된 상담 및 교육을 제공한다. 이는 예산 관

리, 저축, 사회보장제도 활용 등 재정적 안정성을 유지하는 데 도움을 준다.

② **공적 지원 프로그램 안내** : 연금, 기초생활수급자 혜택, 주거 보조금, 의료 지원 등 공적 지원 프로그램에 대한 안내와 신청 지원이 제공된다. 이는 노년층이 필요한 지원을 받을 수 있도록 도와 경제적 부담을 줄이는 데 기여한다.

③ **노후 생활비 지원** : 저소득 노인을 대상으로 생활비, 식품, 의약품 등의 지원이 이루어진다. 이는 기본적인 생활 수준을 유지하고 경제적 스트레스를 완화하는 데 중요하다.

(3) 주거 및 생활 지원

① **안전하고 적합한 주거 제공** : 노년층의 주거 환경은 신체적 안전과 생활의 질에 중요한 영향을 미친다. 사회복지실천은 안전하고 접근 가능한 주거를 제공하거나 개선하기 위한 지원을 포함한다. 이는 장애인 접근성 개선, 낙상 방지 시설 설치 등의 주거 환경 개선을 포함한다.

② **재가 복지 서비스** : 노인이 자립적으로 생활할 수 있도록 재가 복지 서비스가 제공된다. 이는 가사 도우미, 식사 배달, 일상 생활 지원, 의료 관리 등을 포함하며, 노인이 자신의 생활 공간에서 자율성을 유지할 수 있도록 돕는다.

③ **장기 요양 및 돌봄 서비스** : 신체적, 인지적 기능 저하로 인해 일상 생활을 스스로 수행하기 어려운 노인에게는 장기 요양 서비스가 제공된다. 이는 요양 시설 입소, 주간 보호 센터 이용, 방문 요양 등의 형태로 이루어지며, 가족 돌봄자의 부담을 경감시키는 데도 기여한다.

(2) 죽음의 본능

인간행동의 파괴적 혹은 부정적인 힘이다. 모든 유기체는 자신의 근원인 무생물 상태로 되돌아가려는 충동이 있기 때문에 죽고자 하는 무의식적 소망이 있다. 인간이 가지는 잔인성과 공격성, 자살, 살인, 전쟁 등 일상생활에서의 공격성을 의미한다.

5) 방어기제

(1) 정의

방어기제란 자아의 무의식적 영역에서 일어나는 심리 기제로서 인간이 고통스러운 상황에 적응하려는 무의식적 노력이다. 개인이 최적의 정신건강을 유지하려면 각 단계의 위기를 원만히 해결해야 하는데, 이 경우 적절한 방어기제의 사용이 요구된다. 자아가 불안에 대응하는 대처하는 데 동원하는 심리적 책략이다.

불안은 닥쳐올 위험에 대한 신호를 말한다. 불안의 기능은 사람들에게 반격하거나 피해야 하는 절박한 위험을 알려주는 것이다. 불안을 다음 세 가지로 구분할 수 있다(Zastrow, 1995 : 395).

① **현실적 불안** : 현실 세계의 위험에 대해 자아가 느끼는 두려움이다. 외부 환경에 객관적인 공포의 대상이 있을 때 무서워하는 것으로, 정상인의 타당한 불안이다(예 화재가 났을 때 느끼는 불안).

② **신경적 불안** : 원초아-자아 간 갈등으로 발생하는 불안이다. 원초아의 성적·공격적 본능을 자아가 조절할 수 없을 것이라는 위협을 느낄 때 생기는 정서적 반응이다. 쾌락을 추구하는 원초아와 현실 사이의 갈등에서 발생하는 것이다(예 수업 중 교수에게 야단을 맞았을 때 교수에게 대들고 싶은 충동을 참는 경우에 느끼는 불안).

③ **도덕적 불안** : 초자아와 자아 간의 갈등으로 발생하는 불안이다. 사회적, 도덕적으로 용납되지 않는 성적 충동, 공격적 욕구, 미움, 원한 등의 충동이 개인과 사회의 가치관에 모순되는 경우 느끼는 불안이나 갈등이다. 자아가 초자아의 처벌을 받을지도 모른다고 예감할 때 발생한다. 자아가 죄책감, 수치심을 경험하고 양심으로부터 위험을 의식함으로써 발생하는 불안이다(예 '훔치는 것'은 사회의 도덕적이고 이상적인 기준인 '훔치면 안 돼'와 대립되므로 죄책감이나 수치심을 느낌).

(2) 종류

① **동일시**(identification) : 인간은 어떤 모델이나 완전한 사람의 여러 특성들을 모방하려고 선택할 수 있다(예 "나는 아빠를 너무 많이 사랑해서 아빠처럼 되고 싶어요" 또는 "내가 아빠를 이길 수 없으면, 내가 클 때까지 아빠와 한편이 될 거예요" 성취도가 낮은 아동은 "나는 고등학교를 중퇴한 친구를 알고 있는데 그는 돈이 많아요. 그는 학교 다니는 것이 시간 낭비라고 해요"라고 할 수 있다).

② **치환**(displacement) : 본능이 차단될 때 주요 대상으로부터 나온 에너지를 대체 대상으로 다시 돌리는 것을 의미한다(예 부모에 대한 분노가 부모로부터 보복의 두려움 때문에 형제나 다른 대상에게로 향하게 된다. 성취도가 낮은 아동은 "우리가 공부하는 내용은 너무 지루해서 나는 결코 좋은 성적을 받을 수 없을 거예요"라고 말할 수 있다. 이 아동은 교사에 대한 적대감을 과목 탓으로 돌리는 것이다).

③ **억압 및 억제**(repression and suppression) : 억압은 무의식적으로 기억에서 고통스러운 생각을 저지하는 것이고, 억제는 동일한 일을 하고자 하는 의식적인 노력이다. 성취도가 낮은 아동은 이전에 실패한 학교 경험에 대한 고통스러운 기억들을 억압하여 왔다고 할 수 있다. 의식하기에는 현실이 너무나 고통스럽고 충격적이어서 무의식 속으로 억눌러 버리는 현상을 말한다. 억압은 다른 방어기제나 신경증적 증상의

기초가 된다. 반면 의식적으로 생각과 느낌을 눌러 버리는 것은 억제이다.

④ **투사**(projection) : 자신의 심리적 속성이 타인에게 있는 것처럼 생각하고 행동하는 것이다. 자기가 화가 나 있는 것은 의식하지 못하고 상대방이 자기에게 화를 냈다고 생각하는 것이 그 예이다. 자신의 특성들을 외부 세계의 다른 사람이나 사물 탓으로 돌리는 것이다(예 교사 자신이 학급에서 아이들을 좋아하지 않는다는 것을 인정하기가 싫기 때문에, 그 대신 아이들이 자신을 좋아하지 않는다고 말할 수 있다. 이처럼 교사는 자신이 학생들을 싫어하는 것을 거꾸로 학생이 자신을 싫어한다고 투사한다. 성취도가 낮은 아동은 "선생님은 나를 좋아하지 않아. 선생님은 나를 바보라고 생각해"라고 말할 수 있다).

⑤ **반동형성**(reaction formation) : "미운 놈에게 떡 하나 더 준다"는 속담처럼 무의식적 소망과 반대되는 방향으로 행동하는 것이다. 실제로 자기를 학대하는 대상인데도 그 대상을 좋아하는 것처럼 보이는 행동이 그 예이다. 불안을 유발하는 충동들은 의식 속에 정반대에 것으로 대치된다(예 "나는 폭주를 좋아해", "술은 불법으로 공표되어야 해"로 대치된다. "나는 얼간이가 되길 원하지 않아요. 얼간이는 단지 선생님에게 좋은 성적을 위해 아첨해요").

⑥ **합리화**(rationalization) : 개인의 행동이 정당하고 합리적이라는 것을 입증하려는 시도이며, 이런 식으로 자기 자신과 다른 사람들에게 승인을 얻고자 한다(예 성취도가 낮은 아동은 "만약 내 동생이 나를 괴롭히지 않았다면, 숙제를 마칠 수 있었을 텐데"라고 말할 수 있다. 현실에 더 이상 실망을 느끼지 않으려고 그럴 듯한 구실을 붙이는 것을 말한다).

⑦ **부정**(denial) : 현실의 불쾌한 측면들에 직면하지 않고자 하거나 불안 유발 자극들을 지각하지 않으려는 것이다(예 "나의 성적은 이번에 더 오를 거예요." 고통스러운 현실을 인정하지 않는 것을 말한다. 사랑하는 사람의 죽음이나 배신을 인정하려 들지 않고 사실이 아닌 것으로 여기는 것이 그 예이다).

⑧ **백일몽**(fantasy) : 상상을 통해 요구와 좌절된 욕망에 대한 만족을 찾는 방법이다(예 "언젠가 내가 의사가 되는 걸 선생님이 보게 될 거예요. 나의 나쁜 점수를 놀려댄 걸 미안해할 거예요").

⑨ **위축**(withdrawal) : 수동적으로 되거나 상처받는 것을 피함으로써 자기 관여를 감소시키는 것을 말한다(예 수줍어하는 아동이나 학교 공포증 아동을 들 수 있다. 위축되어 있고 성취도가 낮은 아동은 자신이 "위험한" 상황들을 피하기 위해 노력하는 만큼 말하지 않을 수도 있다).

⑩ **주지화**(intellectualization) : 위협적이거나 불안한 상황에서 감정을 배제하고 객관적이고 이성적으로 상황을 분석하고 판단하려는 경향을 말한다(예 아동의 개가 차에 치였을 경우 몹시 슬퍼하다가 마음을 억누르며 "우리 개는 죽는 게 더 나아요. 그 개는 약했고 눈이 멀었었거든요").

⑪ **퇴행**(regression) : 현재 수준보다 이전 발달 단계로 돌아가는 것이다. 비교적 단순한 초기의 발달 단계로 후퇴하는 행동이다(예 동생이 태어나면 어린애 같은 행동으로 되돌아간다).

⑫ **고착**(fixation) : 개인이 현재 발달 단계에서 고통이나 스트레스를 피하기 위해 해결하기 더 곤란한 다음 단계로 이동하기보다 현재 발달 수준에 머무르고자 한다는 점에서 이전 단계로 돌아가는 퇴행과는 다르다. 이들은 대안적인 문제해결을 하거나 새로운 대안 행동을 하려고 결단하기가 어렵다(예 어른다운 행동과 사고를 해야 할 대학생이 되었는데도 고등학교 수준의 행동 및 사고방식에 머물러 있는 경우이다).

⑬ **원상복구**(undoing) : 비도덕적이거나 나쁜 행동, 또는 그러한 행동을 하려는 욕구에 대한 어떤 속죄의 형태로 나타난다(예 접시를 깬 후 아동은 그것을 본래 상태로 되돌리기 위해 붙이고자 할 것이다).

⑭ **행동화**(acting out) : 금지된 욕구에 의해 생기는 불안을 감소시키기 위해 그것들을 표현하는 것을 의미한다(예 복수심에 불타는 아동의 행동, 금지된 아픈 감정을 표현하기 위해 폭력이나 만행, 절도에 관여할 수 있다).

⑮ **보상**(compensation) : 어떤 다른 생활 영역에 과잉 만족함으로써 한 영역에서의 좌절을 감소시키거나 어떤 바람직한 특성을 강조하여 약점을 감추려는 것을 의미한다(예 학급의 어릿광대는 사람의 주의를 끄는 행동을 함으로써 낮은 학업 성적을 보상할 수 있다).

⑯ **승화**(sublimation) : 사회적으로 인정되는 형태와 방법을 통해 충동과 갈등을 발산하는 것이다. 예를 들면, 정육점 주인이나 외과 의사로서의 직업 선택에는 공격적 충동의 승화가 작용할 수도 있다. 승화를 통해 사람들은 그들의 리비도의 욕망과 에너지를 생산적이고 받아들여질 수 있는 활동으로 바꾼다. 부모와 교사는 아동이 커다란 에너지를 생산적인 곳에 배출할 수 있는 길을 찾도록 잘 도와야 한다. 성취도가 낮은 아동은 TV, 불량 학생 집단 활동, 과식, 약물 등에 부정적으로 중독되기 쉬우므로 비구조화된 시간을 많이 주어서는 안 된다.

6) 발달 단계

프로이트의 발달 단계를 심리성적 발달 단계(psychosexual development)라 하는데, 그 이유는 에너지인 리비도가 집중된 부위(입, 항문, 성기)에 따라 아동기의 발달 단계를 나누었기 때문이다. 프로이트는 성격이 유아기부터 청소년기까지 다섯 단계(구강기, 항문기, 남근기, 잠복기, 생식기)에 걸쳐 발달하고, 특히 앞의 세 단계가 성격 형성에 결정적인 역할을 한다고 하였다.

발달 단계에 있어 한 단계에서 다음 단계로의 진행이 방해받으면 특정 단계에 고착될 수 있고 이러한 고착이 성인기 성격에 직접적인 영향을 미치게 된다. 고착은 각 단계의 욕구가 지나치게 만족되었거나 혹은 지나치게 만족되지 못하여 좌절되었을 때 발생하는데, 결핍될 때 더 많은 고착을 일으킨다. 고착의 강도가 강할수록 그 시기로의 퇴행이 일어나는데 여기서 퇴행은 여러 가지 갈등 상황에 직면했을 때 심리적 퇴행을 통해 그 단계의 욕구를 만족시키려는 행동을 하게 된다는 것이다. 각 발달 단계를 설명하면 다음과 같다(Crain, 1983 : 206-224; Hall & lindzey, 1991).

(1) 구강기

생후 1년간으로 입과 입술을 통해 만족을 얻는 시기이다. 이 시기에 적절한 만족을 얻지 못하면 자신과 타인, 그리고 주변 세계에 대해 불신감을 갖게 된다. 결국 남과 접촉하는 것을 두려워하게 되고 외부 세계로부터 고립된 나머지 타인과 깊은 인간관계를 형성할 수 없게 된다.

(2) 항문기

1~3세까지로 배변 훈련과 관련된 시기이다. 대소변 훈련을 시킬 때 부모가 보이는 감정이나 태도 반응은 유아의 성격 형성에 큰 영향을 미친다. 이 시기에 아동은 분노·적대감 등의 부정적 감정을 수용하는 것을 배우며 실수를 해보고 실수해도 괜찮다는 것을 알게 됨으로써 자신을 독립적이고 개별적인 존재로 여기게 된다. 반면 지나치게 엄격한 배변 훈련은 아동을 강박적이고 의존적 성격으로 만든다.

(3) 남근기

3~5세까지로 성기가 주요 관심의 대상이 된다. 이 나이의 아동들은 자신의 육체에 대해 호기심을 갖게 되며 이성과의 차이점을 발견하려고 한다. 이 시기에 아동은 자신의 육체나 성적 발견을 자연스럽게 긍정적인 것으로 받아들일 필요가 있다. 이성 부모에 대해 성적인 유대 감정을 느끼는 오이디푸스 콤플렉스 또는 엘렉트라 콤플렉스가 형성되는 것도 이 시기이다. 아들의 경우 어머니에 대한 접근 감정 때문에 아버지로부터의 처벌이나 거세불안을 갖게 되고 이 두려움을 덜기 위해 아버지를 숭배 또는 모방하는 동일시 현상

이 생긴다고 해석한다. 그리고 이러한 동일시의 기제를 통해 남성이나 여성으로서의 역할을 학습하게 되고 부모의 가치를 내면화함으로써 초자아가 발달하게 된다고 본다.

(4) 잠복기

아동이 6세 또는 7세에서 11세 또는 12세 사이의 연령에 이르면 위기를 조성했던 성적·공격적 충동이 일시적으로 잠복하게 되어 역동적 요소가 다소 안정 상태를 유지하게 된다.

(5) 생식기

아동이 12세 또는 13~20세에 이르면 점차 이성에 대한 관심을 갖고 성숙한 사랑을 하게 되며 독립된 성인으로 발달하게 된다. 이 단계까지 순조롭게 발달한 사람은 이타적이고 원숙한 성격을 지니게 되지만, 반면 아동기 초기에 경험한 성적 에너지의 고착이 있으면 적응이 어렵고 후의 성격 발달에 장애를 일으키게 된다.

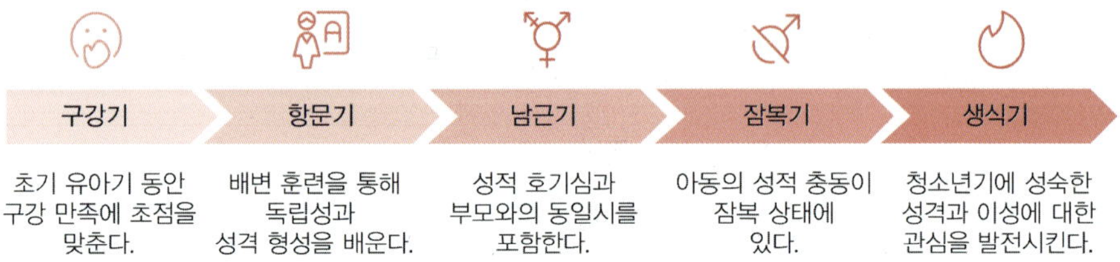

[그림 6-1] 프로이트의 발달 단계

7) 사회복지실천과의 연관성

프로이트의 이론은 사회복지실천의 과학적 토대를 마련하는 데 크게 기여하였다. 정신분석이론의 관점을 수용하여 사회복지실천에서는 내담자 문제의 원인인 과거의 정신 내적 갈등이나 정신적 외상을 밝혀내어 이를 해결하는 데 많은 관심을 기울인다. 이는 개인의 과거 경험을 중심으로 개별적으로 접근하는 진단주의 학파에 영향을 주었다. 문제에는 일정한 원인이 있다는 직선적 원인론을 채택함으로써 사회복지실천이론의 과학적 토대를 제공하였다.

생애 초기의 경험 중 감춰진 정신적 외상을 밝혀내는 과정은 내담자의 문제를 사정하는 데 기여하였다. 그러나 사회복지의 이중적 초점이라고 할 수 있는 인간과 환경 중에서 인간의 정신 내적 현상을 지나치게 강조하고 기계론적이고 결정론적 인간관과 이에 따른 실천을 조장함으로써 사회복지 전문직의 분열과 사회복지실천상의 불균형을 초래하는 문제점을 야기하기도 했다.

2. 융의 이론

1) 융의 생애

융(Carl Jung)은 1875년 스위스의 케스빌에서 출생하여 1961년 86세에 사망했다. 어린 시절부터 몹시 내성적이어서 많은 시간을 친구 없이 혼자 보냈고 나무로 만든 인형이 그에게는 유일한 친구였다. 어머니의 우울증과 아버지의 침착하지 못한 성격 때문에 그의 부모는 매우 긴장된 결혼 관계를 유지하였다. 어린 시절부터 고독하게 지낸 경험은 이후 자기분석에 큰 도움이 되었다. 아버지가 목사였으나 융은 교회를 싫어해 아버지와 종교적 논쟁을 자주 벌였고, 어머니와 외조부, 외삼촌은 초자연적인 것에 대한 믿음을 가지고 있었다. 융은 자신의 내향성으로 인해 주로 개인의 정상범위 내에서 이루어지는 성격의 발달 과정에 주된 관심이 있었고 대인관계에는 무관심했다.

융은 역사, 철학, 고고학, 심령 현상 따위에 깊은 관심을 보여 이러한 것들이 그의 분석심리학의 토대가 되었다. 그가 취리히의 정신과 의사일 때 프로이트의 이론에 깊은 감명을 받아 그에게 자신의 논문을 보냄으로써 프로이트와의 관계가 시작되었다. 프로이트는 융을 아들이자 자신의 학문적 후계자로 생각하였으나 융이 프로이트의 범성설에 반발하면서 결국 그들은 결별하게 되었다. 프로이트와 융의 학문적 관점의 차이는 다음과 같다. 첫째, 리비도의 역할이다. 프로이트는 리비도를 인간의 생물학적 성에 제한한 에너지로 보았다면, 융은 리비도를 성뿐만 아니라 다른 삶의 에너지를 포함한 정신에너지로 보았다. 즉, 융은 프로이트의 리비도 개념을 확장하였다. 둘째, 성격에 영향을 미치는 힘의 방향이다. 프로이트는 인간의 성격이 주로 과거의 사건이나 과정들에 의해 결정된다고 본 반면, 융은 인간은 과거의 사건들뿐만 아니라 미래에 무엇을 하기를 열망하는가에 의해 결정된다고 보았다. 셋째, 무의식의 개념 정립이다. 프로이트는 인간 정신의 지각 수준에 초점을 맞추어 무의식의 중요성을 강조한 반면, 융은 인류의 정신문화의 발달에 초점을 두고 집단무의식이라는 개념을 도입하여 무의식의 범위를 확장하였다(최옥채 외, 2008).

2) 인간관

융은 인간을 가변적 존재로 여긴다. 과거의 조상들로부터 물려받은 타고난 정신적 소인을 가지고 있지만, 이런 정신적 소인의 발현은 한 개인이 개성화 과정을 거치면서 서로 다르게 나타날 수 있으며, 인간의 정신 구조는 삶의 과정을 통해 후천적으로 변할 수 있다고 보았다. 인간을 생물학적, 심리적, 사회문화적 존재로 보고 있으며, 의식과 무의식 간의 본질적인 대립 양상을 극복하고 이를 하나로 통일해 나가고자 하는 경향을 지니고 있다. 즉, 프로이트는 인간은 불변적이고 결정론적 존재로 보았지만, 융은 가변적 존재로 여기고 인간의 정신 구조는 살아가는 과정을 통해 후천적으로 변할 수 있다고 하였다.

3) 기본 가정

정신 또는 성격은 부분들의 단순한 집합이 아니라 하나의 전체성을 이룬다. 인간행동은 의식과 무의식 수준에서 서로 상반되는 두 가시 힘에 의해 동기화된다. 인간의 행동은 과거에 의해 상당 정도 결정되지만, 미래의 목표와 가능성에 의해 조정된다. 발달은 타고난 소인 또는 잠재력을 표현해 나가는 것이지만, 후천적 경험에 의해 서로 다르게 표현된다. 개인은 독립된 존재가 아니라 역사적으로 연결되어 있으며, 사회적 규범이나 문화의 요구에 적응해 가며, 개인은 자기실현 과정을 통하여 사회의 발전에 기여한다. 심리적 건강은 정신의 정체성을 유지하는 것이며, 정신병리는 전체성의 분리 현상이다. 정신병리를 파악함에 있어서 원인과 병리가 지니는 의미를 동시에 파악해야 한다. 내담자에 대한 원조 목표는 무의식의 의식화를 통해 개성화를 촉진하여 정신의 전체성을 회복할 수 있도록 하는 것이다.

4) 주요 개념

융의 이론은 무의식에 강점을 두었다는 점에서 정신분석이론과 유사하지만 인간에 대한 관점은 매우 뚜렷한 차이를 보인다. 융의 이론에서 인간의 행동은 개인적인 것과 종족의 역사(인과론), 목적, 욕망(목적론)에 따라 좌우된다고 보기 때문에 결국 실재했던 과거와 가능성을 지닌 미래가 동시에 인간의 현재 행동을 이끈다는 것이다.

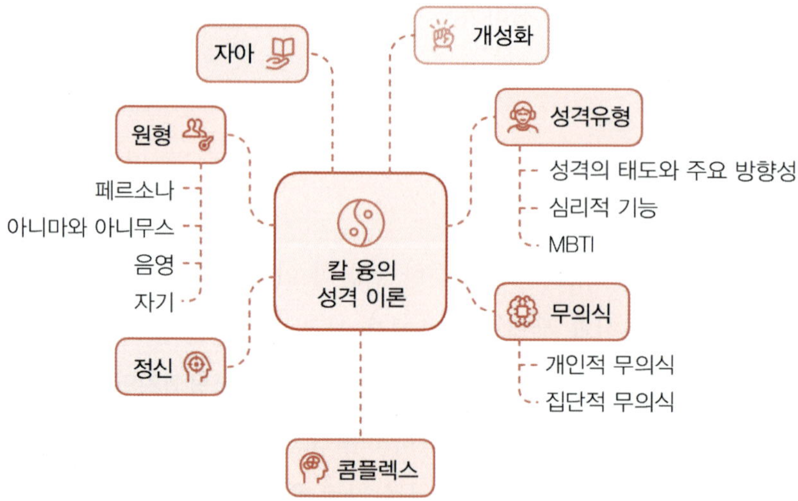

┃그림 6-2┃ 융의 성격 이론의 주요 개념

┃그림 6-2┃와 같이 융의 성격 이론의 주요 개념을 살펴보면 다음과 같다(Hall & lindzey, 1991 : 12; Crain, 1983; Adler & Orgler, 1987).

(1) 정신

개인의 성격 전체를 의미하는 것으로, 정신이란 영(spirit), 혼(soul), 그리고 마음(mind)이라는 의미를 포괄하며 의식 및 무의식적인 모든 사고, 감정, 행동을 포함하고 있다. 융은 지형학적으로 정신을 의식, 개인무의식, 그리고 집단무의식이라는 세 수준으로 구분하고 그 내부의 특수한 구조물들로 자아, 그림자, 아니마와 아니무스, 자기를 제시하고 있다.

(2) 자아

의식적인 마음으로 의식적 지각, 기억, 사고와 감정으로 구성되어 있어 자신에 대한 의식뿐만 아니라 외부 세계에 대한 지각도 포함된다. 자아는 개인의 의식이 타인으로부터 분리되는 과정, 즉 의식의 '개성화' 과정에서 생기는 것으로 보았다. 자아는 선택적이다. 무수히 많은 체험을 해도 대부분은 의식에 도달하기 전에 자아에 의해 제거된다. 자아의 의식 여부는 심적 기능에 의해 결정된다.

(3) 개성화

고유한 자기 자신이 되는 것으로, 무의식적 내용을 의식화하고 통합해 가는 과정, 개인의 의식이 타인으로부터 분화되는 과정이다. 개성화의 목표는 가능한 한 완전한 자기 자신을 아는 것, 즉 '자기인식'이다. 자신을 정확히 인식하지 못하고 자기를 실현한다는 것은 불가능하므로, 융은 자기실현을 달성하는 것보다 더 중요한 것은 정확한 자기인식이라고 하였다.

(4) 무의식

① **개인적 무의식** : 상실된 기억이나 억압된 불쾌한 여러 표상 등 의식 위에 올려지지 않은 내용들이 포함된다. 개인적 무의식의 자료들은 자아와 지속적으로 상호작용하여 꿈 등으로 지각되는데 이는 프로이트의 전의식과 유사하다.

② **집단적 무의식** : 모든 개인의 정신이 공통으로 가지고 있는 하부 구조를 말한다. 개인적인 경험과는 상관없이 조상 또는 종족 전체의 경험 및 생각과 관계된 원시적 감정, 공포, 사고, 원시적 성향 등을 포함하는 무의식이다. 집단무의식이 조직적으로 구성되어 있는 형태를 원형(archetypes)이라 하는데, 이는 세계 여러 민족의 신화, 예술, 종교 따위에서 발견되는 공통된 이미지에서 그 존재를 알 수 있다. 예를 들어, 어느 민족이나 태양에 관한 신화가 있고 뱀이나 어둠에 대한 두려움이 있는데, 이는 경험 이전의 것으로 융은 이것을 원시시대로부터 전승된 기억의 산물이라고 하였다.

(5) 콤플렉스

개인적 무의식 속에 하나의 공통된 주제에 관한 감정, 사고, 지각, 기억 등의 조작된 무리를 말한다. "그 사람이 그렇게 당황하는 건 바로 아픈 데를 찔렸기 때문이야!"라고 말할 때 이 '아픈 곳'에 콤플렉스가 위치하고 있다. 콤플렉스는 전적으로 무의식이므로 자아는 콤플렉스의 지배를 받는다는 사실을 깨닫지 못한다. 콤플렉스는 자립적이며 그 자체의 추진력을 가지고 사고와 행동을 강력하게 지배할 수 있다.

(6) 원형

인간이라면 존재하는 인간 정신의 보편적이고 근원적인 핵이다. 집단무의식이 조직적으로 구성되어 있는 형태이다. 세계 여러 민족의 신화, 예술, 종교 등에서 발견되는 공통된 이미지에서 그 존재를 알 수 있다. 대표적 원형은 페르소나, 아니마, 아니무스, 음영을 들 수 있다.

① **페르소나** : 페르소나는 무대에서 배우가 쓰는 가면을 뜻하는 라틴어이다. 즉, 개인이 외부에 표출하는 이미지 혹은 자아의 가면으로 개인이 외부에 보이는 이미지이다. 우리의 페르소나는 역할에 따라 달라지는데 한 남자가 사업가로서 동료에게 주는 이미지와 아버지로서 자식에게 주는 이미지는 다르다. 따라서 페르소나는 사회가 그에게 부과하는 역할이며 사회가 인간에게 생활에서 담당하기를 기대하는 배역이다. 따라서 페르소나의 목적은 남에게 뚜렷한 인상을 주는 것이며 반드시 그렇지는 않지만 이따금 그 사람의 본성을 감추기도 한다.

② **아니마와 아니무스** : 인간은 남성적·여성적 측면을 모두 가지고 있지만, 유전적 성 차이와 사회적 압력에 의해 여성은 여성적 측면, 남성은 남성적 측면을 발달시키도록 요구받는다. 하지만 무의식 속에 있는 남성의 여성적 측면을 아니마, 여성의 남성적 측면을 아니무스라고 한다.

자기 속에 아니마와 아니무스가 있기 때문에 인간은 이성에게 적절히 반응하고 이성을 이해할 수 있게 한다.

③ **음영** : 개인적 무의식에 존재한다. 의식에서 도외시되는 동물적 본성으로 자신이 용납하기 어려운 특질과 감정으로 구성되어 있어 대부분 자기 이미지와 반대되는 부정적인 것으로 가끔씩 꿈 속에 나타나기도 한다. 인간이 사회생활을 무리 없이 하기 위해서는 음영이 포함된 동물적 본성을 자제해야 하므로 페르소나를 발달시키게 된다. 결국 음영은 의식에서 불쾌한 생각, 감정, 행동을 일으키는 원인이 된다.

④ **자기** : 자기(self)는 중심성, 전체성, 의미를 무의식적으로 추구하는 원형이다. 의식과 무의식을 포함한 전체 정신의 중심인 자기는 태어날 때부터 존재하는 원형이므로, 의식의 중심인 자아는 의식의 영역밖에 볼 수 없지만, 자기는 모든 것을 볼 수 있고 통합시킬 수 있다. 자기는 성격의 상반된 측면들을 균형 있고 조화롭게 만들려는 내적 충동으로 중심성, 전체성에 대한 갈망이다. 즉, 성격의 중심으로 성격의 통일성과 안정성을 제공하게 된다. 자기의 원형은 중년이 될 때까지 거의 드러나지 않는데, 이는 자기가 드러나기 위해서는 개성화를 통해 충분히 발달해야 하기 때문이다.

(7) 성격유형

① 성격의 태도와 주요 방향성

외향성(extraversion)과 내향성(introversion)을 들 수 있다. 외향적인 사람은 자신 있게 직접적으로 행동에 참여하는 반면, 내향적인 사람은 망설이며 일이 어떻게 될지를 곰곰이 생각한다. 인간은 누구나 이 두 가지 태도가 성격 안에 함께 있으나 보통 하나가 우세하여 의식되는 반면 다른 하나는 무의식 속에 있게 된다.

② 심리적 기능

사고, 감정, 감각, 직관의 네 가지 심리적 기능이 있다. 사고 기능은 관념적이며 지적인 기능으로, 이 기능에 의해 인간은 세계와 자신의 본질을 이해하려고 힘쓴다. 사고형의 사람은 객관적 진실을 원리원칙에 의해 판단한다. 논리적/분석적, 규범/기준을 중시한다. 감정 기능은 주체의 입장에서 사물의 가치를 평가하는 것으로, 인간에게 유쾌, 고통, 분노, 비애, 즐거움 등의 주관적 경험을 준다. 감정형의 사람은 대인관계, 보편적 선 등에 관심, 상황적/우호적으로 판단한다. 감각 기능은 직관적 또는 현실적 기능으로, 이것은 외계의 구체적 사실들이나 표상을 낳는다. 감각형의 사람은 구체적/사실적 경험에 초점을 두고 매우 일관성 있는 현실 수용을 추구한다. 직관 기능은 무의식적 과정과 잠재적 내용 들에 의한 지각 기능이다. 직관형의 사람은 미래의 가능성, 육감에 초점을 두어 변화와 다양성을 추구한다.

③ MBTI

MBTI(Myers-Briggs type indicator)는 융의 심리유형론을 근거로 하여 마이어스와 브리그스가 보다 쉽고 일상생활에 유용하게 활용할 수 있도록 고안한 자기보고식 성격유형 지표이다. MBTI 인식과 판단에 대한 융의 심리적 기능이론, 그리고 인식과 판단의 향방을 결정짓는 융의 대도이론을 바탕으로 하여 제작되었다. 또한 개인이 쉽게 응답할 수 있는 자기보고(self report) 문항을 통해 인식하고 판단할 때의 각자 선호하는 경향을 찾으며, 이러한 선호 경향들이 하나하나 또는 여러 개가 합쳐져서 인간의 행동에 어떠한 영향을 미치는가를 파악하여 실생활에 응용할 수 있도록 제작된 심리검사이다.

MBTI는 인간을 다루는 모든 영역(청소년비행, 약물중독, 정신장애, 사회부적응, 부부 문제 등)에 효과적으로 사용되었는데, 특히 성인 및 노인 환자 이해 및 치료에 기여하였다. 융의 태도와 기능의 결합에 따라 다음과 같이 8가지 심리적 유형이 도출된다(Crain, 1983).

- **외향적 사고유형** : 객관적 세계를 탐구하는 데 전력투구하는 형으로 자연현상의 이해 자연법칙의 발견 따위에 관심을 보인다. 외향적 사고유형은 감성적 측면을 억압하므로 다른 사람에는 인간미가 없고 냉혹하며 교만하게 보일 수 있다.
- **내향적 사고유형** : 내면적 존재에 대한 관심이 많아 철학적이고 사색적이다. 때로는 완고하고 극단적인 경우 이들의 내적 탐구는 현실성이 없을 수 있다.
- **외향적 감정유형** : 변덕스러우며 상황에 따라 감정이 빠르게 변한다. 사람에게 강한 애착을 보이기도 하지만 쉽게 변하고 과시적이며 기분파이다.
- **내향적 감정유형** : 말이 없고 우울해 보이며 감정을 잘 표현하지 않는다. 때로는 침착하고 자신 있는 인상을 주기도 한다. 가까이하기 어렵고 그 마음을 헤아리기 어려운 유형이다.
- **외향적 감각유형** : 현실적이고 실제적이며 깊이 있는 생각을 하지 않으려는 유형이다. 별반 고민 없이 세상을 있는 그대로 받아들이고 쾌락과 스릴을 즐긴다.
- **내향적 감각유형** : 자신의 정신적 감각에 몰두하는 유형이다. 예술을 통해 표현되는 경우를 제외하고는 다인에게 자신을 이해시키는 데 어려움을 가진다. 남이 보기에는 수동적이고 자제력이 있는 것처럼 보이지만 사실은 무관심한 것이다.
- **외향적 직관유형** : 엉뚱하고 불안정한 유형으로 뭔가 새로운 것을 찾아 여기저기 관심을 보이지만 오랫동안 끈기 있게 추구하지 못하고 싫증을 잘 느낀다. 호기심이 많고 열성적이지만 신뢰를 주기 어렵다.
- **내향적 직관유형** : 대표적으로 예술가들이 여기에 해당된다. 이 유형의 사람들은 남들에게 현실감이 부족한 수수께끼 같은 사람으로 보이지만 자신의 직관에 따라 새로운 가능성을 찾고 이로 인해 정신 과정을 이해하는 데 많은 기여를 할 수 있다.

5) 성격발달에 대한 견해

융은 성격의 발달을 개성화의 과정을 통한 자기실현 과정이라고 보았다. 타고난 인간의 잠재력인 자기를 실현하기 위해 인생 전반기에는 자기의 방향이 외부로 지향되어 분화된 자아를 통해 현실 속에서 자기를 찾으려고 노력한다. 그러나 인생의 후반기에는 자기의 방향이 내부로 지향되어 자아는 다시 자기에 통합되면서 성격 발달이 이루어지는데, 융은 이 과정을 개성화라고 하였다.

인생 전반기(40세 전후까지)는 투사와 동일시를 통하여 자아가 자기로부터 분리됨으로써 자아를 강화하고 확대하는 시기이다. 인생의 후반기는 무의식의 내용을 의식화하고 이해함으로써 자아가 자기로 접근해 가는 과정, 즉 자아가 성격의 전체이고 주인인 자기로 변화하는 과정이라고 할 수 있다.

6) 발달 단계

융은 유아기부터 성인기에 이르는 성격의 발달 단계를 서술하지 않고 성인기의 발달에 초점을 두어 다음과 같이 기술하였다.

성인 초기는 외적으로 팽창하는 시기로 자아가 발달하고 외부세계에 대처하는 역량이 발휘되는데, 대체로 남자는 남성적인 측면을, 여자는 여성적인 측면을 발달시키게 된다. 이 시기의 과제는 외적 환경의 요구에 확고하고 단호하게 대처하는 것이기 때문에 내향적인 사람보다 외향적인 사람이 더 순조롭게 이 시기를 보내게 된다.

40세 이후는 정신적인 면에서 변화가 생겨 추구하던 목표와 야망들이 그 의미를 잃으면서 우울감과 침체감을 경험한다. 정신은 우리에게 좀 더 내면으로 전환하여 생의 의미를 음미하도록 촉구한다. 결국, 인간은 중년이 되어야 완전성의 상징인 자기의 이미지와 만나게 된다.

중년기 이후부터 사람들은 자신의 내면세계에 초점을 두기 시작하지만 그래도 여전히 외적 상황을 변화시킬 수 있는 자원은 남아있다. 그래서 그동안 소홀했던 계획과 흥미를 다시 갖게 되고 심지어는 직업의 변화를 꾀하기도 한다. 또한 남녀 모두 자신의 상반되는 성적 측면에 대해 표현하기 시작하여 남자들은 여성적인 측면을, 여자들은 남성적인 측면을 나타낸다. 따라서 남자들은 공격적인 야망을 줄이고 그동안 소홀했던 대인관계에 관심을 갖게 되지만 여성들은 보다 공격적이고 독립적이 된다. 이것이 오늘날 중년 부부의 갈등을 초래하는 원인이 된다.

7) 사회복지실천과의 연관성

융의 이론에 대해 사회복지 분야에서 직접적 관심을 가진 적은 없었지만, 인간행동과 인간발달에 관한 이해를 넓히는 데 그의 이론의 주요 개념, 심리적 유형, 중년기의 마음에 관한 연구는 매우 유용하다. 분석심리이론의 사회복지실천에서의 적용은 클라이언트가 자기 내면세계의 목소리와 요구를 귀담아듣고 자신의 내면의 삶을 탐색함으로써 성격을 확장해 나가는 과정이다(Hall & Nordby, 1973). 분석심리이론에서는 정신의 전체성을 회복할 수 있도록 돕고, 자기인식의 증진과 무의식의 의식화를 도모하는 클라이언트의 개성화에 목적을 두고 있다. 클라이언트가 정신병리의 의미를 정확하게 이해하도록 하여 클라이언트로 하여금 무의식의 창조력과 치유력을 활용하여 스스로 해결방안을 찾고 문제를 해결하도록 할 수 있다고 본다(Corsini & Wedding, 2005).

3. 아들러의 이론

1) 아들러의 생애

아들러(Alfred Adler)는 1870년 오스트리아 빈에서 육 남매의 둘째로 출생하여 1937년 스코틀랜드 에버딘에서 사망하였다. 그는 형의 그늘에 가려진 어린 시절을 보냈다. 병약했기 때문에 동생들이 태어나기 전에는 어머니의 관심을 독차지했으나 동생이 출생한 후에는 그 위치를 상실했다. 만성적으로 병약한 아이였던 아들러는 육체적으로 친구들과 경쟁 상대가 안 되었으나 이런 신체적 열등감을 극복하려고 꾸준히 노력했다. 정신과 의사가 된 후 프로이트와 같이 활동했으나, 점차 이론적 입장이 대립하게 되어 학회 명칭을 개인심리학회로 변경했다.

1911년 프로이트와 헤어진 후 아들러는 여생 동안 프로이트를 통렬히 비난하였다. 아들러는 "나는 프로이트의 과오로부터 득을 보았다"고 자평하고 스스로 절대 정신분석학자가 아니라고 하였다.

2) 인간관

아들러는 인간을 창조적 능력이 있기 때문에 그들의 인생 목표를 직시할 수 있고, 스스로 결정을 내리며, 그들의 목적과 가치와 일치되는 여러 삶의 방식을 선택할 수 있는 합리적 존재로 보았다. 그러나 사람들은 대부분 가상의 목표를 깨닫지 못하거나 그들의 생활 속에서 그것의 참된 중요성을 모르기 때문에 모든 인간이 반드시 합리적인 존재는 아니라는 점도 동시에 인정하고 있다. 인간은 주관적 존재라고 규정하였는데, 개인의 일상적인 삶의 모습은 객관적 사실에 근거하여 이루어지는 것이 아니라 개인이 그것을 어떻게 지각하고 어떻게 반응하는가에 따라 달라진다고 본다. 가치, 신념, 태도,

목표, 관점, 현실 지각과 같은 내적 결정인자를 강조하는 인간관, 총체적이고 사회적이며 목표 지향적인 인간관이 특징이다.

3) 기본 가정

인간은 독특하고, 더 이상 분해할 수 없으며, 자아 일치적이고 통합된 실체이다. 발달이란 완전한 것을 향한 능동적인 노력, 즉 성장을 위한 노력이다. 그리고 유전, 문화적 압력이나 본능적인 욕구는 발달에 영향을 미치는 요인이기는 하지만 대부분의 발달은 개인의 능동적 선택에 의해 이루어진다. 발달은 5세 무렵에 거의 형성되며, 이후에는 근본적 변화가 없다. 개인은 환경을 주관적으로 파악하고 이러한 주관적 신조나 믿음에 따라 행동한다. 자아는 창조적 힘을 가지고 있으며 열등에 대한 보상과 미완성을 극복하고자 하는 성향을 지니고 있다. 심리적 건강은 개인이 우월성을 추구하는 과정에서 환경적 방해를 어느 정도 극복하느냐의 사회적 관심 정도에 달려 있다. 따라서 치료 과정은 보다 지시적이며, 치료자는 능동적으로 치료에 참여한다.

4) 주요 개념

아들러의 이론을 개인심리학이라 하는데, 개인심리학이란 총체적인 입장을 취하면서 환원주의를 거부하는 것이다. 즉, '개인(individual)'이라는 말은 '나누어질 수 없다(indivisible)'에서 나온 것으로, 인간을 정신과 신체 혹은 각종 정신 기능 따위로 분리하지 않고 하나의 통합된 유기체로 보는 것이다. 아들러는 인간을 사회적 동물이라 전제하고 인간 발달은 사회적 자극에 의해 동기화된다고 보았다. 또한 그의 이론은 자아의 창조성을 강조하여, 자아가 더 이상 원초아에 지배당하지 않고 자신의 경험을 주관적으로 지각하여

의식적으로 자신의 행동을 추구한다고 보았다. 아들러의 주요 개념을 살펴보면 다음과 같다(Hall & Lindzey, 1991 : 167-180; Hjelle & Ziegler, 1992; 김정희, 1995 : 127-170; Adler & Orgler, 1987; 김필진, 2007).

(1) 가공적 목적

인간이 현실적으로 실현 불가능한 많은 가공적인 생각에 의해 지배된다고 본다. 이런 목적이 일상생활에 도움이 되지 못한다면 수정하거나 버려야겠지만 때에 따라서 현실에 대처하는 데 큰 도움이 되기도 한다. 아들러는 각 개인의 우월성 추구는 각자의 가상적인 목적에 의해 결정되며, 각 개인의 가상적 목적은 자기 스스로 결정하는 것으로 각자의 창조력에 의해 형성된 독특한 것이며, 개인의 가상적인 목적을 이해하게 되면 각 개인의 행동이 지니는 의미와 생활양식을 이해할 수 있게 된다고 주장하였다.

(2) 열등감과 보상

① 열등감

개인적으로 신체적 열등감을 가졌던 아들러는 신체의 결함을 가진 사람들이 이를 보상하기 위해 대단히 노력한다는 것을 발견하였으며, 이러한 열등감은 신체적 결함뿐 아니라 인생에서 경험하는 모든 불완전감과 부족감에서 생기는 것으로 개념을 확대하였다. 열등감은 개인이 잘 적응하지 못하거나 해결할 수 없는 문제에 직면했을 때 생기는 것으로 좀 더 안정을 추구하려는 데서 생겨난다.

열등감이 있으면 보통 사람들은 이 열등감을 보상하기 위해 더 높은 수준의 발달을 향해 노력한다. 그러나 목표했던 그 수준에 이르면 다시 열등감이 생겨 또 다시 더 높은 수준에 이르려는 노력을 하게 된다. 열등감과 그에 대한 보상 노력이 인간을 발전시키는 원인이 되고 있다는 것이다. 열등감은 신체기관 혹은 신체적 결함에서 유래하는 열등 상태뿐 아니라 심리적 혹은 사회적 열등감도 포함된다. 그러나 열등감을 극복하기 위해 노력해도 어떤 이유로든 달성이 불가능할 경우에는 이 열등감이 더 강화되어 병적 열등감이 된다. 아들러는 병적 열등감의 세 가지 원천으로서 신체적으로 병약하거나 허약한 아동의 경우와 같은 기관열등감, 응석받이와 같은 과잉보호, 거부당하는 아동의 경우와 같은 양육 태만의 방임을 제시하고 있다.

② 보상

어떤 결함이 있는 사람이 연습이나 훈련을 통해 잠재력을 발휘하여 이를 보호하도록 인간을 자극하는 건전한 반응을 말한다. 인간은 항상 좀 더 나아지기를 원하기 때문에 본질적으로 열등감을 경험하게 된다. 좀 더 나은 상태로 나아가기 위하여 신체적·정신적 기술을 훈련하여 부족한 점을 충족하려는 시도가 바로 보상이다.

그러나 과잉 보상으로 인해 자신의 신체적·지적·사회적 기술을 과장하는 병적 우월감에 빠지는 사람도 있다. 병적 우월감을 가진 사람은 일반적으로 과장되고 건방지며, 자만하고 이기주의적이며, 남을 업신여김으로써 자신이 권위 있는 존재라는 인상을 남기려고 한다.

(3) 사회적 관심

아들러는 인간이 성적 충동보다 사회적 관심에 의해 동기화된다고 생각하였다. 사회적 관심은 각 개인이 이상적인 공동 사회의 목표를 달성하고자 할 때 사회에 공헌하려는 성향을 말한다. 가족관계 및 다른 아동기 경험에서 발달하며 어머니가 사회적 관심의 발달에 가장 큰 영향을 준다. 협동, 대인·사회적 관계, 집단에서의 동일시, 공감 등의 사회적 관심은 사회가 완전해지기 위해 개인이 기울이는 조력으로 이루어진다. 아들러는 인간은 본질적으로 사회적 동물이므로 사회적 관심은 타고나는 것이고, 사회적 이익을 위해서 개인적 이익을 포기하는 선천적·사회적 본능을 가지고 있다고 믿었다. 이러한 선천적·사회적 관심은 부모의 양육과 가정교육 그리고 학교 교육을 통해 지속적으로 개발될 수 있으므로 교육의 중요성 또한 강조된다. 특히 초기 모자 관계에서 사회적 관심에 대한 선천적 잠재성이 개발될 수 있는 중요한 기회가 제공된다. 발달 초기 모자 관계 속에서 양육자인 어머니가 아이의 폭넓은 사회적 발달을 자극하고 모자 관계 이외의 다른 사람과의 관계로 아이의 관심이 확대될 수 있도록 격려하는 과정에서 일차적 사회적 관심의 잠재성이 개발된다.

(4) 우월에 대한 추구

아들러는 공격성이 성보다 더 중요하다고 보았는데 여기서 공격성은 우월에 대한 추구이다. 인간은 선천적으로 우월을 향한 투쟁을 하게 되는데 개인으로서는 완성을 향해 노력하고 사회의 일원으로서는 문화를 완성하기 위해 노력한다는 것이다. 우월에 대한 추구는 선천적인 것으로 출생 시에는 실재가 아닌 잠재력으로 존재하고 이러한 잠재력의 현실화는 각 개인에게 달려 있다. 우월에 대한 추구는 인간을 보다 높은 단계로 발달시킬 수 있는 긍정적 경향도 있지만 부정적 경향도 있을 수 있다. 이러한 부정적 경향은 신경증 환자에게서 볼 수 있는데 심한 자기애, 과장 같은 주로 이기적 목표로 나타난다. 반대로 긍정적 경향은 더 나은 인생을 향한 노력으로 사회적 관심이나 타인의 안녕과 밀접하게 연관되어 있다.

(5) 생활의 양식

인생의 목표, 자아개념, 성격, 문제에 대처하는 방법, 삶에 공헌하는 소망, 특질, 행동, 습관의 독특한 형태를 의미한다. 개인이 어떻게 인생의 장애물을 극복하고 문제의 해결 방법을 찾으며, 어떤 방법으로 목표를 추구하는지를 결정한다. 생활양식이 모든 행동을 구체화시키는데, 아들러는 4~5세 무렵에 기본적으로 결정되며 가족 내에의 경험이 중요하다고 하였다. 가족관계, 기타 중요한 사회경험이 기본생활양식을 만들며, 경험이나 사건 자체가 아닌 그것을 대하는 태도가 중요하다. 아들러는 많은 사람이 사회적 결핍 상태 때문에 잘못된 생활양식을 가진다고 보았다.

아들러의 생활양식을 유형화해 보면, 지배형, 획득형, 회피형 그리고 사회적으로 유용한 생활유형으로 구분할 수 있다.

① **지배형** : 활동성이 높고 사회적 관심이 낮은 유형으로, 독단적이고 공격적이며 활동적이지만 사회적 관심이 부족한 사람들이 여기에 해당된다. 이들은 다른 사람을 지배하고 상처 주며 착취함으로써 자신의 우월성을 성취하려 한다.

② **획득형** : 활동수준은 중간, 사회적 관심은 낮은 유형으로, 기생적인 방법으로 외부 세계와의 관계를 맺으며, 다른 사람에게 의존하여 대부분의 욕구를 충족하는 생활유형이다.

③ **회피형** : 사회적 관심과 활동성이 모두 낮은 유형으로, 이들은 성공을 바라기보다 실패를 두려워하므로 문제를 회피하려고 하는 현실도피자이다. 즉, 인생의 모든 문제를 회피함으로써 실패 가능성을 모면해 보려는 유형으로 신경증과 정신증 환자가 여기에 해당된다.

④ **사회적으로 유용한 형** : 사회적 관심과 활동수준이 둘 다 높은 유형으로, 심리적으로 건강한 사람의 표본이 된다. 이러한 사람은 사회적 관심과 인생 과업을 성취하기 위한 활동수준이 모두 높다. 사회적 관심이 많아서 자신과 타인의 욕구를 충족시키는 한편, 인생 과업을 완수하기 위해 다른 사람들과 협동한다.

5) 성격발달

아들러는 성격의 구조나 발달 단계를 제시하지는 않았다. 대신에 아들러는 부모와 자녀와의 관계, 가족의 크기, 형제와 가족, 가족 내에서의 아동의 출생 순위 등 다양한 요소들이 성격의 발달에 영향을 준다고 주장하면서 잘못된 생활양식을 왜곡시킬 수 있는 상황을 설명하였다.

(1) 생활양식을 왜곡하기 쉬운 상황

① 신체적으로 병약하거나 허약한 아동 : 불완전한 신체기관은 목표를 달성하거나 능력을 형성하는 데 불리한 조건이 되기 때문에 성격 형성에 중요한 역할을 한다. 병약하거나 허약한 경우에 기술의 습득이 힘들거나 숙달될 수 없기 때문에 열등감을 경험할 수 있다. 이러한 아동은 자신에게만 관심을 집중하고 타인에게 기여하는 것의 의미를 알기 어렵다.

② 응석받이 : 좌절에 대처하는 방법을 배우지 못하였기 때문에 문제가 생기면 퇴행하고 다른 이에게 도움을 요구하는 것이 하나의 생활방식이다. 응석받이의 관심은 오직 자신이며 협동의 의미를 모른다. 자기 중심적인 사람이 되거나 자신의 미성숙함을 신경증적 양식으로 나타내기도 한다.

③ 거부당하는 아동 : 거부는 물리적 폭력일 수도 있고 심리적인 것일 수도 있다. 거부당한 아동은 거부에서 비롯된 불신감으로 세상을 적대적이고 위협적이라고 생각하기 때문에 반항적이다. 신뢰감을 가지고 사람을 접해 본 경험이 없기 때문에 사랑이나 협력 등을 알 기회가 적어 다른 사람에게 유익한 행동을 함으로써 애정이나 존경을 받게 된다는 것을 이해하지 못한다.

(2) 가족 구도 및 출생 순위와 성격의 특징

아들러는 사회적 요인이 성격 형성에 미치는 영향을 강조하면서 개인의 가족 내 출생 순위가 생활양식 형성에 영향을 준다고 했다.

① **첫째 아이** : 처음에는 독자의 위치에서 부모의 끊임없는 사랑과 관심을 받지만 동생이 태어나면서 '폐위된 왕'에 비유될 만큼 상황이 극적으로 바뀌게 된다. 따라서 잃어버린 관심과 사랑을 되찾고 과거의 자리로 돌아가기 위해 부단한 노력을 하지만 그것이 불가능해지면서 스스로 고립되어 적응해 나간다. 따라서 애정이나 인정을 얻고자 하는 욕구에 초연하여 혼자 생존해 나가는 전략을 습득한다.

② **둘째 아이** : 처음부터 누나와 형이라는 속도조정자를 가지고 있어 항상 누군가를 앞지르기 위해 노력하게 된다. 따라서 이들은 첫째보다 빨리 말하고 걷는 등 빠르게 성장한다. 대체로 경쟁심이 강하고 대단한 야망을 가진 성격이 되기 쉽다.

③ **막내** : 동생에게 자리를 뺏기는 충격적 경험 없이 대체로 응석받이로 키워지게 된다. 그러나 가정형편에 따라서는 어느 것도 자기 것을 가지지 못한 채 형제들로부터 모든 것을 물려받게 된다. 또한 모두가 자기보다 크고 힘이 세다고 생각하여 의존적이고 독립심이 부족하여 강한 열등감을 경험하기도 한다. 그러나 형을 능가하려는 강한 동기도 유발될 수 있다.

④ **독자** : 경쟁할 형제가 없는 독특한 위치로 응석을 부리고 다른 사람들로부터 보호받기를 원한다. 이런 생활방식 때문에 의존심과 자아 중심성이 현저하게 나타날 수 있다.

6) 치료이론

아들러의 치료목표는 증상의 제거나 경감보다 기본적인 삶의 전제와 왜곡된 삶의 전제를 수정하는 것이다.

① **공감적 관계 형성** : 상담자와 내담자는 평등한 관계로 상호 합의된 목표를 성취하기 위해 적극적 파트너가 되는 협력 관계를 형성해야 한다.

② **신념과 감정, 동기와 목표 이해하기** : 상담자는 내담자의 생활양식을 이해하고 이해한 바를 내담자에게 전달하기 위해 내담자의 신념과 인식, 감정을 주의 깊게 경청하고 파악해야 한다. 이때 내담자에게 실패를 정당화하기 위한 신념과 감정 저변의 목적을 확인시켜 줌으로써 건설적인 다른 대안을 고려하도록 동기를 제공한다.

③ **잘못된 목표와 자기 패배적 행동에 대한 통찰 발전시키기** : 대부분 사람은 그들이 무언가 잘못하고 있고 생활과제에 대한 그들의 접근이 비효과적이라는 것을 깨달으면서 상담을 요청하게 된다. 따라서 상담자는 내담자의 잘못된 개념이나 신념을 확인시켜 주고 왜 그런 식으로 행동하는지에 대한 통찰력을 갖도록 도와야 한다.

④ **대안을 모색하고 새로운 선택을 하게 하기** : 통찰을 행동으로 변화시키는 상담의 행동 지향적 측면이다. 즉, 대안을 찾고 대안적 행동방식을 실험함으로써 통찰을 실천에 옮기는 것이다.

7) 사회복지실천과의 연관성

가족 분위기, 가족 형태, 가족 구성원의 생활양식 등에 초점을 둔 아들러의 이론은 개인 상담뿐 아니라 가족 상담에 유용한 지식 기반이 될 수 있다. 열등감은 집단 내에서 효과적으로 도전받고 극복될 수 있으며, 사회적·정서적 문제의 근원인 잘못된 생활양식은 집단 경험을 통해 변화가 가능하므로 아들러 이론의 주요 개념은 집단사회복지에서도 유용하게 활용될 수 있다.

4. 에릭슨의 이론

1) 에릭슨의 생애

에릭슨(Erik Erikson)은 1902년 독일의 프랑크푸르트에서 덴마크인 아버지와 유대인 어머니 사이에서 태어났고 1994년 미국 매사추세츠에서 사망했다. 부모는 에릭슨이 태어나기 전에 이혼했고, 에릭슨이 3살 되던 해에 어머니는 소아과 의사인 유대인과 재혼했다. 전형적인 덴마크인의 외모를 가진 에릭슨은 유대인들 사이에서 이방인으로 취급당했고, 학교에 잘 적응하지 못한 채 형식적으로 다녔다. 고등학교 졸업 후 1년간 유럽 여행을 했고 잠시 미술 공부를 하다가 다시 여행을 했는데, 그는 스스로 이 기간을 '유예기'라고 하였다. 25세 때는 안나 프로이트가 설립한 어린이 연구소에서 아동을 가르치면서 아동 정신분석을 연구하였다. 27세에 결혼하여 미국에 정착하여 아동 분석가로 활동하였으며 여전히 여행에 대한 충동으로 예일대학교에 재직하면서도 인디언 보호지역에 들어가 그들과 살면서 그들에 대한 연구를 하였다. 샌프란시스코에 이주하여 캘리포니아대학교에서 연구하면서 또 다시 다른 인디언 족을 연구하였는데 이것이 프로이트와 달리 아동들의 생활과 성격에 영향을 미치는 상이한 문화 여건에 대한 연구를 하게 된 배경이다. 이런 사회적 요소의 중요성 때문에 그의 이론을 심리사회적 성격 이론이라고 한다.

2) 인간관

에릭슨은 인간을 내적 통합성, 좋은 판단력 그리고 성공할 수 있는 능력을 지니고 있는 합리적이고 이성적이며 창조적 존재로 규정한다. 인간을 가변성을 지닌 존재라고 보며, 각 개인은 끊임없이 새로운 발달 과업과 투쟁하고 인생의 전환점에 직면하여 새롭고 더 나은 자아를 획득하려고 하며, 변화와 성장을 하는 존재로 여긴다. 인간을 유전적 요인에 기반을 두어 환경적 요구에 적응하고 환경적 어려움에 도전하며 이를 극복하고 생의 의미를 추구해 갈 수 있는 총체적인 존재로 보고 있다(Erikson, 1992).

3) 기본 가정

성격이 일생을 통해 발달한다고 가정하며 자아의 발달에 영향을 미치는 사회적 현상을 고려한다. 프로이트처럼 에릭슨은 기본적으로 인간의 행동이 생물학적 요인에 의해 동기화된다고 했지만, 발달은 사회적 요인에 의해 자극받는다고 보았다. 에릭슨은 성격 발달의 주요 초점이 환경과의 상호작용에 있다고 하였다.

4) 주요 개념

(1) 자아통제

자아는 환경에 영향력을 행사하게 되는데 자아가 환경을 지배하고자 하는 자아통제가 그의 주요 개념이다.

(2) 자아정체감

자아정체감은 자신의 독특성에 대해 비교적 안정된 느낌을 갖는 것으로 행동이나 사고 혹은 정서의 변화에도 불구하고 변하지 않는 부분이 무엇이며 자신이 누구인지 아는 것으로, 총체적인 자기지각을 말한다. 자아정체감을 지닌 사람은 개별성, 통합성, 지속성을 경험한다. 정체감의 발달은 평생에 걸쳐 이루어지는 과정인데, 초기 정체감의 형성은 아동기의 동일시에서부터 시작되어, 특히 청소년 후기에 가장 중요한 이슈로 등장한다. 자아정체감을 형성한 사람은 신념, 가치관, 정치적 견해, 직접 등에서 스스로 의사결정을 할 수 있다.

(3) 점성원리

발달은 기존의 기초 위에서 이루어지며, 특정 단계의 발달은 이전 단계에서 성취한 발달 과업의 영향을 받는다. 인간의 발달은 점성의 원리를 따르며, 따라서 8단계의 단계별 성격이 앞서 전개된 발달 단계의 영향을 받는다. 단계별 진보는 그 이전 단계의 성공 또는 실패에 의해 부분적으로 정해진다. 각 단계는 발달의 결정적 시기가 있다.

(4) 위기

인간의 발달 단계마다 사회는 개인에게 어떤 심리적인 요구를 하는데 이것을 위기라고 한다. 개인은 위기에서 야기되는 스트레스와 갈등에 적응하려고 노력하며 다음 위기에 적응할 준비를 한다. 이 과정을 통해 개인의 성격이 발달한다. 에릭슨의 이론은 개인의 성숙과 사회의 요구 사이의 상호작용의 결과로 성격이 일생 동안 어떻게 발달하는가에 주목하였다.

(5) 치료

주로 꿈과 전이를 해석하여 내담자의 정신병리와 치료자의 관계, 어린 시절의 주요 갈등, 현재 일상생활들이 연결되는 특정 주요 주제들을 찾는다. 에릭슨은 정신병리가 심리사회적 발달에서 오는 신체적, 심리사회적 측면의 갈등에 적절히 대처하지 못했기 때문에 발생한다고 보고 자신의 발달 위기에 적절히 대처하지 못했다는 것을 깨닫는 통찰력 증진이 치료의 1차 목적이라고 했다.

치료자는 내담자와 친밀한 관계를 형성하여 면담하면서 증상과 주요 갈등, 일상생활의 중요 측면들의 관련성을 내담자가 스스로 깨달을 수 있도록 해석해 준다. 내담자가 자신의 발달사를 거슬러 올라가 통찰력을 갖는 자기분석을 시도한다.

5) 발달 단계

에릭슨은 생물학적 성숙으로 인간 발달이 자극되고, 성숙을 바탕으로 각 단계에 직면하는 위기를 극복하면 자아 발달이 이루어진다고 보았다. 프로이트와 다른 점은 문화적 다양성을 존중하였다는 점이다. 각 단계의 모든 위기는 긍정적·부정적 측면이 제시되어 있는데, 긍정적 측면이 더 발달되어야 하지만 부정적 측면이 전혀 없어서도 안 된다. 심리사회적 위기를 극복하면 기본적인 강점을 얻지만 이런 위기를 적절히 해결하지 못하면 병리적 문제가 나타나기도 한다.

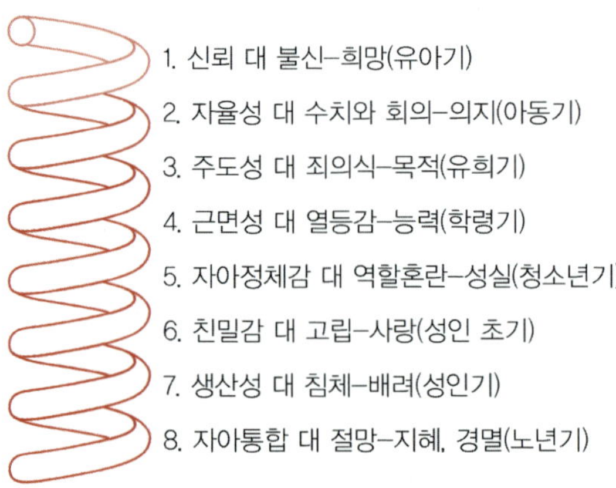

| 그림 6-3 | 에릭슨의 발달 단계

| 그림 6-3 | 과 같이 각 단계를 살펴보면 다음과 같다(Erikson, 1992; Crain, 1983; Hjelle & Ziegler, 1992).

(1) 신뢰 대 불신–희망(유아기)

이 단계에서 유아의 신뢰(trust)는 배고프거나 추울 때 혹은 젖어 있을 때 자신을 돌봐주는 사람이 자신의 욕구를 충족시켜 줄 것이라는 확신에서 기인한다. 이 시기의 발달은 절대적 양육자인 어머니와의 관계의 질이 결정하는데, 어머니가 일관성 있고 스스로 확신 있는 양육 태도를 보일 때 유아는 내적 확실성과 외적 예언력을 갖게 되어 자신이 배고프거나 힘들 때 누군가 자신을 돌봐줄 것이고, 지금 당장은 아니라 하여도 조금 기다리면 해결될 것을 믿게 된다. 이처럼 신뢰가 형성된 유아는 어머니와 떨어져 있어도 불안이나 분노를 표현하지 않고 자신의 욕구가 즉시 만족되지 않아도 보채지 않고 기다릴 수 있게 된다. 만약 유아에게 이러한 신뢰가 없으면 어머니와 떨어져 있지 않으려 하고 억지로 떨어지게 되면 어머니가 자신을 버릴 것이라는 공포를 느끼게 된다.

그러나 에릭슨은 불신 역시 성장에 중요하다고 하면서 분별 있는 신뢰를 갖기 위해서는 어느 정도의 불신도 경험하여야 한다고 하였다. 따라서 건강한 발달에 있어 중요한 것은 신뢰와 불신 사이의 적당한 비율인 것이다.

이러한 심리사회적 위기를 잘 극복하게 되면 자아는 희망(hope)이라는 특성을 얻게 되지만 위기를 적절히 극복하지 못하면 사회적 관계의 위축(withdrawal)이 나타나 나머지 생애 동안 낮은 자존감, 우울증 등을 보이게 된다.

(2) 자율성 대 수치와 회의–의지(아동기)

이 단계의 유아는 괄약근의 발달로 스스로 변의 배설과 보유를 조절할 수 있고 걷거나 움직임이 자유로워지면서 모든 것을 스스로 하겠다고 한다. 이때 유아의 행동 양식은 보유와 방출인데, 보유는 소유하는 것 혹은 보살피는 것이고, 방출은 파괴적임 힘으로 밀쳐 내는 것 혹은 적대적인 해방이다. 따라서 이 단계에서 타인에 대한 호의(good will)와 고집스러움(willfulness)의 비율이 결정된다. 이 시기의 유아는 외부의 통제를 강하게 거부하면서 "아니야" 혹은 "내 것이야", "내가 할 거야" 등 무엇이든 스스로 하려고 하고 무엇이든 자신이 소유하려고 한다. 부모들은 이런 유아의 행동을 통제할 수밖에 없는데 그 통제가 어느 정도인가에 따라 수치(shame) 혹은 회의(doubt)가 발달하게 된다.

어른들이 유아의 자율성(autonomy)을 지나치게 통제하면 유아는 스스로 행동해 보고자 하는 충동을 자제하게 되고 분노가 내면으로 향하여 수치심과 회의가 발달하게 된다. 수치심은 다른 사람의 눈에 자신이 좋게 보이지 않는다는 것이고 회의는 자신보다 타인이 더 잘 통제할 수 있다고 믿는 것이다. 그러나 사회규제에 잘 적응하기 위해서는 적절한 비율의 수치와 회의도 필요하다.

에릭슨은 이 시기의 심리사회적 위기를 잘 극복하면 의지(will)라는 긍정적 자아특질을 얻게 되지만, 적절히 극복하지 못하면 수치심이 내면화되어 자신의 결정을 믿지 못하고 불안해하는 강박적 행동 혹은 피해의식 등이 나타난다고 하였다.

(3) 주도성 대 죄의식–목적(유희기)

이 단계에서 아동들은 신체적 · 정신적 능력이 성숙되어 매우 대범하고 경쟁적이며 호기심 많은 행동을 보이게 된다. 계획을 세우고 목표를 설정하며 그것을 달성하고자 노력하는 주도성(initiative)을 보이게 된다. 예를 들어, 아동들은 벽돌을 목표한 만큼 높이 쌓으려고 하고, 더 멀리, 더 빨리 뛰려는

해 준다. 이 단계의 갈등을 성공적으로 극복하면 지혜, 자기수용, 지나온 생이 옳고 적합했다는 느낌, 죽음을 위엄과 용기로 직면할 수 있는 능력이 생긴다.

자아통합 달성에 실패하면 지나온 생을 후회하며 절망하게 된다. 인생이 무의미하다고 느껴지고 죽음에 대한 두려움과 지나온 삶에 대한 회한으로 절망감에 빠지기 쉽다. 이런 절망을 감추기 위해 다른 사람의 잘못과 말썽을 참지 못하고 사소한 일에도 쉽게 혐오를 느끼게 되는데 이러한 혐오는 스스로에 대한 '경멸'이다. 심리사회적 위기를 잘 극복하면 자아는 삶에 대한 적극적인 관심과 지혜(wisdom)라는 특질을 얻지만 위기를 적절히 극복하지 못하면 나약함, 자신에 대한 경멸(disdain)을 경험하게 된다.

6) 사회복지실천과의 연관성

에릭슨의 이론은 정신분석이론을 확대시켜 자아의 성장 가능성을 제시하였고 인간의 건강한 발달에 관한 새로운 통찰력을 부여했다는 점에서 기여하는 바가 크다. 심리사회적 이론의 자아기능에 관한 견해는 사회복지실천 방법론에 중요한 영향을 미쳤다고 평가된다. 개인의 자아를 강화하고 내담자를 둘러싼 환경적 조건을 향상시킴으로써 문제 해결이 가능하다는 관점은 아직도 사회복지 전문직의 핵심적 시각이다(Crain, 1983).

에릭슨의 성격 발달에 대한 접근방법은 사회복지실천 철학과 가치에 일치하며, 사회복지제도가 어떻게 인간발달을 촉진하는지에 대한 사회복지계의 이해에 도움이 되었다. 특히 1940년대에 사회복지실천이 단선적 '의료모델'로부터 변화를 시도할 때 에릭슨의 이론은 사회복지실천의 심리사회적 접근방법의 지식 기반을 제공한 것으로 평가되고 있다.

토론

1. 프로이트의 무의식 개념과 융의 집단무의식 개념 중 현대 사회복지실천에 더 적합한 것은 무엇인가?
2. 에릭슨의 심리사회적 발달 단계 중 가장 중요한 단계는 무엇이며 그 이유는 무엇인가?
3. 아들러의 열등감과 보상 이론은 현대 청소년 문제 상담에 어떻게 적용될 수 있는가?
4. 융의 원형이론이 사회적 관점에서 인간행동 이해에 주는 의미는 무엇인가?
5. 정신역동이론은 사회복지실천에서 인간과 환경의 상호작용을 어떻게 설명하는가?

07 CHAPTER

행동주의 이론

학습목표

1. 행동주의 이론에 대해 이해할 수 있다.
2. 파블로프의 고전적 조건형성 이론에 대해 설명할 수 있다.
3. 스키너의 조작적 조건형성 이론에 대해 설명할 수 있다.
4. 반두라의 사회학습이론에 대해 설명할 수 있다.
5. 행동주의 이론의 사회복지실천 적용을 이해할 수 있다.

목차

행동주의 이론은 관찰 가능한 행동에 초점을 맞추어 현재 바람직하지 못한 행동은 감소·제거하고 바람직한 행동으로 변화시키려는 것이다. 즉, 행동 변화의 핵심은 인간의 의지의 문제가 아니라 환경의 변화라고 설명하는데, 이것은 내면적인 상태나 생각들보다는 외적인 행동을 통해 개인을 이해하려는 접근이다.

따라서 행동주의자들은 인간의 행동은 내면 정신 과정에 의해 일어나는 것이 아니라고 보고 모든 자발적 행동은 호의적이거나 비호의적인 결과를 제공하는 환경에 근거하여 일어난다고 본다. 이러한 행동들을 집합적으로 '조작적 행동(operant behavior)'이라고 하는데, 거의 모든 행동의 문제에 결정적인 조작적 요소가 게재되어 있는 것으로 간주한다(길귀숙 외, 2023).

행동주의 이론은 정신역동이론에서 강조하는 본능적이고 무의식적인 개념들을 거부하며 인간행동은 대부분 학습되고 환경과의 상호작용에 어떠한 선행조건이 제시되는가에 따라 행동으로 결과가 나타나며 선행조건의 자극이 무엇인가를 발견하고 조정함으로써 행동을 조정할 수 있다고 보았다. 즉, 인간행동의 대부분이 학습되거나 또는 학습 과정에서 수정된다는 것에 기본 전제를 두고 있기 때문에 학습이론이라고도 한다. 행동주의의 대표 이론과 학자로는 고전적 조건형성 이론(파블로프의 개 실험)의 파블로프, 조작적 조건형성 이론(스키너의 상자 실험)의 스키너, 사회학습이론의 반두라를 들 수 있는데, 초기 행동주의 이론은 인간이 주관적으로 가지고 있는 정신 내적 세계의 구조를 거부하고 행동의 변화 가능성에 초점을 두었다. 반면 후기의 사회학습이론은 인간의 내적 과정 또한 행동 결과에 중요하게 작용한다고 보았으며 이러한 과정은 인지심리학에 영향을 주었다.

1. 파블로프의 고전적 조건형성 이론

파블로프(Ivan Petrovich Pavlov)는 1849년 러시아 라 잔에서 출생했으며 경제적으로 궁핍해서 오랫동안 가정교사 생활을 하였고 1883년 의학박사학위를 받았다. 그 후 성 피터스버그 대학의 생리학 교수로 임명되었으며 특히 과학적인 일에 흥미를 가지고 생리학 연구에 전념하였다.

1904년 개(犬)의 소화액 분비에 관한 연구로 노벨 생리의학상을 받았으며,

그에게는 '동물의 심장이나 소화기 계통이 어떻게 작동하는가?'가 평생의 질문거리였다. 그는 일생 동안 동물이 어떻게 기계와 같이 정확한 작동을 하는가에 대한 연구를 수행하였고, 이에 기반하여 인간 본성을 더 깊이 이해하려고 하였다. 파블로프의 연구는 행동주의 심리학의 초석을 놓는 데 중요한 역할을 하였고 그의 연구 결과는 학습, 행동, 신경계 등 우리의 이해를 크게 발전시켰다. 특히 파블로프는 러시아에서 조건반사에 대한 연구를 진행하였고 그로 인해 세계적인 명성을 얻었다(최돈찬 역, 2008).

1) 고전적 조건형성 이론의 기본 관점

고전적 조건화는 파블로프의 개 실험으로 유명해졌다. 파블로프는 개에게 무조건자극인 먹이(고기)를 줄 때마다 중성자극인 종소리를 들려주었는데, 이는 중성자극을 조건자극으로 변화시키는 과정이다. 조건화 과정을 통해 종소리가 없어도 침을 흘리는 반응을 조건반응이라고 하는데, 조건반응은 주어진 자극으로써 새롭게 학습된 반응이며 조건자극과 무조건자극을 짝짓는 것으로 두 자극과 반응 간 연합이 지속될 경우 강화된다는 것이다. 특히 반응적 행동은 특별한 자극에 의해 유발되는데, 이러한 반응은 선천적일 수도 있고 학습된 것일 수도 있다고 하였다. 침의 발생은 선천적인 것이며, 종소리에 의한 침의 발생은 학습된 것이다. 고전적 조건형성의 네 가지 요소는 다음과 같다.

- **무조건자극** : 자동적이고 생리적으로 반응을 유발하는 자극(예 먹이)
- **무조건반응** : 학습되지 않은 자동적이고 생리적인 반응(예 먹이에 대한 침분비)
- **조건자극** : 무조건자극과 짝지어져 있는 새로운 반응(즉, 무조건반응)을 유발하는 자극(예 발소리, 빈 밥그릇, 또는 불빛 등)
- **조건반응** : 조건자극에 의해 새로이 형성된 반응(예 조건자극에 대한 침분비)

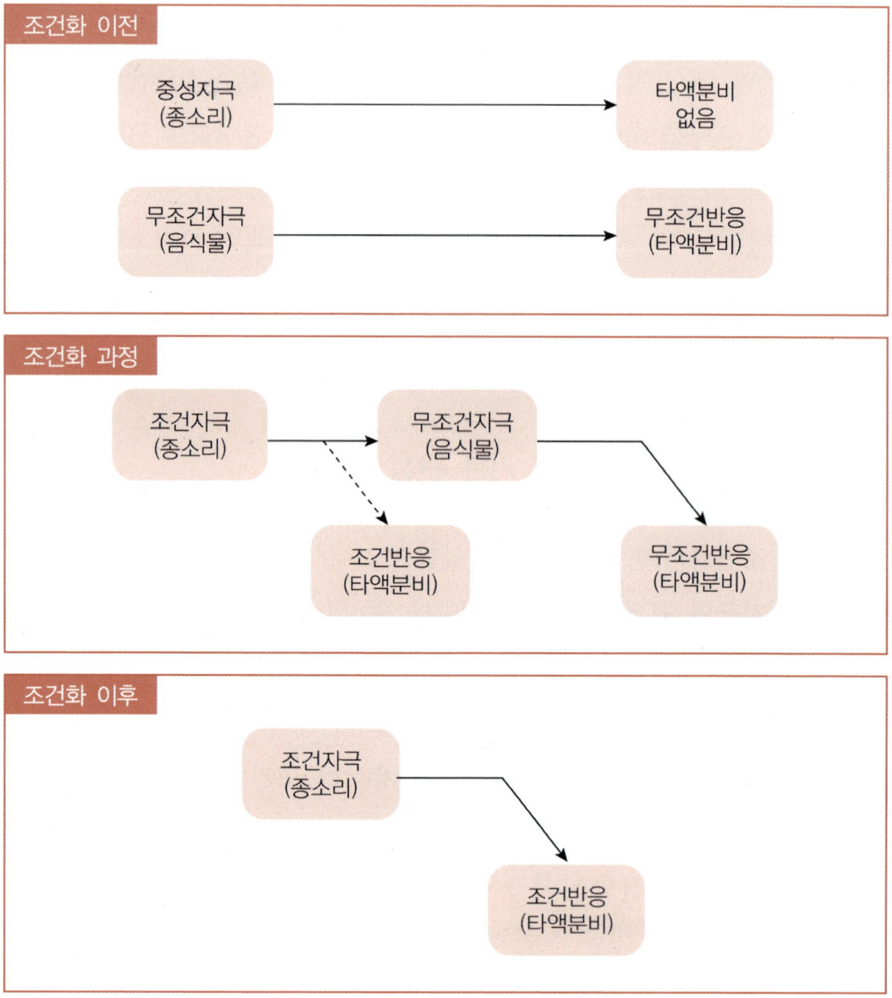

┃그림 7-1┃ 고전적 조건형성 도식

출처 : Liebert & Spirgler(1990), p. 409, 최옥채 외(2022) 재인용.

2) 주요 내용 및 개념

(1) 일반화

어떤 특정한 조건자극이 형성된 후에 다른 유사한 다른 자극에 대해서도 반응을 나타내는 현상을 일반화(stimulus generalization)라고 한다. 이러한 원리는 부분적으로 유사한 자극일수록 일반화가 일어날 가능성이 높다. 예를 들어, 파블로프의 개 실험에서 종소리로 침을 흘리게 된 개가 유사한 소리를 들으면 침을 흘리게 된다는 것이다. 조건자극으로 제시된 종소리가 유사할수록 일반화의 정도는 더욱 강화되고 다르면 다를수록 일반화의 정도는 낮아진다.

(2) 변별

자극이 일반화로 진행되는 과정에서 조건자극과 유사한 자극에 대하여는 반응이 일어나지만 점차로 변별력(discrimination)이 생겨 자극에 따라 반응하게 된다. 즉, 자극에 대한 반응 차이를 실험하면 동물(개)이 구분하여 반응을 한다는 것이다. 예를 들어, 처음 소리에는 강화를 하지만(종소리) 두 번째 소리(종소리 외 다른 소리)에는 강화를 하지 않으면 변별력을 갖게 되어 첫 번째 소리에만 반응하게 된다는 것이다.

(3) 소거

소거(extinction)란 어떤 행동에 더 이상 강화를 주지 않으면 그 행동의 발생이 점점 약해지는 현상을 말하는데, 무조건자극(음식물)은 중지하고 조건자극(종소리)만 계속해서 제시할 경우 조건반응이 나타나는 강도가 점점 약해지고 나중에는 반응 자체가 나타나지 않는다. 예를 들면, 동물(개)에게 종소리만으로 타액을 분비하도록 훈련시키고 난 후 조건자극인 종소리를 2분 간격으로 5번 들려주었는데 5번째는 타액을 분비하지 않아 획득된 조건반응이 사라진 경우이다.

(4) 자발적 회복

자발적 회복(spontaneous recovery)이란 소거 이후에 원래의 조건화가 주어지면 조건화된 반응이 다시 나타나면서 반응이 자발적으로 회복된다는 것이다. 즉, 소거된 학습의 행동이 자극의 조건화로 인하여 자연스럽게 회복된다는 것이다. 이러한 행동의 결과로 보면 중독(약물, 마약, 알코올 등)을 극복하는 것의 어려움을 이해하는 데 많은 도움이 된다. 이러한 개념들은 인간이 어떻게 학습하고 변화하는지 이해하는 데 중요한 역할을 한다.

3) 파블로프의 이론에 대한 평가

동물실험의 결과를 인간에게 그대로 적용할 수 있는가의 문제에 대한 논의와, 기본적으로 인간을 수동적인 존재로 파악하였기 때문에 인간의 표출된 행동의 한 측면에만 국한된 견해라는 비판을 받았다. 그럼에도 불구하고 인간행동 연구에 널리 적용되고 있으며 아동의 양육 및 교육 그리고 임상적 심리적 치료에 기여한 공헌은 긍정적인 평가를 받고 있다. 또한 고전적(또는 반응적) 조건화는 행동주의 심리학에서 이론적 · 실험적 기초를 제공하면서 다양한 원리들을 발전시켰으며, 공황발작이나 과도한 불안반응, 성기능 장애, 암환자의 화학요법 이전에 나타나는 예기적인 메스꺼움 등은 비자발적인 환경적 자극의 결과로 설명할 수 있다. 예를 들어, 매력적인 유명 인물을 등장시키고 즐거움을 주는 배경에 상품을 소개한다면 소비자는 좋은 감정이 유발되어 구매 유혹에 빠질 것이다. 즉, 자극-반응의 개념은 심리학 영역에도 많은 영향을 끼쳤다.

2. 스키너의 조작적 조건형성 이론

스키너(Burrhus Frederick Skinner)는 행동주의의 대표학자로 1904년 미국 펜실베이니아 주의 조그만 마을에서 출생했다. 스스로를 급진적 행동주의자라고 칭하였으며 관심을 가장 많이 가진 분야는 인간의 행동에 대한 경험적인 분석이었다. 초기에는 동물을 대상으로 연구했고 그 연구를 통해 얻어진 결과를 인간에게 적용하기 시작하였다. 또한 그는 '스키너 상자(Skinner Box)'의 연구로 동물의 조작적 행동(operant behavior)을 통해 온도가 조절되는 유아용 공기침대(air-crib)를 발명하여 대중의 관심을 끌었다. 공기침대는 방음장치가 되어 있고 세균이 없으며 공기가 조절되는 커다란 상자로, 생후 2년 동안 아동의 성장에 가장 적합한 환경을 제공하는 아기 보육기로 사용할 수 있도록 고안한 것이다(이준우 외, 2024). 또한 스키너는 '프로그램된 학습'이라는 개념을 도입하여 단계적으로 행동을 학습시키는 방법을 제시했으며 이러한 방법은 복잡한 행동을 단계별로 구분하여 학습하고 강화하는 방식으로 사용했다. 스키너는 행동주의 학습 이론을 교육, 훈련, 사회 제어 등 다양한 분야에 적용하였으며, 이에 대한 저서와 논문을 많이 발표했다. 그의 연구는 행동 분석학의 발전과 현대적인 학습이론의 기반을 다지는 데 큰 영향을 미쳤고 1990년 사망하기 전까지 행동주의 이론의 연구와 교육에 헌신하며 현대 심리학과 교육에 큰 영향을 미쳤다.

1) 조작석 조건형성 이론의 기본 관점

스키너는 인간의 행동은 환경의 자극에 의해 동기화되며 과거의 행동보다는 현재의 행동에 영향을 미치는 요인에 초점을 두었다. 또한 인간은 자신의 행동을 통제할 수 있는 힘이 없다고 보고 개인의 행동에서 표출된 관찰 가능한 행동에 관심을 두었다. 행동의 수정이 필요할 때에는 외적 강화 없이는 어떤 행동의 변화나 학습의 수정이 이루어질 수 없다고 본다. 즉, 행동의 수정을 위해서는 구체적인 치료 목표를 계획하고 치료 과정 중에는 주관적 평가를 배제하고 객관적 평가를 실시한다.

2) 주요 내용 및 개념

(1) 조작적 조건화

스키너는 인간의 행동을 반응행동과 조작적 행동으로 구분하였는데, 반응행동은 뜨거운 것을 가까이했을 때 무의식적으로 손을 움츠리는 행동과 같이 자극에 대해 반사적으로 나오는 행동이라고 하였다. 반면에 조작적 행동은 제시되는 조작적 조건화에 의해 습득된 행동을 의미하는데, 조작적 조건화(operant behavior)란 자극이나 특수한 조건에 의해 어떤 반응이 유발되는지에 대한 기능적 분석을 통해 행동의 원인과 결과를 발견하고 원인이 되는 자극을 조정함으로써 결과로 나타나는 반응을 통제할 수 있다는 원리에 근거한다(유수현 외, 2015).

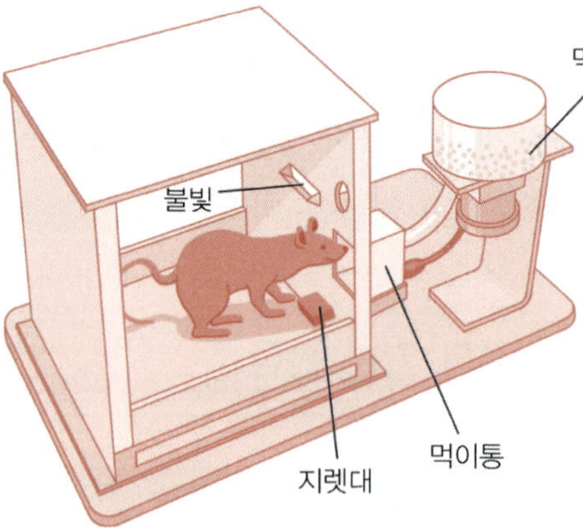

| 그림 7-2 | 스키너 상자

출처 : 최옥채 외(2022), p. 97.

| 그림 7-2 |와 같이 작은 스키너 상자 안에 있는 동물은 마음대로 돌아다닐 수 있다. 한쪽에는 지렛대가 있는데, 이것을 누르면 먹이나 물이 자동적으로 나온다. 예를 들어, 쥐가 배가 고파서 먹이를 찾기 위해 이리저리 돌아다니다가 우연히 지렛대를 누르고 그 결과로 먹이 조각이나 물을 보상으로 받으

면 쥐는 시간이 지남에 따라서 지렛대를 더욱 빈번하게 누른다. 이러한 과정을 조건화라고 하며 그 반응을 조작적 반응이라고 한다(최옥채 외, 2022).

(2) 강화

강화(reinforcement)는 특정 행동의 빈도를 증가시키는 데 작용하는 모든 것을 의미하는데, 특정 행동이 일어난 후에 제공되며 이로 인해 해당 행동이 더 자주 발생하게 된다. 특히 행동이 발생했을 때 그 결과로서 보상이나 벌을 주어 특정 행동의 빈도를 증가시키거나 감소시키는 것을 말하며 어떤 반응이 일어난 후에 그 반응에 대한 보상을 주면 그 반응이 다시 일어날 확률이 높아지고, 반대로 그 반응에 대해 처벌을 하면 그 반응이 다시 일어날 확률이 낮아지는 것을 의미한다. 이러한 과정을 통해 바람직한 행동을 유도하거나 바람직하지 않은 행동을 억제할 수 있다. 예를 들어, 개에게 먹이를 줄 때마다 종을 울렸더니 나중에는 먹이를 주지 않아도 종소리만 들으면 침을 흘리는 경우이다. 강화란 스키너의 조작적 조건화의 중심원리이다. 즉, 표적 행동의 빈도를 늘리기 위한 과정으로 이전 행동의 빈도를 즉시 높이고자 하는 것이다. 강화에는 정적 강화와 부적 강화가 있는데 두 가지 강화 모두 행동의 빈도를 늘린다.

① **정적 강화** : 바람직한 행동을 했을 경우에 좋아하는 강화물을 제공하면 바람직한 행동의 빈도가 증가하는 것을 말한다. 예로는 어머니가 어린 자녀에게 매일 자기 침대에서 잠을 자면 일주일에 한 번씩 만화영화를 보여주겠다고 하면 그 아이가 자기 침대에서 자는 경우가 많아지는 경우를 들 수 있다.

② **부적 강화** : 바람직한 행동을 나타냈을 때 싫어하는 것을 제거 혹은 감소시켜 주는 것으로 혐오적 결과를 제거한다. 즉, 바람직한 행동의 발생률을 높이는 데 목적이 있으며, 예로는 어머니가 아이에게 침대에서

자라는 잔소리를 하지 않게 되면 아이가 자기 침대에 가서 자는 경우가 많아진다는 것을 들 수 있다(권중돈, 2021).

(3) 처벌

처벌(punishment)이란 바람직하지 못한 행동을 약하게 하거나 감소시키기 위해 의도된 행동이며 체벌, 과태료나 벌점 부과 등 혐오자극이나 보상을 주지 않음으로써 특정(부정적인) 행위의 발생을 억제하는 것이다. 처벌에는 정적 처벌과 부적 처벌이 있다. 스키너의 조작적 조건화 이론에서 처벌은 특정 행동의 빈도를 감소시키는 데 작용하는 모든 것을 의미한다. 처벌은 특정 행동이 일어난 후에 제공되며 이로 인해 해당 행동이 더 이상 발생하지 않도록 만든다. 효과적인 처벌을 위해서는 가능한 한 즉각적으로 처벌해야 하고 효과가 있을 정도로 강해야 한다. 또한 처벌의 이유를 설명할 수 있어야 하며 일관성도 있어야 한다. 대안적인 반응을 제시하고 신체적 체벌은 최소화하여야 하며 정적 강화 방법을 사용하는 것이 좋다.

① **정적 처벌** : 바람직하지 않은 행동을 감소시키기 위해 유쾌하지 않은 자극을 제공하여 행동의 반응을 감소시키는 것을 의미한다.

② **부적 처벌** : 바람직하지 못한 행동을 했을 때 정적 강화를 받을 수 있는 기회를 없애거나 감소시킴으로써 반응이 일어날 확률을 줄이는 것이다.

(4) 일차 강화물과 이차 강화물

강화물이란 특정 행동의 빈도나 확률을 증가시키는 데 사용하는 모든 것을 의미한다. 강화물의 유형은 그 효과가 무엇에 의해 발생하는지에 따라 다르며 이는 강화 스케줄(행동이 강화되는 정도와 빈도를 결정하는 규칙)과 함께 학습 과정에 크게 영향을 미친다.

① **일차적 강화물**(primary reinforcer) : 보상 그 자체로 사람들이 의미 있다고 생각되는 대상과 활동이다. 음식, 물, 성적 자극, 특정 약물 등이 해당한다.

② **이차적 강화물**(secondary reinforcer) : 다른 강화물과 연합해야 강화물로 기능하는 것으로 돈, 젖병, 메달, 성적표, 쿠폰, 포인트 점수 등이 있다.

(5) 강화계획

강화계획이란 조작적 행동이 습득되고 계속 유지되도록 강화가 제시되는 조건을 나타내는 규칙을 말하며, 강화가 제시되는 연속성의 여부에 따라 연속적 강화와 간헐적 강화로 나눌 수 있다. 이것은 모든 다른 조건이 동일하다면 강화된 행동은 반복되는 경향이 있고 반면에 강화되지 않은 행동은 반복되지 않거나 소거되는 경향이 있다는 사실에 근거하여 강화가 제시되는 과정을 나타낸 계획이다. 강화계획은 행동을 통제 및 수정하거나 조성하는데 효과적으로 활용될 수 있는 기술이기 때문에 임상(산업)현장을 비롯한 다양한 분야에서 폭넓게 적용될 수 있다. 강화계획은 고정간격 계획, 가변간격 계획, 고정비율 계획, 가변비율 계획이 있다.

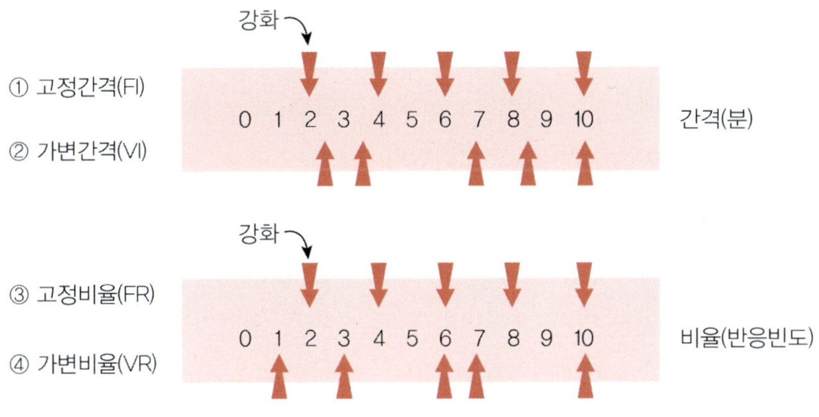

| 그림 7-3 | 간헐적 강화계획 비교

출처 : Liebert & Spirgler(1990), p. 423.

① **고정간격 계획**(FI : Fixed-Interval schedule) : 반응하는 빈도에 관계없이 일정 기간이 경과하면 강화하는 절차이다. 고정간격 계획을 하면 제공 시간이 임박하면 강화받는 행동이 최대화되고 강화물을 얻고 난 후에는 행동의 빈도가 급격하게 감소한다. 시험기간이 임박하기 전에는 느긋하게 있다가 시험기간이 닥치면 공부를 열심히 하는 것을 예로 들 수 있다.

② **가변간격 계획**(VI : Variable-Interval schedule) : 강화가 일어나는 간격이 불규칙해져서 예측 불가능한 것을 말한다. 즉, 강화를 주는 평균 시간 간격은 일정하지만 실제 강화가 주어지는 시간 간격은 다른 경우를 말하는데, 예를 들면 학생들에게 시험시간을 고지하지 않고 치르는 시험이 여기에 해당한다. 가변간격 계획은 언제 강화가 주어질 것인가를 알 수 없기 때문에 유기체의 반응이 비교적 안정되어 있고 천천히 소거된다.

③ **고정비율 계획**(FR : Fixed-Ratio schedule) : 특정한 반응을 보일 때마다 강화를 주는 것이며 연속적인 강화나 고정간격 강화 계획에 비해 높은 비율의 반응이 발생한다. 일정한 시간을 정해놓고 강화를 하는 것이 아니라 특정 반응 횟수가 충족될 때마다 강화가 주어진다. 예를 들면, 열 번 반응을 나타내는 동안 다섯 번 강화를 제공한다. → 두 번 반응이 나타날 때마다 강화한다. 실적에 따라 임금을 제공한다. → 더욱 많은 급여(강화물)를 받고자 노력한다.

④ **가변비율 계획**(VR : Variable-Ratio schedule) : 강화를 받는 데 필요한 반응의 빈도가 정해진 평균치 범위 안에서 무작위로 변하는 것이며 일정한 반응의 빈도 안에서 강화가 언제 주어질 것인가를 예측할 수 없다. 예를 들면, 슬롯머신과 경마의 경우 일정한 횟수 안에서 거액이 나오도록 설계되어 있지만, 언제 거액이 나올 것인가를 알 수 없다. 즉, 가변비율 계획은 보상을 받기 위해서는 높은 비율의 반응을 나타내고 학습

된 행동의 소거는 매우 느리기 때문에 행동을 계속 유지하는 데 가장 효과적인 방법이다.

이러한 네 가지의 강화계획은 가변비율 계획-고정비율 계획-가변간격 계획 -고정간격 계획 순으로 반응을 지속시킨다.

(6) 변별자극

자극이 일반화로 진행되면 조건자극과 유사한 다른 유사한 자극에 반응이 일어나지 않는 것을 변별이라고 한다. 즉, 자극에 대한 반응 차이를 실험하면 동물(개)이 구분하여 반응을 한다는 것이다. 예를 들어, 처음 소리에는 강화를 하지만 두 번째 소리에는 강화를 하지 않으면 변별력을 갖게 되어 첫 번째 소리에만 반응하게 된다. 이러한 현상을 변별자극(discrimination stimulus)이라고 한다(이준우 외, 2024).

예를 들어, 훈련받은 개가 '앉아'라는 명령어를 들었을 때 앉으면 간식을 받게 된다면, 이 명령어는 앉는 행동에 대한 보상이 올 것이라는 신호, 즉 변별자극이 된다.

3) 스키너의 이론에 대한 평가

스키너는 실험적인 분석을 통하여 행동주의 이론의 과학성과 실용성을 입증한 심리학자이다. 특히 환경과 인간의 상호관계성을 이해하는 데 필요한 지식을 구체적이고 명확하게 제시하였고 행동 강화 또는 행동 수정은 사회복지실천 현장이나 우리의 일상생활에서 적용할 수 있는 학습이론의 폭을 확장했다.

이러한 노력에도 불구하고 그의 이론의 단점을 살펴보면, 첫째, 인간의 생물학적인 영향력보다 환경의 중요성만을 강조하고 있다. 인간행동의 발달에는 연령에 따른 성장이나 성숙 그리고 문제 해결 능력의 개인차에 대한 설명이 부족하다. 둘째, 인간이 아닌 하등동물(개나 쥐 등)을 대상으로 한 연구에서 출발했다는 것이다. 인간은 다른 동물과 달리 복잡한 인지구조 및 능력이 있기 때문에 환경의 중요성이 인간 발달에 미치는 영향 연구의 이해는 고정된 실험환경 안이 아닌 자연스러운 환경에서 이루어져야 한다는 것이다.

셋째, 인간이 행동을 결정할 때 내적인 정신 과정이 중요한데 스키너는 인지의 개인차나 내적 · 정신적 특성을 배제하였으며 다양성이나 창조적인 면은 간과했다. 즉, 인간의 모든 행동은 조작을 통하여 변화할 수 있으며 합리성과 논리성이란 단지 그것을 이끌어 내는 강화 스케줄에 관련하여 이해할 수 있는 행동에 불과하다는 것이다(오승환 외, 2024). 인간의 행동이 환경과 그 환경에 대한 개인의 반응으로부터 학습된 결과라고 주장하며 이는 보상과 처벌, 그리고 이들이 행동에 미치는 영향을 중심으로 한다.

3. 반두라의 사회학습이론

사회학습이론은 반두라(Albert Bandura)가 세운 이론으로 그는 인간의 내적 과정의 연구 한계를 넘어 사회적 환경이나 상황 속에서 인간의 행동이 학습된다는 것에 관심을 두고 인간행동의 상호결정론과 행동이 결정되는 과정에서 관찰되는 학습의 중요성을 강조하였다. 즉, 사회학습이론은 인간의 행동이 그가 속한 환경에 영향을 받기도 하지만 인간 스스로가 다른 사람의 행동을 관찰을 통해 학습하는 것에 초점을 두는데, 이것을 모방(imitation) 또는 모델링(modeling)이라고도 한다.

반두라는 인간의 행동이 사회적 상황 속에 있는 다른 사람의 행동을 관찰함으로써 더 빨리 학습된다고 주장하면서 개인의 내적·인지적 과정과 환경과의 상호작용의 정도로 결정된다고 본다. 또한 인간의 내적 과정의 연구를 넘어 사회적 상황 속에서 일어나는 행동에 관심을 가지고 관찰학습의 중요성을 강조했다.

즉, 사회학습이론은 인간의 행동이 사회적 환경 속에서 개인이 지닌 인지적 과정과의 상호작용으로 결정된다는 이론이다.

1) 사회학습이론의 기본 관점

반두라는 인간의 행동은 개인이 가지고 있는 인지적 요인과 다른 내적 요인에 의해 상호작용하여 결정되며 환경적 자극에 의해 동기화된다는 상호결정론을 취하고 있다. 또한 인간은 자기효능감(자기효율성을 성취하는 방향)의 성취 여부에 따라 행동을 조절할 수 있으며, 인간은 단순히 다른 사람의 행동을 모방하는 것이 아니라 본보기 행동(modeling)을 관찰하거나 대리적인 강화에 의해서도 새로운 학습을 창조해 낼 수 있다고 보았다. 반두라의 사회적 학습은 관찰(모델링), 대리학습, 관찰학습, 대리적 강화(모방)를 통해서도 새로운 학습이 이루어진다고 본다.

2) 주요 내용 및 개념

(1) 관찰학습

반두라는 인간의 행동은 외적 강화가 없어도 관찰학습을 통해 모델의 행동을 습득할 수 있다고 보았다. 즉, 사회적 환경과의 상호작용에서 개인은 타인의 행동을 관찰함으로써 더 빨리 행동 수정을 학습할 수 있다는 것이다. 관찰학습에서 행동의 수정이란 꼭 환경적 자극에 의해서만 행동을 학습하는 것이 아니라 타인의 행동을 관찰할 때에도 학습되는데, 이때에는 단순히 모방하는 것이 아니고 개인의 인지적 요소들이 포함되어 나타난다는 것이다. 그리고 타인이 새로운 행동을 시도할 때에는 어떤 결과가 나타나는지 예상도 하게 되고 다양한 유형의 모델을 통해 행동을 학습한다.

관찰학습의 과정은 ❙그림 7-4❙와 같이 주의집중-유지-운동재생-동기 단계로 이루어진다.

주의집중 ➡ 유지 ➡ 운동재생 ➡ 동기

❙그림 7-4❙ 관찰학습의 단계

① **주의집중**(attention) : 관찰학습의 첫 단계는 주의집중 단계이다. 이 단계는 단순히 모델과 모델의 행동을 보는 것만으로는 충분하지 않고 모델을 모방하는 데 이용할 관련 정보를 이끌어 낼 수 있도록 충분한 지각적 정확성이 필요하고 모델에 주의를 기울이면서 관찰된 행동을 배우는 동시에 중요하지 않은 것은 걸러낸다. 또한 관찰자 스스로 수행하려고 했던 행동을 모델이 수행할 경우에는 개인적 관련성이 없을 때보다 더욱 많은 주의를 기울인다. 긍정적이거나 부정적 결과를 산출하는 모델의 행동에 더욱더 주의를 기울이며, 관찰된 처벌은 관찰학습을 증진시키는 데 효과적이다.

② **유지**(retention) : 유지 단계는 모델을 통하여 주의 깊게 관찰한 행동을 기억하여 장기간 보존하며 자신의 내면에 오랫동안 기억하는 과정이다. 기억을 장기적으로 유지하기 위한 방법으로 시연(rehearsal)과 같은 기억기법은 관찰된 행동을 잘 유지할 수 있게 한다. 반두라는 모델의 행동을 기억하여 다음에 자신의 행동으로 전화되도록 하는 수단으로 심상적 및 언어적인 두 가지의 내적 표상체계를 제안했다.

③ **운동재생**(motor reproduction) : 운동재생 단계는 모델을 모방하기 위해서 모델 행동의 상징적 표상을 적절한 행동으로 전환하는 과정이며 심

상(imagery)에 저장되어 있거나 상징적으로 부호화된 기억을 행동으로 전환하는 것이다. 완전한 행동을 수행하려면 운동 동작의 계속적인 실천과 정보의 환류에 근거한 자기수정적 조정이 필수적이며 또한 행동 수행과 관련된 각각의 부분들을 모방하고 연습하며 조정함으로써 행동이 구성된다.

④ 동기(motivation) : 사람들이 모델의 행동을 습득하고 수행할 수 있는 능력을 가지고 있다 해도 그 행동이 만약 부정적이거나 바람직하게 받아들여지지 않는다면 그러한 학습 행동은 활성화되지 않을 수 있다. 그러나 긍정적 자극이 주어질 때 동기화될 수 있고 행동으로 전환될 수 있다. 최대의 보상을 얻을 수 있다는 사실이나 예상된 자기 반응에 의해서도 영향을 받을 수 있고, 행동의 결과가 값지고 유용하다면 어떤 행동을 실천하려는 경향이 두드러지게 나타날 것이다. 또한 모델이 예측 가능한 행동 결과로 긍정적 결과를 경험한다면 관찰자는 대리강화를 받게 되어 더욱더 모방하게 될 것이다.

(2) 상호결정론

반두라는 인간은 자기만의 방향성을 제시할 수 있는 능력을 가지고 있기 때문에 인간의 행동은 내적 과정에 의해서만 결정되는 것이 아니고 반대로 환경의 영향을 받는 것만도 아니라고 주장하였다. 즉, 인간행동의 결정적인 요소는 인지적·행동적·환경적으로 지속적인 상호작용과의 과정에서 이해되어야 한다는 것이다. 이것은 **|** 그림 7-5 **|** 와 같이 환경, 사람, 행동의 세 가지 요소가 서로에게 영향을 주며 상호의존적으로 작용하는 것이다.

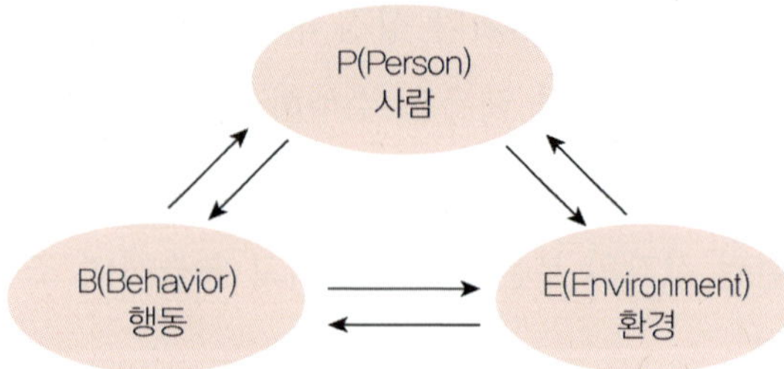

그림 7-5 상호결정론 도식

(3) 모방

사회학습에 있어서 중요한 과정은 모방으로, 다른 사람이 행동하는 것을 보고 들으면서 그 행동을 따라서 하는 것을 말한다. 사람들은 연령이나 지위에서 자기와 비슷한 모델을 더 잘 모델링하는 경향이 있다.

인간은 세상에 널리 알려져 있거나 사회적으로 명망이 있는 사람의 행동을 더 잘 모방하며, 사회경제적 지위를 지닌 모델을 더욱 모방하는 반면 자신의 행동에 처벌을 가하거나 벌을 주는 모델은 거의 모방하지 않으려는 경향이 있다.

(4) 자기효능감

자기효능감(perceived self-efficacy)이란 개인의 능력이나 자기가치에 대한 판단이나 특정 상황에서 주어진 일을 성공할 수 있다는 자신에 대한 믿음으로부터 출발하며 자신이 바라는 목적이나 목표를 달성하기 위해 특정 행동을 성공적으로 수행할 수 있다는 신념을 말한다. 즉, 자기효능감은 행동을 결정짓는 데 중요한 요소이며, 자신을 능력 있는 사람으로 판단하거나 자신의 일에 대한 과업성취도와 도전의식이 강한 사람이 자기효능감이 높다.

(5) 자기규제

자기규제란 자기를 통제하고 규제하는 행동을 하는 것을 말한다. 즉, 자신의 행동을 감독하고 스스로 자부심을 가지는 것이며 개인이 자신을 어떻게 평가할 것인지는 개인적인 목표 기준에 따라 다르다. 사회적 기준에 부합할 시에는 강화를 하지만 그렇지 않으면 자기 자신에 대한 죄책감을 가지거나 자신에 대한 통제나 규제를 해 나간다. 이와 같이 자기규제는 자신의 행동에 영향을 줄 수 있는 것은 개인의 능력이기 때문에 인지적 능력을 발휘하며 그들 자신의 행동에 대한 결과를 산출하고 다른 행동의 가능한 결과들을 예상하고 그에 따라 행동을 변화 수정할 수 있다는 것이다.

(6) 공격성의 사회화

개인의 폭력적인 행동을 환경에서 배운다는 입장으로, 사회화 과정에서 아동들은 공격적인 모델을 관찰하고 획득한 반응을 똑같이 수행하기도 하지만 그 모델이 언제 강화를 받는가를 주시하다가 그와 유사한 다른 행동을 수행하는 데에도 모델의 행동을 모방한다.

이와 같이 아동의 공격성은 관찰학습을 통해 이루어질 수 있고 특히 대중매체에서 접하는 장면(폭력이나 범죄)의 공격적인 행동을 학습하게 된다. 만일 아동이 공격적인 행동을 하는 사람이 벌을 받는 것을 관찰했다면 아동은 자신의 충동을 억누르고 그러한 행동을 하지 않게 될 것이다.

3) 반두라의 이론에 대한 평가

반두라는 초기의 행동주의 이론들이 대부분 동물을 실험한 연구이기 때문에 인간의 내적 과정이나 복잡한 사회적 환경들을 설명하는 데에는 제한이 있다고 주장했다. 스키너의 조작적 조건형성 이론은 인간행동이 자극-반응이라는 정적 강화, 강화계획, 행동조성 등과 같은 실험연구를 통해 일상생활 및 사회생활에서 구체적인 지식을 제공하였고 효과성이 입증되어 다양한 분야에서 확대되었다. 반면 반두라의 사회학습이론은 스키너의 자극-반응의 원리에 인간의 복합적인 사회환경의 상호작용을 강조했다. 즉, 인간의 내적 과정에 주위의 사회적 환경이 미치는 영향의 중요성과 특히 모방학습 중 스키너의 이론과 달리 관찰학습을 강조했는데, 행동에 영향을 주는 자기강화와 자기효능감 등 인간의 인지 분야를 어떻게 받아들이는가에 중요성을 두었다. 이러한 연구는 행동주의 이론을 한 단계 끌어올렸다.

반두라의 사회학습이론의 긍정적인 평가를 살펴보면, 첫째, 관찰학습의 중요성을 강조한 것으로, 이는 서비스이용자의 문제행동에서 수정을 위한 방법으로 관찰과 모방을 활용한 것이다. 이러한 방법에는 모델링, 역할놀이 등이 있으며 실천과정에서 매우 유용하게 활용되고 있다. 둘째, 인간에게 사회환경이 얼마나 많은 영향을 미치는지 강조했다는 것이다. 그리고 스키너와는 달리 관찰학습은 단순한 행동을 신속하고 쉽게 학습할 수 있다는 장점을 가지고 있다.

부정적인 평가를 살펴보면 첫째, 관찰학습의 한계로 다양하고 상호작용하는 복잡한 기능을 필요로 하는 행동을 설명해 주지는 못한다. 둘째, 인간의 연령에 따라 인지적 수준이 따르게 나타나는데 연령에 따른 과정을 제시하지 못하고 있다는 것이다.

4. 행동주의 이론의 사회복지실천 적용

행동주의 이론은 인간의 행동이 내면의 의식보다는 환경과의 상호작용을 통해 학습된다고 본다. 이 이론은 사회복지실천에서 클라이언트의 문제 행동을 관찰하고 수정하는 데 매우 유용하며, 특히 아동, 장애인, 정신질환자, 중독자 등 다양한 대상자 집단과의 개입에 효과적으로 적용된다.

파블로프의 고전적 조건형성 이론은 특정 자극에 대한 반응이 반복된 연합을 통해 학습된다는 원리다. 예를 들어, 실험에서 종소리(중립자극)와 음식(무조건자극)을 반복적으로 제시하면, 결국 종소리만으로도 침을 흘리는 반응이 유발된다. 이러한 이론은 트라우마 치료나 공포 반응의 소거, 아동의 감정 반응 조절 등에 응용된다. 예컨대, 학대받은 아동이 특정 사람에게 불안을 느낀다면, 반복적인 긍정적 상호작용을 통해 부정적 조건반응을 완화시킬 수 있다.

스키너의 조작적 조건형성 이론은 행동의 결과가 그 행동의 미래 발생 가능성에 영향을 준다는 원리다. 즉, 행동 후 긍정적 결과가 주어지면 그 행동은 강화되고, 부정적 결과가 주어지면 행동은 감소한다. 이는 사회복지현장에서 가장 널리 활용되는 행동수정 전략의 기초다. 예를 들어, 청소년 비행 예방 프로그램에서 긍정적 행동(예 학교 출석)에 대해 칭찬이나 보상을 제공하여 바람직한 행동을 증가시키는 방식이 이에 해당한다.

반두라의 사회학습이론은 인간이 단순한 자극-반응의 기계가 아니라 관찰과 보방, 모델링을 통해 학습한다고 보았다. 그는 '관찰학습'이라는 개념을 통해, 다른 사람의 행동과 그 결과를 지켜보는 것만으로도 학습이 일어날 수 있다고 주장했다. 특히 자기효능감(self-efficacy)의 개념은 개인이 자신의 행동을 통해 환경을 변화시킬 수 있다는 믿음을 의미하며, 이는 사회복지실천에서 클라이언트의 자립과 변화 동기를 이끌어 내는 핵심 개념으로 작용한다.

이러한 행동주의 이론들은 사회복지실천에서 구조적이고 체계적인 개입을 가능하게 하며, 구체적이고 측정 가능한 목표 설정을 통해 클라이언트의 변화 과정을 명확하게 추적할 수 있게 해준다. 또한 내담자를 병리적으로 바라보는 것이 아니라, 환경 속에서 형성된 행동 패턴을 변화시킬 수 있는 존재로 보는 관점을 제시함으로써 실천적 희망을 제공한다.

예를 들어, 발달장애인을 대상으로 하는 프로그램에서는 특정 행동(예 욕설, 자기 자해)을 줄이기 위해 강화계획을 수립하고, 대체 행동(예 그림카드로 감정 표현하기)을 훈련시키는 방식이 활용된다. 또 부모교육이나 가정 내 개입에서는 반두라의 모델링 원리를 활용하여 부모가 긍정적 양육 태도를 보여주도록 함으로써 아동에게 긍정적 영향을 줄 수 있다.

- **파블로프** : 정서 및 자극 연합 관련 개입(공포, 트라우마 등)
- **스키너** : 행동 강화·약화를 통한 체계적 개입(중독, 문제행동 등)
- **반두라** : 모델링, 자기효능감을 활용한 자립 지원(아동, 청소년, 가족개입 등)

이러한 행동주의 이론들은 복잡한 인간행동을 구체적이고 실천 가능한 방법으로 다룰 수 있게 하며, 사회복지현장에서 관찰 가능하고 반복 가능한 전략으로서의 장점을 가진다. 실증적 평가와 결과 중심의 개입을 중시하는 현대 사회복지실천에서 행동주의 이론은 여전히 중요한 이론적 토대가 되고 있다.

토론

1. 파블로프와 스키너의 행동주의 이론의 기본 관점을 비교 설명하고 각 관점의 타당성을 설명해 보자.
2. 반두라의 사회학습이론의 기본 관점과 그 타당성을 설명해 보자.
3. 행동주의 이론의 기본 가정들에 대한 본인의 비판적 의견을 제시하고 그 논리적 근거를 설명해 보자.
4. 행동주의 이론의 강점과 한계를 논하여 보자.

08 CHAPTER

인지이론

학습목표

1. 피아제의 인지발달이론을 이해하고, 주요 개념과 인지발달단계를 설명할 수 있다.
2. 벡의 인지이론의 주요 개념과 인지적 왜곡을 이해하고, 이를 사회복지실천에 적용하는 방법을 설명할 수 있다.
3. 각 이론이 사회복지실천에 어떻게 활용될 수 있는지 사례를 통해 설명할 수 있다.

목차

1. 피아제의 인지발달이론

피아제(Jean Piaget)의 인지이론은 아동 발달 심리학에서 중요한 위치를 차지하며, 인간의 인지 발달 과정을 체계적으로 설명한 이론으로 인정받고 있다. 이 이론은 아동의 사고 과정이 나이에 따라 어떻게 변화하고 발전하는지를 탐구하며, 다양한 교육 및 심리적 실천에 깊은 영향을 주어 교육 현장에서 널리 응용되고 있다. 특히 학습자의 발달 단계에 맞는 교육 콘텐츠와 방법을 설계하는 데 유용한 지침을 제공하고, 이를 통해 보다 효과적인 교수법을 개발하고 학습자의 성취도를 높이는 데 기여한다.

피아제의 이론은 발달심리학의 중요한 이론적 토대를 제공한다. 이는 학문적으로 아동의 인지 발달 과정을 이해하고, 다양한 발달 이론을 비교·분석하는 데 중요한 기준이 되며, 아동의 사고 방식과 세계 이해 방식을 이해하는 데 중요한 통찰을 제공하기 때문에 부모, 교사, 상담사 등 아동과 상호작용하는 모든 사람들에게 유용한 지침이 된다.

1) 피아제의 인간관의 핵심요소와 가치

피아제의 인지이론은 인간의 지적 발달을 체계적으로 설명하며, 아동을 환경과의 상호작용을 통해 자신의 지식을 능동적으로 구성하는 존재로 본다. 피아제의 이론에서는 다음과 같은 인간관의 핵심 요소를 포함한다.

첫째, 피아제는 인간을 능동적 학습자로 보았다. 그는 아동이 수동적으로 정보를 받아들이는 존재가 아니라 환경과의 상호작용을 통해 스스로 지식을 구성한다고 주장하였으며, 아동은 주어진 정보를 단순히 수용하는 것이 아니라 이를 적극적으로 탐색하고 실험하며, 자신의 기존 인지 구조와 통합하려는 노력을 한다(Piaget, 1952).

둘째, 인간은 일련의 인지발달단계를 거치며 성장한다. 피아제는 인지 발달을 네 가지 주요 단계(감각운동기, 전조작기, 구체적 조작기, 형식적 조작기)로 나누어 설명하였으며, 각 단계는 질적으로 다른 사고 방식을 특징으로 한다고 하였다. 그는 이러한 단계가 선천적 능력과 환경적 자극이 상호작용한 결과로 나타난다고 주장하였다(Piaget, 1970).

셋째, 피아제는 인간의 인지 발달을 적응 과정으로 보았는데, 적응을 동화(assimilation)와 조절(accommodation)이라는 두 가지 과정으로 설명하였다. 동화는 새로운 정보를 기존의 인지 구조에 통합하는 과정이며, 조절은 새로운 정보를 수용하기 위해 기존의 인지 구조를 변화시키는 과정으로, 이러한 적응 과정을 통해 인간은 환경에 적응하며 발달한다고 보고 있다(Piaget, 1977).

넷째, 피아제는 인간을 자기조직화(self-organizing) 시스템으로 간주하였으며, 이는 인간이 환경과의 상호작용을 통해 자신의 인지 구조를 끊임없이 재구성하고, 보다 복잡한 사고 과정을 발전시킨다는 것을 의미한다. 이러한 자기조직화 능력은 인간의 인지 발달을 유도하는 중요한 메커니즘이라 할 수 있다(Piaget, 1964).

피아제의 인지이론에서의 인간관은 다음의 두 가지 가치를 지닌다. 아동의 자발적 탐구와 경험을 중시하는 교육 접근법은 피아제의 이론을 기반으로 하며, 학습자가 자신의 속도와 방식에 따라 학습할 수 있도록 돕는다. 이는 아동의 자율성과 창의성을 촉진하는 데 중요한 역할을 한다(Flavell, 1963). 또한 피아제의 인간관은 아동의 발달 상태를 평가하는 다양한 심리학적 도구와 방법의 개발에 기여하였다. 이러한 평가 도구는 아동의 인지발달단계를 객관적으로 측정하고 필요한 교육적 개입을 계획하는 데 유용한 역할을 한다(Ginsburg & Opper, 1988).

2) 인지의 개념과 영역

'인지'라는 용어는 라틴어 'cognoscere'에서 유래했으며, 이는 '알다' 또는 '인식하다'를 의미한다. 심리학에서 인지는 지각, 기억, 판단, 추론, 문제해결 등과 같은 정신적 과정들을 포괄하는 개념으로 정의된다. 이러한 인지 과정들은 외부 세계에 대한 정보를 획득하고, 이를 저장하고 해석하며 사용하는 데 관여한다(Neisser, 1967).

피아제는 인지를 지적 발달의 과정으로 보았으며, 이는 개인이 환경과 상호작용하며 지식을 구성하는 능력을 의미한다(Piaget, 1952).

인지의 주요 영역을 살펴보면 〈표 8-1〉과 같다.

〈표 8-1〉 인지의 주요 영역

학 자	영 역	내 용
Goldstein (2010)	지각 (Perception)	지각은 감각 기관을 통해 외부 세계의 정보를 받아들이고 이를 해석하는 과정으로, 시각, 청각, 촉각, 후각, 미각 등의 다양한 감각을 포함하며, 환경에 대한 즉각적인 반응을 가능하게 한다.
Atkinson & Shiffrin (1968)	기억 (Memory)	기억은 정보를 인코딩, 저장, 인출하는 과정으로 구성된다. 단기 기억과 장기 기억으로 구분되며, 장기 기억은 다시 명시적 기억(의미 기억과 일화 기억)과 암묵적 기억(절차 기억 등)으로 나뉜다. 기억은 학습과 경험을 통해 축적된 정보를 저장하고, 필요할 때 이를 다시 사용할 수 있게 한다.
Baddeley (2007)	주의 (Attention)	주의는 많은 양의 감각 정보 중에서 특정한 정보를 선택하고 집중하는 능력으로, 선택적 주의와 분할 주의 등으로 구분되며 정보 처리 과정에서 중요한 역할을 한다. 주의는 인지 자원을 효율적으로 배분하여 중요한 정보를 처리하고 불필요한 정보를 배제하는 기능을 한다.
Pinker (1994)	언어 (Language)	언어는 생각과 감정을 표현하고, 다른 사람과 의사소통하는 데 사용되는 복잡한 인지 기능으로, 단어의 의미, 문법 구조, 발음 등을 포함하며, 인간의 고유한 인지 능력 중 하나로 간주된다. 언어는 사고와 밀접하게 연관되어 있으며, 인지 발달에 중요한 역할을 한다.
Newell & Simon (1972)	문제 해결 및 추론 (Problem Solving and Reasoning)	문제 해결은 목표를 달성하기 위해 필요한 단계를 계획하고 실행하는 과정이다. 추론은 주어진 정보로부터 논리적 결론을 도출하는 과정으로, 연역적 추론과 귀납적 추론으로 나눌 수 있으며, 이러한 인지 기능들은 복잡한 문제 상황에서 효과적인 결정을 내리는 데 필수적이다.
Sternberg (2006)	사고 (Thinking)	사고는 정보와 개념을 조작하여 새로운 아이디어를 창출하고 문제를 해결하며, 결정을 내리는 과정을 포함한다. 개념 형성, 판단, 계획, 추론 등을 포함하며, 고차원적인 인지 활동을 수행하는 데 중요하다.

3) 인지 과정

인지 과정(cognitive processes)은 아동이 새로운 정보를 받아들이고 이를 기존의 지식 체계에 통합하거나 수정하는 일련의 정신적 활동을 의미한다. 피아제는 인지 과정을 동화(assimilation), 조절(accommodation), 평형화(equilibration)라는 세 가지 주요 메커니즘으로 설명하였다.

(1) 동화

동화(assimilation)는 새로운 경험이나 정보를 기존의 인지 구조에 통합하는 과정이다. 이는 아동이 이미 가지고 있는 도식(schema)을 사용하여 새로운 자극을 이해하고 해석하는 방식이다. 이는 아동이 새로운 자극을 받아들일 때 기존의 사고 틀을 사용하여 이를 이해하고 해석하는 방식인데, 동화 과정에서는 외부 세계의 정보가 이미 형성된 인지 구조에 맞추어져 수용된다(Piaget, 1952).

(2) 조절

조절(accommodation)은 새로운 정보를 수용하기 위해 기존의 인지 구조를 변경하는 과정이다. 이는 새로운 경험이 기존의 도식과 맞지 않을 때 발생하며, 아동은 자신의 사고 틀을 수정하여 새로운 정보를 통합한다(Piaget, 1954).

(3) 평형화

평형화(equilibration)는 동화와 조절 과정을 통해 인지적 균형을 유지하고자 하는 과정이다. 이는 아동이 인지적 불균형(disequilibrium)을 경험할 때, 이를 해결하기 위해 인지 구조를 재조정하는 과정을 포함한다. 평형화는 인지 발달의 동력으로 작용하여, 아동이 보다 복잡한 사고를 할 수 있도록 새로운 정보와 경험을 통해 인지 구조를 끊임없이 조정하고 발전시키는 메커니즘이다(Piaget, 1977).

4) 인지 구조와 인지 기능

인지 구조(cognitive structures)는 도식(schema), 개념(concept), 명제(proposition), 구성(construction), 귀인(attribution)으로, 각각의 요소들은 인지 발달의 중요한 측면을 설명한다.

첫째, 도식은 특정 개념이나 행동 패턴에 대한 정신적 표상으로, 아동이 세상을 이해하고 경험을 조직하는 기본 단위이다. 도식은 경험을 통해 형성되고 지속적으로 수정 및 확장된다. 예를 들어, '동물'이라는 도식은 처음에는 단순히 '강아지'를 의미할 수 있지만, 시간이 지남에 따라 다양한 동물을 포함하는 더 복잡한 구조로 발전한다(Piaget, 1952).

둘째, 개념은 유사한 특성을 지닌 사물이나 사건을 범주화하여 조직화하는 정신적 틀이다. 개념 형성은 도식을 통해 이루어지며, 아동이 복잡한 정보를 체계적으로 이해하고 처리하는 데 도움을 준다. 예를 들어, '포유류'라는 개념은 다양한 동물들이 공유하는 특징을 통해 형성된다(Vygotsky, 1962).

셋째, 명제는 두 개 이상의 개념들 사이의 관계를 나타내는 진술이다. 논리적 사고와 문제 해결에 중요한 역할을 하며, 아동이 추론하고 결론을 도출하는 과정을 포함한다. 예를 들어, "모든 포유류는 젖을 먹인다"는 명제는 포유류와 젖을 먹이는 행동 사이의 관계를 설명한다(Inhelder & Piaget, 1958).

넷째, 구성은 아동이 환경과의 상호작용을 통해 자신의 인지 구조를 형성하고 발전시키는 과정이다. 이는 도식, 개념, 명제를 통해 이루어지며, 아동이 새로운 경험을 통해 지식을 구성하는 방식을 설명한다. 구성 과정은 동화와 조절을 통해 이루어지며, 인지 발달의 핵심 메커니즘으로 작용한다(Piaget, 1970).

다섯째, 귀인은 사건이나 행동의 원인을 추론하는 과정이다. 개인의 행동이나 사건의 결과를 이해하고 설명하는 데 중요한 역할을 하며, 인지적 해석의 중요한 요소이다. 예를 들어, 아동이 실패의 원인을 자신의 능력 부족으로 돌리는 것은 내부적 귀인, 외부 환경의 탓으로 돌리는 것은 외부적 귀인이다(Heider, 1958).

인지 기능(cognitive functions)은 인간이 정보를 수용하고, 이해하며, 저장하고, 문제를 해결하는 일련의 정신적 과정으로 구성된다. 이는 인간의 행동과 의사결정, 사회적 상호작용을 가능하게 하는 핵심적인 심리적 메커니즘이며, 발달 초기부터 노년기에 이르기까지 지속적으로 변화하고 성장한다. 사회복지실천에서 개인의 인지 기능 수준을 이해하는 것은 개입의 효과성과 적합성을 판단하는 데 중요한 기반이 된다(Neisser, 1967).

인지 기능은 크게 주의(attention), 지각(perception), 기억(memory), 언어(language), 사고(thinking), 문제해결(problem-solving), 판단 및 추론(reasoning)으로 구분된다.

첫째, 주의는 외부 자극 중 특정 정보를 선택적으로 처리하는 기능이다. 이는 학습의 출발점이자 전제 조건으로, 주의력의 발달은 정보처리 능력과 학습효율성에 밀접한 영향을 미친다. 예를 들어, 아동이 수업 시간에 교사의 설명에 집중하지 못할 경우, 이후 정보의 수용과 기억이 제대로 이루어지기 어렵다(Sternberg, 1985).

둘째, 지각은 감각기관을 통해 받아들인 자극을 의미 있는 형태로 해석하는 과정이다. 이는 단순한 시각, 청각 등의 감각적 반응을 넘어, 자극에 의미를 부여하고 상황을 이해하는 고차원적 처리과정이다. 아동의 지각 능력은 발달 초기 경험에 따라 크게 달라지며, 왜곡된 지각은 잘못된 판단과 행동으로 이어질 수 있다(Neisser, 1967).

셋째, 기억은 정보를 저장하고 필요할 때 이를 인출하는 능력으로, 감각기억, 단기기억, 장기기억으로 나뉜다. 기억은 학습된 지식을 유지하고 활용하는 데 필수적이며, 발달 시기에 따라 정보 처리 속도, 저장 용량, 전략 사용 능력 등에서 차이가 발생한다. 장기기억에 저장된 도식이나 개념은 이후 새로운 정보를 해석하고 조직화하는 데 중요한 역할을 한다(Piaget, 1970).

넷째, 언어는 사고와 감정, 지식의 표현 수단으로서 인지 기능의 중심적인 요소이다. 언어는 단순한 의사소통 수단을 넘어서, 세계를 분류하고 의미를 부여하며, 자기 자신과 타인을 이해하는 인지적 틀을 제공한다. 비고츠키(Vygotsky, 1962)는 언어가 사고의 매개체 역할을 하며, 사회적 상호작용 속에서 내면화 과정을 통해 고등 정신기능으로 발전한다고 보았다.

다섯째, 사고는 정보를 조작하고 새로운 아이디어를 생성하는 능력으로, 유추, 분석, 종합, 비교 등의 과정을 포함한다. 사고는 현실 문제를 인식하고, 대안을 탐색하며, 가능한 결과를 예측하는 데 활용된다. 발달 초기의 구체적 사고는 점차 추상적이고 논리적인 사고로 발전하며, 이는 특히 청소년기 이후에 두드러진다(Inhelder & Piaget, 1958).

여섯째, 문제해결은 목표 달성을 위해 다양한 전략을 동원하고 실행하는 인지적 활동이다. 효과적인 문제해결 능력은 인지적 유연성과 계획 능력, 실행통제 등 여러 기능의 통합적 작용을 필요로 한다. 이는 사회복지실천에서 클라이언트의 자원 활용 능력, 대처 전략, 자기결정 능력과 밀접하게 연결된다(American Psychological Association, 2020).

일곱째, 판단과 추론은 불확실한 상황에서 정보를 바탕으로 결론을 도출하고 행동을 결정하는 과정이다. 이는 가치 판단, 도덕성 발달, 의사결정 과정에 핵심적으로 작용하며, 경험과 학습에 따라 점차 성숙해진다. 잘 발달된 판단 능력은 삶의 복잡한 문제 속에서 더 나은 선택을 가능하게 한다(Sternberg, 1985).

이러한 인지 기능은 상호 연결되어 작용하며, 인간의 전 생애에 걸쳐 영향을 미친다. 또한 환경 자극, 문화적 배경, 사회적 경험에 따라 그 발달 양상과 수준이 다르게 나타날 수 있다. 특히 사회적 관계, 교육, 미디어, 양육 환경은 인지 기능 발달의 질과 방향을 결정짓는 주요 요인들로 작용한다.

사회복지현장에서 인지 기능의 평가와 이해는 발달장애, 치매, 정신질환, 학습장애 등 다양한 문제를 가진 대상자에게 적절한 개입을 제공하기 위한 기초가 된다. 따라서 인지 기능은 인간행동과 사회환경을 이해하고 실천에 적용하는 데 있어 중요한 분석 틀이라 할 수 있다.

5) 인지발달단계

(1) 감각운동기

인지이론에서 감각운동기(sensorimotor stage)는 인지 발달의 첫 번째 단계로, 출생부터 약 2세까지의 영아기를 다루며 아동이 감각 경험과 운동 활동을 통해 세상을 이해하고 탐구하는 중요한 시기이다. 감각운동기는 여섯 개의 하위 단계로 세분화되며, 각 단계는 아동의 인지 발달 과정에서 〈표 8-2〉와 같은 독특한 특징을 나타낸다.

〈표 8-2〉 감각운동기의 단계와 특징

단 계	연 령	주요 특징	예 시
반사운동기 (Reflexive Stage)	출생~1개월	선천적 반사를 통해 환경과 상호작용한다. 생존을 위한 기본 반사 행동이 주로 나타나며, 이러한 반사는 아동의 초기 적응 메커니즘을 형성한다.	빨기, 잡기 반사
1차 순환반응기 (Primary Circular Reactions)	1~4개월	우연히 발생한 신체 움직임을 반복하여 즐거움을 얻는다. 이러한 반복 행동은 아동이 자신의 신체를 탐색하고 통제하는 방법을 배우는 과정이다.	손가락 빨기

2차 순환반응기 (Secondary Circular Reactions)	4~8개월	자신의 행동이 외부 세계에 미치는 영향을 인식하고, 물체와의 상호작용을 통해 행동을 반복한다. 아동이 환경을 탐색하고 이해하는 중요한 기회를 제공한다.	방울 소리를 내기 위해 딸랑이 흔들기
2차 순환반응의 협응기 (Coordination of Secondary Circular Reactions)	8~12개월	아동은 목표 지향적 행동을 개발하며, 문제 해결을 위해 여러 행동을 결합한다. 이 단계에서는 대상 영속성의 초기 형태가 나타나기 시작한다.	장난감을 찾기 위해 덮개 들추기
3차 순환반응기 (Tertiary Circular Reactions)	12~18개월	아동은 새로운 방법을 시도하여 문제를 해결하고, 실험적 행동을 통해 다양한 결과를 탐색한다. 아동이 사고의 유연성을 발달시키는 시기이다	장난감을 다양한 방식으로 조작해 보기
정신적 표상기 (Mental Representation)	18~24개월	아동은 내적 표상을 통해 문제를 해결하고, 상징적 사고가 발달한다. 아동은 실제 물체가 없더라도 그 물체를 머릿속에서 상상하고 행동할 수 있다.	눈앞에 없는 물건 찾아내기, 모방놀이

대상 영속성(object permanence)은 물체가 보이지 않아도 계속 존재한다는 개념을 의미한다. 감각운동기 동안 아동은 점차적으로 대상 영속성을 획득하며, 이는 인지 발달의 중요한 이정표로 간주된다.

순환반응(circular reactions)은 특정 행동을 반복하여 만족감을 얻는 과정을 의미하는데, 이는 1차, 2차, 3차 순환반응기로 나뉘며, 각각은 아동이 자신의 신체 또는 외부 물체와 상호작용하는 방식을 반영한다.

감각운동기 말기에 아동은 상징적 사고(symbolic thought)를 발달시키는데, 이에 따라 아동은 실제 사물이나 사건을 내적 표상으로 처리할 수 있게 되며, 이는 모방놀이와 같은 활동에서 나타난다(Piaget, 1952).

(2) 전조작기

인지이론에서 전조작기(preoperational stage)는 약 2세부터 7세까지의 아동 발달 단계를 의미하며 이 단계는 아동이 논리적 사고를 하기 이전의 시기로, 상징적 사고와 언어 발달이 두드러지게 나타나는 시기이다. 전조작기의 아동은 상징적 사고와 언어 발달을 통해 급격한 인지적 성장을 이룬다. 이 시기의 교육은 아동의 자발적 놀이와 탐색을 지원하고, 상상력과 창의성을 발달시키는 방향으로 이루어져야 하며, 아동의 자아 중심적 사고를 이해하고, 다양한 관점을 탐색할 수 있는 기회를 제공해야 한다. 또한 구체적 조작 활동을 통해 아동이 물체의 보존 개념과 논리적 사고를 점진적으로 습득할 수 있도록 도와야 하는 시기이다.

전조작기는 두 개의 하위 단계인 전개념기와 직관적 사고기로 나누어지며, 각 단계는 아동의 인지 발달에서 중요한 특징들을 포함한다.

〈표 8-3〉 전조작기의 단계와 특징

단 계	연 령	주요 특징	예 시
선개념기 (Preconceptual Stage)	2~4세	상징적 사고가 발달하며, 아동은 물체나 사건을 상징으로 표현하는 능력을 갖추게 된다. 언어 발달이 급속히 이루어지며, 아동은 주변 사물에 이름을 붙이고 역할놀이를 통해 상상력을 발휘한다. 그러나 이 시기의 사고는 여전히 자아 중심적이며, 아동은 다른 사람의 관점을 이해하는 데 어려움을 겪는다.	역할놀이, 물체에 이름 붙이기, 그림 그리기
직관적 사고기 (Intuitive Thought Stage)	4~7세	아동은 점차적으로 논리적 사고를 시작하지만, 여전히 직관에 의존하는 경우가 많다. 물체의 보존 개념(conservation)을 이해하지 못하며, 물체의 크기, 길이, 수량 등의 개념을 직관적으로 이해하려고 하지만, 구체적인 논리적 사고는 아직 부족하다.	상징적 놀이의 복잡화, 기본적인 문제 해결 시도

전조작기의 아동은 타인의 관점이나 감정을 이해하는 데 어려움을 겪으며, 자신이 보는 대로 모든 사람이 본다고 생각하는 자아 중심적 사고(egocentric thinking)를 가지며, 상징적 사고(symbolic thought)를 발달시킨다. 상징적 사고는 아동이 사물이나 사건을 상징으로 표현할 수 있는 능력을 말한다. 이는 언어 발달과 함께 나타나며, 아동은 그림을 그리거나 역할놀이를 통해 상징적 사고를 발전시킨다(Piaget, 1951).

물체의 보존 개념(conservation)을 이해하지 못하며, 물체의 외형 변화에 쉽게 현혹된다. 물체의 보존 개념은 물체의 외형이 변하더라도 그 본질적 속성은 변하지 않는다는 이해를 의미하는데, 예를 들면 동일한 양의 물을 넓은 그릇에서 좁은 컵으로 옮기면 물의 양이 변했다고 생각한다. 또한 사물을 분류하고 서열화(classification and seriation)하는 능력이 제한적이다. 분류는 사물을 공통된 속성에 따라 그룹화하는 능력이며, 서열화는 사물을 크기나 순서에 따라 배열하는 능력이다. 아동은 간단한 분류와 서열화는 가능하지만, 복잡한 기준을 적용하는 데 어려움을 겪는다(Piaget & Inhelder, 1969).

(3) 구체적 조작기

구체적 조작기(concrete operational stage)는 약 7세에서 11세까지의 아동 발달 단계를 의미한다. 이 시기는 아동이 구체적 사물에 대해 논리적 사고를 발전시키는 중요한 단계로, 이전의 전조작기와는 달리 보다 체계적이고 논리적인 사고 과정을 특징으로 한다.

구체적 조작기 동안 아동은 이전 단계에서 미숙했던 여러 인지적 능력을 성숙시키며, 보다 정교하고 체계적인 사고 과정을 형성한다. 이 단계에서 아동은 몇 가지 주요 인지적 성과를 이루며, 다음과 같은 주요 특징을 보인다.

① 보존 개념(conservation)

구체적 조작기의 핵심 성과 중 하나로, 물체의 외형 변화에도 불구하고 그 본질적 속성이 동일하다는 이해를 포함한다. 아동은 수, 부피, 길이, 무게 등의 속성이 형태 변화와 상관없이 유지된다는 것을 이해한다(Piaget, 1954).

② **논리적 사고**(logical thinking)

구체적 조작기 아동은 구체적인 사물과 사건에 대해 논리적 사고를 할 수 있다. 구체적인 상황에서만 적용되며, 추상적 사고는 아직 발달하지 않는다. 논리적 사고는 문제 해결과 수학적 추론에 중요한 역할을 한다(Piaget, 1952).

③ **가역적 사고**(reversible thinking)

가역적 사고는 어떤 행동이나 변화가 일어난 후 이를 되돌릴 수 있다는 이해를 포함한다. 보존 개념의 이해와 밀접하게 관련되어 있으며, 아동이 사고 과정에서 결과를 역으로 추적할 수 있는 능력을 의미한다(Piaget, 1954).

④ **탈중심화**(decentration)

아동이 자신의 관점 외에도 다른 사람의 관점을 고려할 수 있는 능력을 의미한다. 아동이 더 복잡한 사회적 상호작용을 이해하고 협력과 타협의 중요성을 배우는 데 기여한다(Piaget & Inhelder, 1969).

⑤ **부류와 서열화**(classification and seriation)

아동은 사물을 공통된 속성에 따라 그룹화하고, 크기나 순서에 따라 배열할 수 있는 능력을 발달시킨다. 아동의 논리적 추론과 문제 해결 능력을 향상시킨다(Piaget, 1965).

(4) 형식적 조작기

형식적 조작기(formal operational stage)는 약 11세에서 성인기에 이르는 시기이다. 아동이 추상적 사고와 논리적 문제 해결 능력을 발전시키는 중요한 단계로, 구체적인 사물에 의존하지 않고도 사고를 전개할 수 있게 되는 시기이다. 형식적 조작기 동안 아동은 추상적 사고와 논리적 추론을 발전시키며, 가설을 세우고 이를 검증하는 과정을 통해 복잡한 문제를 해결할 수 있게 된다. 이 단계에서 아동은 다음의 주요 인지적 성과를 이룬다.

① **추상적 사고**(abstract thinking)

형식적 조작기의 아동은 추상적 개념을 이해하고, 이를 바탕으로 논리적 사고를 전개할 수 있다. 구체적 경험에 의존하지 않고도 개념을 조작하고 이해하는 능력이 포함되며, 철학적, 윤리적 문제를 탐구하고, 복잡한 수학적 문제를 해결할 수 있다(Piaget, 1958).

② **가설 연역적 추론**(hypothetico-deductive reasoning)

가설 연역적 추론은 형식적 조작기의 핵심 성과 중 하나로, 아동이 가설을 세우고 이를 체계적으로 검증하는 과정을 포함한다. 이는 과학적 사고와 문제 해결 능력을 촉진하며, 논리적 일관성을 유지하면서 복잡한 문제를 해결할 수 있게 한다(Piaget, 1972).

③ **조합적 사고**(combinatorial thinking)

조합적 사고는 아동이 다양한 요소를 결합하여 가능한 모든 결과를 탐색하는 능력을 포함한다. 복잡한 문제를 체계적으로 분석하고, 다양한 해결책을 모색하는 데 중요한 역할을 한다(Piaget, 1970).

④ **형식적 논리**(formal logic)

형식적 논리는 아동이 논리적 원칙을 적용하여 일관된 추론을 전개하는 능력을 포함하는데, 복잡한 논리적 구조를 이해하고 이를 통해 타당한 결론을 도출할 수 있게 한다(Piaget, 1958).

2. 벡의 인지이론

아론 벡(Aaron T. Beck)은 인지이론을 통해 우울증을 비롯한 여러 정신적 건강 문제를 설명하고자 했다. 벡의 이론은 개인의 사고 패턴이 정서와 행동에 어떻게 영향을 미치는지를 이해하는 데 중점을 두며 정신적 건강 문제의 기초가 되는 왜곡된 사고 패턴을 이해하고 수정하는 것이 핵심이다(Beck, 1967).

1) 주요 개념

(1) 인지 삼제

벡은 우울증 환자들이 자기 자신, 세상, 미래에 대한 견해의 세 가지 주요 영역에서 부정적인 사고를 경험한다는 인지 삼제(cognitive triad)의 개념을 제시하였다(Beck, 1967).

- 자신에 대한 부정적 견해 : "나는 가치가 없다."
- 세상에 대한 부정적 견해 : "세상은 너무 어렵다."
- 미래에 대한 부정적 견해 : "미래는 희망이 없다."

(2) 자동적 사고

자동적 사고(automatic thoughts)는 특정 사건이나 상황에 직면했을 때 자동으로 떠오르는 부정적이고 왜곡된 생각을 의미하는데, 이러한 사고는 주로 부정적이며, 정서적 문제를 유발하거나 악화시킨다.

(3) 인지적 오류

인지적 오류(cognitive errors)는 현실을 왜곡하여 부정적으로 해석하는 사고 패턴이며, 주요 유형으로는 흑백 사고, 과도한 일반화, 정신적 필터, 개인화 등이 있다(Beck, 1976).

- 흑백 사고(all-or-nothing thinking) : 상황을 전부 아니면 전무로 판단하는 것
- 과도한 일반화(overgeneralization) : 단일 사건을 일반화하여 모든 상황에 적용하는 것
- 정신적 필터(mental filter) : 한 가지 부정적인 면에만 집중하는 것
- 개인화(personalization) : 자신과 무관한 사건을 자신과 관련짓는 것

2) 사회복지실천 적용

아론 벡의 인지이론은 심리치료 분야에서 혁신적인 접근법으로 널리 인정받고 있으며, 특히 우울증 및 불안장애를 포함한 다양한 정신적 문제를 이해하고 치료하는 데 중요한 기여를 하였다. 이 이론은 개인의 인지적 왜곡이 정서적 문제의 근본 원인이라고 간주하며, 사회복지실천에서 클라이언트의 인지적 왜곡을 식별하고 수정하는 데 중요한 도구로 활용될 수 있다. 이를 통해 클라이언트의 정서적 안녕을 증진시키고, 보다 긍정적인 삶의 변화를 도모할 수 있다.

활용 방안과 사례를 요약해 보면 〈표 8-4〉와 같다.

〈표 8-4〉 인지이론의 사회복지실천에서의 활용 방안과 예시

활용 방안	세부 내용	사 례
인지적 재구성 (cognitive restructuring)	사회복지사는 클라이언트가 부정적이고 왜곡된 사고를 인식하고 이를 논리적으로 반박하도록 돕는다. 이 과정에서 클라이언트는 왜곡된 사고를 현실적이고 긍정적인 사고로 대체하게 된다.	30대 여성 클라이언트가 "나는 무가치하다"는 생각에 시달릴 때, 사회복지사는 그녀의 성취와 긍정적인 자질을 논의하며 이러한 사고의 타당성을 재검토하게 한다.
사고 기록지 사용 (thought record)	사고 기록지는 클라이언트가 일상생활에서 경험하는 자동적 사고를 기록하고, 그 사고에 대한 감정적 반응과 행동을 분석하는 도구이다. 클라이언트는 자신의 사고 패턴을 명확히 이해하고, 변화의 필요성을 인식할 수 있게 된다.	20대 남성 클라이언트가 불안 증세를 보일 때, 사고 기록지를 사용하여 불안을 유발하는 자동적 사고를 기록하고, 그 사고의 타당성을 평가하며, 대안적 사고를 형성한다.
소크라테스식 대화 (Socratic questioning)	사회복지사는 논리적이고 체계적인 질문을 통해 클라이언트의 비합리적 신념을 탐색하고 이를 도전하도록 돕는다. 클라이언트가 자신의 사고를 비판적으로 평가하고 수정하는 데 도움을 준다.	클라이언트가 "사람들은 나를 좋아하지 않는다"고 말할 때, 사회복지사는 "모든 사람들이 정말로 그렇게 생각한다고 믿습니까?"와 같은 질문을 통해 그 신념의 타당성을 검토하게 한다.
행동 활성화 (behavioral activation)	행동 활성화는 클라이언트가 긍정적인 활동에 참여하도록 장려하여 기분을 개선하는 방법이다. 우울증과 같은 정서적 문제를 완화하는 데 효과적이다.	우울증을 겪고 있는 클라이언트가 주말마다 운동을 하도록 계획을 세우고 이를 실천함으로써 기분이 점차 개선되는 과정을 도와준다.

아론 벡은 1960년대 후반부터 1970년대 초반까지 인지이론을 개발하여 우울증과 같은 정서적 장애를 이해하고 치료하는 데 획기적인 기여를 하였으며, 그의 이론은 인지적 왜곡이 정서적 문제를 유발하며, 이를 수정함으로써 심리적 안정을 찾을 수 있다는 점에 초점을 맞춘다(Beck, 1967; 1976). 벡의 인지이론은 사회복지실천에서 클라이언트의 인지적 왜곡을 수정하고

정서적 안정을 도모하는 데 유용한 이론적 틀을 제공하고 클라이언트가 보다 긍정적이고 현실적인 사고를 형성하도록 돕는 데 효과적이다. 이를 통해 사회복지사는 클라이언트의 전반적인 삶의 질을 향상시키는 데 기여할 수 있다.

토론

1. 피아제의 인지발달이론을 바탕으로, 아동의 인지발달단계에 따른 교육적 접근의 중요성을 논의해 보자.
2. 벡의 인지이론을 바탕으로 왜곡된 인지 패턴이 정신적 문제를 야기하는 과정을 설명하고, 이를 해결하는 실천 전략을 탐구해 보자.

CHAPTER 09

인본주의 이론

학습목표

1. 인본주의 이론에 대해 이해할 수 있다.
2. 로저스의 현상학적 이론에 대해 설명할 수 있다.
3. 매슬로우의 욕구위계이론에 대해 설명할 수 있다.
4. 인본주의 이론의 사회복지실천 적용을 이해할 수 있다.

목차

인본주의는 1940년대에 칼 로저스(Carl Rogers)에 의하여 개발되어 지금까지 계속 발달하고 있는 인간의 성장과 변화에 대한 접근법으로 내담자 및 인간의 변화 및 성장을 존중한다.

개인이 직면하는 현실은 그 자체가 문제라기보다는 개인이 현실을 지각하는 방식의 문제라고 할 수 있다. 개인의 행동을 이해하려면 그 개인이 자기 자신과 자신이 존재하는 세계에 대하여 어떤 주관적 인식을 지니고 있는지를 알아야 한다. 인본주의 이론에서는 개인의 주관적 경험을 강조하는데, 인간이 자신과 세계를 어떻게 지각하는가를 보면 인간의 본질을 잘 알 수 있다고 본다. 따라서 인본주의 이론을 현상학적 이론이라고도 부르는데, 이는 인본주의 이론이 개인에게 '현상이 나타나는 방식'과 개인이 그 현상을 어떻게 '경험하고 느끼는지'에 관심을 두기 때문이다(오창순 외, 2015).

인본주의 이론은 실존주의 이론, 형태치료(gestalt therapy)와 함께 실존주의 철학에 그 기원을 두고 있으며, 치료자와 내담자의 관계를 중시한다는 공통점이 있다. 그러나 실존주의 이론이 소외, 무의미, 불안, 허무주의 등과 같은 인간존재의 제한성과 비극적 측면에 초점을 두는 반면 인본주의 이론에서는 존엄성, 사랑, 선택, 창조성, 의미, 가치, 성장 등과 같은 인간의 자기실현 경향과 긍정적 측면에 초점을 둔다는 점에 차이가 있다.

인간중심 상담에서는 인간이 자기실현의 경향을 발휘하기 위해 항상 노력하고 도전하고 어려움을 극복하며 진정한 한 사람으로 성숙해 간다고 보고, 상담자는 이러한 유기체의 경향성을 발휘할 수 있도록 촉진적 환경을 제공하는 데 역점을 두어야 한다고 본다. 상담자의 일치성, 무조건적인 긍정적 존중(수용과 양육), 정확한 공감적 이해(다른 사람의 주관적 세계를 깊이 이해할 수 있는 능력)가 내담자에게 잘 전달되면, 내담자의 방어가 약화되어 내담자가 자신과 자신의 세계를 더 개방적으로 보게 되고 결국 사회적이고 건설적인 방법으로 행동하게 된다는 것이다(김춘경 외, 2010).

인본주의 이론은 무의식적 결정론에 근거하고 있는 정신역동이론과 환경결정론에 근거를 두고 있는 행동주의 이론의 입장에 반대하는 '제3세력의 심리학'에 속한다. 인본주의 이론은 키에르케고르, 사르트르, 카뮈, 빈스반거, 보스, 프랭클과 같은 사상가들이 발전시킨 유럽의 실존주의 철학에 기원을 두고 있다. 그러나 실존주의 이론이 인간의 소외, 무의미와 같은 인간존재의 제한성에 초점을 두고 있는 반면에 인본주의 이론은 사랑, 창조성, 선택, 의미, 가치, 자아실현과 같은 인간의 긍정적인 측면에 초점을 두고 있다.

인본주의자들은 각 개인이 자신의 행동과 경험의 중요한 결정자임을 강조한다. 즉, 인간은 경험하고 스스로 결정하며 자신의 행동을 자유롭게 선택하는 의지를 지닌 사람이라는 것이다. 또한 인간은 근본적으로 선하며 존경받을 만하고 환경조건이 적당하기만 하면 자신의 잠재능력을 실현해 나갈 수 있는 존재라고 보았다.

인본주의 이론은 정신역동학파에서 말하는 본능적이고 역동적인 개념들을 거부하고, 자기(self)에 관한 것에 초점을 두기 때문에 '현상학적 이론' 또는 '자아실현이론'이라고 불린다. 현상학적 이론은 개인이나 생활사건에서 자기 인식은 성격 발달을 이해하기 위한 준거틀을 제공한다는 것을 강조하고 있다. 현상학적 입장에 따르면 각 개인은 행동의 주체이며, 행동이란 단지 내부세계의 관찰 가능한 표현일 뿐이기 때문에 인간의 경험을 연구하는 것이 필요하다고 하였다. 또한 생활사건에 관한 개인적인 해석에 기반을 두고서 환경에 반응을 나타내는 개인을 이해하는 것이 중요하다는 입장이다.

1. 로저스의 현상학적 이론

1) 현상학적 이론의 기본 관점

현상학이란 세계와 자기 자신에 관하여 개인들이 지니고 있는 관점들과 함께 개개인의 주관적인 경험, 감정, 개인적으로 지니고 있는 개념을 탐구하는 학문적 경향이다. 현상학적 입장은 이러한 현상학을 토대로 개인의 현상세계를 연구대상으로 한다. 현상학 이론은 로저스가 체계화한 이론이다. 로저스는 인간마다 현실을 달리 지각하며 주관적인 경험이 행동을 지배한다고 믿었다. 현상학 이론이란 개인의 주관적 경험, 감정 및 세계와 자기 자신에 대한 개인적인 견해 및 사적 개념을 연구하는 인본주의 성격이론이다.

로저스는 듀이(Dewey)의 실용주의(pragmatism)의 영향을 받아 절대주의에 반대하는 경험적인 상대주의를 택하고, 상담자의 방법과 내담자의 역할이 모두 치료에 영향을 미친다는 절충주의를 택하였다. 또한 사회적 관계를 통한 치료적 기능을 강조한 카렌 호나이(Karen Horney)와 상담을 하나의 관계로 생각한 오토 랭크(Otto Rank)의 영향을 받았다. 랭크의 사상은 상담관계에 대한 그의 많은 생각들과 현재에 초점을 맞추는 것(Rogers, 2002)으로 표현되었다.

이러한 로저스의 학문적 경향은 인간을 바라보는 관점에서 나타난다. 로저스는 인간은 자유롭고 자신의 행동에 책임을 지는 존재이며, 인간은 무의식에 의해서만 결정되는 것이 아니라 본인이 원하고 목적하는 바를 추구하는 유목적적 존재라고 인식하였다(Rogers, 1995; 이영희 외, 2007). 이러한 인식의 결과 로저스는 인간을 합리적이고 건설적 방향으로 지속적으로 성장을 해나가는 통합적이고 전체적인 존재로 인식하는 인간 중심적인 심리이론을 전개하였다.

현상학은 개인의 주관적인 경험, 감정, 세계와 자기 자신에 대한 개인의 견해와 개인의 개념을 연구하는 것이다(Hjelle & Ziegler, 2005). 현상학적 심리학은 주로 개인이 왜 각자가 경험을 하고 그것을 세계와 연관시키는가를 연구하는 학문으로 로저스는 현상학적 심리학의 대변자 중 한 사람이다(Hjelle & Ziegler, 2005). 따라서 현상학적 이해는 그의 인간 이해에 있어서 가장 기본이 된다고 할 수 있다(김미경, 2002). 이러한 로저스의 인간관은 이론의 기본 가정들에서도 잘 나타난다. 로저스는 객관적 현실세계란 존재하지 않으며 개인이 주관적으로 인식한 현실세계만 존재한다고 주장한다(Rogers, 1995).

2) 주요 내용 및 개념

(1) 성격구조

로저스는 자신의 개념과 생각을 검증 가능한 가설로 진술하고 연구하려고 노력하였고, 이러한 임상경험을 토대로 발견한 인간의 기본적인 성향에 대해 다음과 같이 밝혔다. 그가 말하는 인간이해를 바탕으로 한 인간의 기본 성향은 인간은 자신이 아닌 것으로부터 벗어나고 싶어 하고, 자기 지향적 존재이며, 과정의 존재이고, 자기를 신뢰하고 타인을 수용하는 존재이며, 경험에 대해 개방적이라는 것이다(Rogers, 1961). 로저스는 성격 자체의 형성 원인에 대한 연구보다는 상담의 결과 어떻게 성격변화가 이루어지는지에 더 많은 관심을 가졌다.

로저스 이론에 따르면 인간성격은 유기체, 현상학적 장, 그리고 가장 중요한 개념인 자기(self) 라는 세 가지의 핵심요소를 가지고 있다.

첫째, 유기체란 그 개인의 사상, 행동 및 신체의 존재 모두를 포함하는 전체로서의 한 개인을 지칭한다(Rogers, 1961). 로저스에 의하면 이러한 인간 유기체는 통합적으로 조직된 체계를 이루고 있다(Rogers, 1951). 또한 신체, 정서, 지식 등을 포괄하는 통합적 존재로서의 '전체 인간'을 말한다(주은선, 2000; Rogers, 1961). 인간은 경험에 대해 신체, 정서, 지식 등의 유기체의 일부 또는 전부를 통해서 유기체적으로 반응한다. 다시 말해 인간은 어떤 자극이 있을 때 무의식적이거나 결정론적으로 그 자극에 수동적으로 영향을 받는 것이 아니라 그 자극에 대하여 인간의 신체적, 정신적, 지식적 전체를 통해서 반응한다. 이러한 의미에서 로저스 이론의 인간관은 인간 내부적인 다양한 차원을 포괄하는 총체적 입장을 띤다. 인간을 유기체라는 용어를 사용해서 통합적 존재로 인식한 것은 인간의 개인 내적 체계의 다양성을 인정한 것이라는 점에서 개인 내적 체계의 특성을 인지, 정서, 행동 등의 다양한 측면에 초점을 두고 이론을 전개한 향후 심리학의 발전에 기여한 바가 크다.

둘째, 현상적 장(phenomenal field)이란 인간이 경험하는 모든 것을 일컫는다. 이 개념은 물리학의 장 이론에서 유래된 것으로 레빈(Kurt Lewin)의 개념이다. 로저스는 유기체가 계속적으로 변화하고 있는 세계 속에 존재하고 있다고 하였는데, 이 계속적으로 변화하는 경험 세계의 중심은 개인이다

(Rogers, 1951). 개인은 변화하고 있는 세계 속에서 자신이 지각하고 있는 장에 대하여 반응한다. 개인이 경험하거나 지각하는 장은 그 개인의 사적이고 주관적인 경험 세계이다. 이 주관적 경험의 세계가 로저스가 말하는 현상적 장, 혹은 경험적 장인 것이다. 경험적 세계 또는 주관적 경험으로도 불리는 현상학적 장이란 개인이 특정 순간에 인식할 수 있는 것들의 총체를 의미한다. 앞서 살펴본 것처럼 로저스 이론에서 인간은 신체, 정서, 지식 등을 포괄하는 전체적인 유기체로 인식되고 있다. 인간의 유기체적 특징인 신체, 정서, 지식 등은 개인마다 차이가 있을 수 있으므로 개인의 고유한 유기체적 특성에 따라서 동일한 현상을 이해하는 것은 차이가 있을 수 있다. 그러므로 실제 인간의 행동에 영향을 주는 것은 무의식 결정론적 관점에서 주장하는 것처럼 과거의 경험이나, 행동주의 입장에서 주장하는 것처럼 객관적으로 존재하는 실제적 사실 자체가 아니라, 바로 개인 유기체가 그것을 어떻게 지각하는가에 따라서 달라질 수 있는 점을 보여준다는 점에서 프로이트의 무의식 결정론적 관점이나 행동주의적 관점과는 차이가 있다.

셋째, 로저스는 개인이 자신에 대하여 가지고 있는 조직적이고 지속적인 인식을 "자기(self)"라고 정의하였다. 자기는 인간의 경험의 조합체이며 감정의 근원이다. 자기는 인간에게 그가 아는 범위 내에서 삶에 대해 특정한 방식으로 반응하는 것을 허용한다. 자기는 로저스의 성격이론에서 중요한 구성개념이며 인간행동을 이해하는 데 불가결한 요소이다. 그에 의하면 자기는 개인의 전체적 현상적 장 또는 지각적 장에서 분화(differentiation)된 부분이며(Rogers, 1951), 개인의 의식적 지각과 가치를 포함한다. 자기는 현재 자신이 어떤 존재인가에 대한 개인적 판단 또는 개념으로 자기 자신에 대한 상(self-image)이다(Rogers, 1961). 이것은 자신의 현재 모습에 대한 지각뿐만 아니라 자신이 되어야 한다고 생각하거나 되고자 생각하는 것까지 포함하는 것이다. 로저스의 관점에서 자기는 자신을 포함한 전체적인 현상학적 장에서 인식된 환경 속에서 자신을 인식한 결과 분화된 '나'에 대한 일련의 의식과 가치를 의미한다. 개인의 이러한 자기상은 개인이 현상을 인식하고 유기체가 반응할 때 자기 자신의 자기상에 부합하게 인식하고 반응하게 한다는 점에서 가장 중요한 성격의 구성요소 중 하나이다. 로저스는 인간의 자기개념은 항상 정형화된 형태적 특성을 지니고 있기 때문에 시간의 흐름에 따라 개인이 변화한다고 하더라도 인간은 자신이 이전과 똑같은 사람임을 느끼는 확고한 내적 감정을 보유하고 있다고 하였다. 이렇게 유지된 일관성의 총체적 특징이 개인의 성격 특성으로 나타난다. 그러므로 자기는 성격구조의 중심이며 성격발전의 핵심이라고 할 수 있다.

(2) 자기실현 경향성

자기(self)는 로저스의 성격이론에서 가장 중요한 구성개념이다. 그러나 그의 이론에서 자기에 대한 강조가 항상 우선되지는 않는다. 그에 의하면 자기는 개인의 전체적 현상적 장 또는 지각적 장에서 분화(differentiation)된 부분이며(Rogers, 1951), 개인의 의식적 지각과 가치를 포함한다. 자기가 분화되기 전인 갓난아이는 본인의 내적 경험 또는 자신이 처해서 인식하고 있는 주관적 세계를 분리해서 이해하지 못한다. 인간이 본능적으로 타고나는 자기실현 경향이 아기로 하여금 경험적 잠재력을 확대하도록 함에 따라 부모와 같은 중요한 타인과의 상호작용이 일어나게 되고 이러한 상호작용의 결과 아기의 유기체적 경험의 일부가 '자기' 또는 '자기개념'으로 분화된다. 즉, 인간은 태어날 때는 자기가 분화되지 않지만, 성장하면서 부모나 중요한 타자와의 상호작용을 통해서 타자와 분리된 자기를 인식하고 자기상을 형성하게 된다.

로저스는 자기와 자기개념을 비슷하게 사용하는데, 자기개념은 그의 이론에서 인간행동을 이해하는 데 중요한 개념이다. 자기개념은 현재 자기가 어떤 사람인가에 대한 개인의 개념을 나타내며, 그 자신의 자아상을 의미한다.

로저스의 인간중심 이론에 따르면 자기를 형성하는 과정에서 인간은 총체적 자기형성의 경험을 성공적으로 이끌어 가기 위해서 타인으로부터의 긍정적 관심과 관대한 반응을 필요로 한다. 프로이트의 정신분석학에서 인간의 행동의 근원을 생리·성적 에너지로 본 것에 비해 로저스는 인간행동의 근원을 자아실현의 욕구로 보았다. 자아실현의 욕구는 현상학적 장에서 자기의 이미지를 유지하고 증진시키려는 욕구로서, 로저스는 자기실현의 욕구와 이러한 욕구성취를 가능하게 하는 성장잠재력을 선천적인 것으로 간주하였다.

로저스에 따르면 인간은 본능적으로 자아실현의 욕구가 있는데, 이러한 자아실현의 욕구는 다면성을 가진다. 첫째, 자기유지(self-maintenance)는 자기의 자아상을 훼손시키지 않고 최소한 현재 상태를 유지하려는 욕구를 말한다. 자아상의 기반을 상당 부분 성적에 두고 있는 학생이 최소한 지난 학기 정도의 성적을 유지해서 자아상에 훼손이 가지 않도록 노력하는 경우를 들 수 있다.

둘째, 자기향상(self-enhancement)은 자기의 자아상을 현재의 것보다 긍정적인 이미지로 변화시키려는 욕구를 말한다. 앞의 예처럼 자아상 기반의 상당 부분을 성적에 두고 있는 학생이 이번 학기에는 지난 학기보다 성적을 더 잘 받아서 본인의 자아상을 좀 더 긍정적으로 향상시키려고 노력하는 것을 들 수 있다.

셋째, 자아실현(self-actualization)의 개념은 인본주의 심리학의 기본 전제로서 골드스타인, 매슬로우, 그리고 로저스에 의해 발전된 개념이다. 로저스에 따르면 인간은 외적인 힘에 의존하고 통제받기보다는 독립성, 자기책임성, 자기규제, 자율성 및 자아통제가 높은 수준으로 나아가려는 경향이 있다. 자아실현의 과정은 자신을 창조하는 과정이고, 갑자기 달성될 수 있는 것이 아니라 점진적으로 완성되는 특성이 있다. 자아실현은 자아상을 훼손할 수 있는 허기를 면하기 위해서 음식물을 섭취하는 것이나 신체적 손상을 방지하기 위해 방어하는 등의 단순한 차원에서부터 자기의 목적을 달성하여 원하는 자아상을 이루려는 적극적 차원까지를 포함한다. 이러한 의미에서 자기유지와 자기향상은 자아실현을 위한 과정으로 이해할 수 있다. 사람에게는 본인이 현재 인식하고 있는 자아상인 현실적 자아와 나중에 어떻게 되고 싶다는 미래 지향적인 이상적 자아가 있는데, 이러한 현실적 자아와 이상적 자아의 차이를 줄여나가는 것이 자아실현의 과정이라고 이해할 수 있다.

(3) 완전히 기능하는 사람

로저스가 생각하는 건강한 인간 혹은 이상적인 인간은 자기실현하는 사람이라고 할 수 있는데, 자기실현은 하나의 상태가 아닌 과정이다. 한편 자기실현을 하고 있는 사람은 진정한 자기 자신이 되며 자기가 아닌 어떤 것을 과장하거나 진정한 자기의 일부를 숨기지 않는다. 이러한 사람을 로저스(Rogers, 1961)는 "완전히 기능하는 사람(fully functioning person)"이라고 불렀다. 로저스에게 있어 완전히 기능하는 사람은 상담과 교육의 이론적 목표이며, 개인의 성장과 이상적인 삶의 최종점이다(Rogers, 1961; 1969). 완전히 기능하는 사람은 심리적 발달과 사회적 진화의 바람직한 결과이다(Schultz & Schultz, 1994).

로저스의 인간중심 이론은 지신의 잠재력을 인식하고 능력과 자질을 발휘하여 자신에 대한 완벽한 이해와 경험을 풍부히 하는 방향으로 이동해 나가는 사람을 '완전히 기능하는 사람(fully functioning person)'이라고 하였다(주은선, 2009). 인간중심 이론의 인간관을 반영하여 로저스는 이러한 완전히 기능하는 사람은 공통적으로 다음과 같은 중요한 특성을 가지고 있다고 하였다.

첫째, 경험에 대한 개방성이다. 즉, 경험을 함에 있어 규제를 받지 않은 상태에서 자신의 감정과 태도를 자율적으로 경험할 수 있어야 완전히 기능하는 사람이 될 수 있다. 경험에 개방적이라는 것은 개인이 지금까지 부인해 왔던 경험들을 인식하고 그것을 자신의 경험으로 수용하는 것을 의미한다. 로저스는 상담에서 내담자의 이러한 변화가 상담의 가장 큰 특징 중의 하나이자 가장 중요한 변화 중의 하나라고 하였다(Rogers, 1951). 완전히 기능하는 사람은 자신의 본성에 대해 모든 것을 알고 있으며 성격의 어떤 면도 차단하지 않는다. 그래서 성격은 생활이 주는 경험을 잘 받아들일 뿐만 아니라 지각과 표현의 새로운 길을 열기 위해 그 경험들을 활용하는 데에도 융통성이 있다.

둘째, 실존적 삶을 사는 사람이 완전히 기능하는 사람이 될 수 있다. 완전히 기능하는 사람은 고정된 자아를 갖지 않으며, 경험을 다스리거나 조정할 필요도 없기 때문에 경험에 자유롭게 참여할 수 있다. 또한 완전히 기능하는 사람은 삶의 순간순간에서 보다 충실하게 살고자 하는 경향, 즉 실존적 삶의 태도가 증가하는 과정에 있다. 그는 자신의 새로운 경험에 대하여 방어적이지 않고 충분히 개방적인 사람이며, 삶의 순간이 새로운 것이라는 것을 깨달을 수 있다. 즉, 모든 경험을 이전에 경험해 보지 못했던 새로운 것으로 느끼면서 경험에 대한 의도적 구조가 없는 삶을 사는 사람이 완전히 기능하는 사람이 될 수 있다.

셋째, 자신의 유기체에 대한 신뢰가 있는 사람이 완전히 기능하는 사람이다. 앞서 말한 바와 같이 경험에 개방적인 사람은 자기 자신이 경험하는 모든 측면들을 부인하거나 왜곡함 없이 있는 그대로 받아들인다. 그는 자기 자신, 즉 유기체의 경험과 판단을 신뢰하는 사람이다(Rogers, 1961). 자신을 신뢰하기 때문에 자신이 옳다고 느끼는 대로 행동하며 그것이 이성적이거나 지적인 요소들보다 더 믿을 만하다고 생각한다. 이러한 의미에서 만족스러운 행동에 도달하는 원동력은 내가 지향하는 바가 맞고 반드시 도달할 수 있다는 자신감이다.

넷째, 환경이나 과거에 매이지 않고 자기의 통제력을 믿는 자유감을 가지고 있는 사람이 완전히 기능하는 사람이다. 외적인 압력이나 강압으로부터 자유롭고, 자신의 내적인 혹은 잠재적인 긴장이나 근심으로부터도 자유로운 사람이다(Rogers, 1951). 또한 인생을 자유롭게 선택하며 살아간다. 그것은 자기가 세계를 형성시켜 나가는 주체가 된다는 것을 의미한다. 이러한 자유감은 로저스의 인간 이해에서 자율성의 의미로서 자율적인 인간은 비순응적이며 독자적인 사람이다. 그는 자발적으로 선택하고 자신의 의지에 따라 학습하며, 자신의 상황과 자기 자신에 대하여 스스로 책임을 지는 사람이다(Rogers, 1961). 선택과 행동에 대한 자유의식을 가지고 있고 삶에 대한 개인적인 지배감을 즐기며, 미래는 일시적인 생각이나 환경 또는 과거의 사건들에 의해 결정되는 것이 아니라 자기 자신에게 달려 있다고 믿는다.

다섯째, 완전히 기능하는 사람은 창조성이 있다. 완전히 기능을 발휘하는 사람은 그의 삶 속에서 창조적 산물과 삶의 방식이 나타난다(Rogers, 1969). 창조적인 사람은 문화 내에서 건설적이고 만족하는 삶을 창조하지만 자신의 문화에 필연적으로 적응할 필요는 없다. 그들은 전쟁이나 자연적인 재앙과 같은 충격적인 변화까지도 대처할 수 있는 창의성과 자발성을 가지고 있다. 즉, 완전히 기능하는 사람은 자율적인 사람이므로 남들로부터의 인정에 별 관심이 없기 때문에 자기 자신이 존재하는 모든 영역에서 창의적 소신과 삶으로 스스로를 표현할 수 있으므로 완전히 기능하는 사람이 될 수 있다.

여섯째, 완전히 기능하는 사람은 통합된 전인적 인간이다. 그는 존재의 가장 깊은 차원에서부터 가장 표면적인 차원에 이르기까지 완전한 통합성을 가진다. 로저스에 따르면 통합된 전인적 존재란 신체적 측면, 지적 측면, 감성적 측면과 인간관계적 측면 모두를 포괄하는 의미이다. 그러나 로저스는 상담에서 인지적인 측면보다는 감성적인 측면에 더 비중을 두었다. 그는 유기체의 지적인 측면보다 비지적인 측면(a-logical or non-logical)을 더욱 신뢰한다(Rogers, 1961). 즉, 인간의 지적인 인식보다 유기체의 감지능력을 더 신뢰할 만한 것으로 간주한다.

3) 로저스의 이론에 대한 평가

로저스는 초기에는 정신분석이나 랭크의 기능주의 접근법 등 다양한 치료 방법들에 관심을 가졌다. 그러나 당시의 심리치료 분야의 주류였던 정신분석과 지시적인 상담에 회의를 느끼면서 클라이언트를 위한 독특한 관점을 개발시켜야 함을 인식하여 클라이언트 중심의 비지시적인 치료방법을 개발하였다. 로저스의 이론은 인간을 수동적 존재로 보는 무의식 결정론적 관점이나 환경결정론적인 행동주의적 관점과는 다르게 인간을 합리적이고 창조성을 가진 목적 지향적 존재로 인식한다. 또한 심리치료의 영역에 대한 연구의 새로운 문을 열었을 뿐만 아니라 일선에서 서비스를 제공하는 사람들의 실천적 자세 측면에서 전환점을 마련하였다. 추가 이론의 발달과 실천적 개입에 큰 영향을 끼쳤지만 이론의 한계도 지적된다. 여기서는 로저스의 이론을 긍정적 평가와 부정적 평가로 나누어 고찰해 본다.

(1) 긍정적 평가

로저스는 클라이언트를 위한 독특한 관점을 개발시켜야 함을 인식하여 인간 중심의 비지시적 치료방법을 개발하였다. 로저스와 같은 인본주의 이론가들은 개인 존재의 고유성이나 개인의 잠재력과 내적 욕구에 중요성을 두고 있으며, 개인의 자아개념이나 잠재력을 극대화할 수 있는 개인의 능력에 초점을 두고 있다. 성격 발달에 관한 로저스의 이론은 현상학적 자기에 초점을 두고 있다. 현상학적 자기란 각 사람이 자기만의 고유한 방법으로 인식하는 자기에 관한 이미지이다. 잘 적응하는 사람은 자신이 어떻게 진실되게 행동하고 생각하며 경험하는지를 정확하게 인식하는 사람이다. 반면에 부적응적인 사람이란 자기 이미지와 현실 사이에 부조화를 이루어서 결국은 심한 불안 상태가 되어 버리는 사람이다(Rogers, 1961).

상담의 효과를 측정했다는 점도 로저스의 공헌 중의 하나이다. 로저스 이전의 심리학자들은 사회현상을 관찰할 때 모집단의 대표성을 지닌 샘플보다는 주변의 사람들을 대상으로 관찰하였고, 데이터의 수집과 분석에서도 경험적이고 실증적 방법보다는 주관적 방법을 많이 사용했다. 하지만 로저스는 상담의 효과 측정을 위해 자아일치의 정도를 경험적으로 측정하여 통계를 이용하여 분석하였다.

또한 인간의 중요성을 부각시킴으로써 성격이나 행동 형성에 있어 인간 개인 내적 특성의 중요성을 강조하였다. 로저스는 타인으로부터의 부정적 평가는 부정이나 왜곡과 같은 심리적 방어기제를 발전시켜 결국은 정신병리를 발생시키므로 무조건적인 긍정적 관심을 주고받는다면 그 개인은 완전히 기능하는 사람으로 발전하고 건강한 자아 구조를 발달시킨다고 보고 있다. 프로이트의 정신분석이론 및 관련 이론들이 대부분 의료·생리학에 바탕을 두고 있었던 반면, 로저스는 역사, 신학, 심리학 등을 전공한 사람이었다. 즉, 로저스는 이전에 주로 의사자격증이 있던 사람들에 의해서 의료 행위의 일환으로 진행되던 심리치료를 의학 분야를 넘어 심리학 및 관련 분야에서 참여할 수 있는 중요한 기틀을 마련하는 데 공헌하였다. 로저스의 이론은 이론보다는 치료기법에 더 많은 영향을 끼쳤으며 치료적 관계의 구성요소로서 비위협직 환경, 비심판직 태도, 공김과 진실성, 무조긴적 긍정적 괸심, 문제해결사로서의 클라이언트에 중요성을 두고 있다.

(2) 부정적 평가

이와 같은 긍정적 평가에도 불구하고 로저스의 이론은 다음과 같은 비판도 받는다. 첫째, 로저스의 이론은 정서적 및 감정적 요소를 크게 강조하는 반면에 지적 및 인지적 요인의 중요성을 상대적으로 간과하는 경향이 있다. 클라이언트가 자신의 문제를 해결하는 방식에 초점을 두지 않고 문제에 관한 클라이언트 자신의 인식과 이해를 증가시키려는 통찰 지향적 접근이기 때문에 대안 제시가 어렵고 개입의 효과성을 파악하기 어렵다. 둘째, 인간의 창조성과 합리성을 신뢰하여 특정 기법을 개입과정에서 사용하는 것을 권하지 않으므로 심리검사나 효율적 변화를 위한 개입기술을 사용하지 않는다. 또한 치료자는 비지시적이어야 하기 때문에 상담의 주제를 제시하거나 어떤 제안을 하지 않고 해석도 하지 않아야 하는 반면에 클라이언트가 면접의 방향을 잡아야 할 책임이 있고, 상담자가 비언어적 의사소통을 통하여 교묘하게 클라이언트를 유도하는 경우가 있다. 셋째, 심리검사를 하지 않으므로 객관적 정보를 사용하여 내담자를 도와주는 면이 부족하고 개입기술 사용을 자제하므로 치료의 효과성이 떨어질 수도 있다는 비판을 받는다. 또한 우울증, 슬픔, 수치심과 같은 정서적 문제가 왜 일어나는지를 설명하지 못하며 야뇨증, 지나친 음주, 공격적 행동, 폭력행동 등 같은 문제행동의 이유를 설명하지 못하고 있다.

넷째, 로저스는 중요한 개입기법으로 수용, 감정이입, 경청 등을 중시하는데 이러한 개입기법이 모든 내담자들에게 효과적이지는 않을 수 있다. 즉, 인본주의적 인간관에서는 인간이 합리적이고 미래 지향적이기 때문에 어느 정도 현실적 자아와 이상적 자아의 차이를 스스로 줄일 수 있을 것이라고 기대할 수 있다. 하지만 자폐증 환자의 경우는 경청하는 상담보다 지시적 상담이 효과적이라는 결과도 있어서 지속적인 수정 보완이 필요하다. 다섯째, 로저스의 현상학적 장에서는 객관적 환경일지라도 유기체가 인식해서 수용하는 방법이 변하면 행동이 변한다고 보는데, 이러한 이해는 환경의 작용을 지나치게 경시할 위험성이 있다. 클라이언트는 긍정적이거나 부정적인 결과로부터 자유로운 치료 환경 내에서 반복적으로 자신의 관심사를 이야기하기 때문에 클라이언트의 문제가 감소하고 결국에는 긍정적 변화가 발생한다. 이러한 현상은 오히려 환경을 중요시하는 학습이론적인 관점에서 해석될 수 있는 부분이다.

2. 매슬로우의 욕구위계이론

1) 욕구위계이론의 기본 관점

아브라함 매슬로우(Abraham Maslow)의 이론도 인본주의로 분류되는 것에서 추측할 수 있듯이 그의 인간관이나 기본적 관점도 로저스의 이론과 일맥상통한다. 인본주의 이론의 가장 중요한 관점 중의 하나는 각 개인은 유일하면서도 통합관 전체로서 연구되어야 한다는 것이다. 또한 인간행동을 연구하는 데 인간을 대상으로 이론화해야 하며, 인간의 창조성은 인간이 태어날 때부터 잠재적으로 가지게 되는 인간 본성의 공통적 특질이라는 것이다. 매슬로우는 인간이 근본적으로 선하며 존경받을 만하고, 그들은 만약 환경조건이 적당하기만 하면 그들의 잠재능력을 실현해 나가려 한다고 보았다. 또한 인간에 대해서 희망적이고 낙관적인 견해를 가지고 있어서, 인간이 환경을 능동적으로 창조할 수 있는 존재라고 인식하였다(Maslow, 1987; 오혜경, 2009). 또한 인간은 누구나 내부에 건전하고 창조적인 성장을 위한 가능성을 가지고 있고, 개인적 성취와 자아실현을 위해서 노력한다고 믿는 인간에 대한 긍정적 신념을 가지고 있다(정태연 · 노현정, 2005). 이러한 인간에 대한 신뢰의 바탕에는 인간이 자신의 행동, 정서, 사고를 조직할 수 있는 역동적 성격구조를 가지고 있어서 의식적 정신 과정을 통해서 개인의 행동을 통제할 수 있다는 신념이 깔려 있다.

자아실현이론은 인간이 자신의 잠재력을 최대한 발휘하여 성격의 성숙을 포함한 자신의 성장과 발전을 기하며 자기가 원하는 사람이 되도록 하는 것과 관련된 성격이론이다. 이러한 관점은 프로이트의 정신분석이론의 수동적인 무의식 결정론이나 행동주의의 환경결정론적 관점과 차별화되는 인본주의 이론의 중요한 특징이다. 이 이론은 세 가지의 명제를 가지고 있다. 첫째, 인간은 부족한 존재이다. 인간은 항상 무엇을 원하고 있으며, 한 가지 욕구를 충족하면 새로운 욕구를 계속해서 요구하게 된다. 둘째, 이미 충족된 욕구는 인간행동의 동기를 유발하는 요인이 아니다. 셋째, 인간의 욕구는 일련의 단계(a series of levels) 내지 중요성의 계층제(a hierarchy of importance)로 배열할 수 있다. 대부분의 사람들이 추구하는 욕구들은 사람에 따라서 서로 다르기는 하지만, 이를 분류하면 몇 가지 공통된 범주로 나눌 수 있고, 보편성이 있는 공통적인 욕구들은 충족되어야 할 순서대로 위계적 형태로 계열화되어 있다.

2) 주요 내용 및 개념

(1) 욕구

프로이트가 인간행동의 근원을 심리적 성적 에너지로 이해한 것처럼, 매슬로우는 욕구가 인간이 살아가는 데 꼭 필요한 것이며, 이를 충족시킴으로써 만족을 얻는 일종의 본능과 같은 것이라고 이해하였다(오해경, 2009). 인간행동은 개인의 삶을 가치 있게 만드는 개인적인 목표를 추구하려는 경향 속에서 설명할 수 있으며 이러한 목표는 욕구의 위계체계 속에서 상위욕구를 추구하려는 경향으로 나타난다. 욕구는 선천적인 것이지만 욕구를 충족시키기 위해서 인간이 하는 행동은 후천적으로 학습된 것이므로 개인에 따라서 상당한 차이가 있는 것으로 이해하였다. 즉, 동일한 수준의 욕구가 표출되었더라도 이를 해소하기 위한 행동을 하는 것은 개인이 상황을 어떻게 인식하느냐에 따라 다르다.

인간의 욕구는 본능적이며 그것은 강도, 유용성, 중요성 등의 우선순위에 따라 일종의 계층적인 단계로 배열되어 있고 가장 기본적인 욕구부터 시작하여 그것이 만족되면 더 높은 단계의 욕구를 추구하고자 한다. 매슬로우는 인간의 행동을 활성화시키는 다섯 가지 타고난 욕구를 제안하였는데, 이러한 인간행동의 근원이 되는 욕구를 생리적 욕구, 안전의 욕구, 애정과 소속의 욕구, 자존감의 욕구, 그리고 자아실현의 욕구로 구분한다. 생리적 욕구나 안전의 욕구와 같은 하위차원의 기본적 욕구가 충족되지 않으면 생리적, 심리적 역기능이 발생하여 혼란상태에 빠지게 되고, 이러한 기본적 욕구가 지속적으로 충족되면 역기능과 혼란상태를 예방하고 건강하고 성숙한 상태를 달성하게 된다. 생리적 욕구가 충족되어야 안전의 욕구가 생기는 것처럼 특정 상위욕구의 충족을 위해서는 사전에 보다 근본적인 하위욕구의 충족이 이루어져야 하는데, 이러한 매슬로우의 이론을 욕구위계이론이라고 한다. 이 이론에 따르면 하위욕구가 충족되면 다음 단계의 욕구에 의해 동기유발이 되며 상위욕구가 강하게 일어나려면 하위욕구가 어느 정도 충족되어야 한다. 욕구위계이론을 자세히 살펴보면 다음과 같다.

(2) 욕구의 위계

매슬로우에 의하면 인간은 살아가는 데 필요한 욕구들인 생존적 경향의 욕구 충족을 바탕으로 궁극적으로 자아실현을 하려고 하는 경향을 가지고 있다(정태연 · 노현정, 2005). 그러므로 인간을 본능적으로 생존적 경향의 욕구를 충족한 바탕 위에 궁극적으로는 자아실현을 위해서 노력하는 존재로 인식한다. 이러한 인식에 바탕을 두고 매슬로우는 ▌그림 9-1▐과 같은 욕구의 위계구조를 제시하였다(Maslow, 1987).

▌그림 9-1▐에서 나타난 것처럼 매슬로는 생리적 욕구, 안전의 욕구, 애정과 소속의 욕구, 자존감의 욕구를 인간의 생존에 필요한 욕구로 보고 생존적 경향의 욕구로 분류하는 한편, 자아실현의 욕구를 인간이 추구하는 가장 상위단계의 욕구로 간주하고 실현적 경향의 욕구로 분류하였다. 생존적 경향이란 인간의 생존을 생리적 차원에서 유지하려는 경향이고, 실현적 경향이란 생존의 욕구가 충족되어야 성취 가능한 것으로 인간이 자신의 잠재능력, 기능, 재능을 발휘하여 성장욕구를 충족하려는 경향을 말한다.

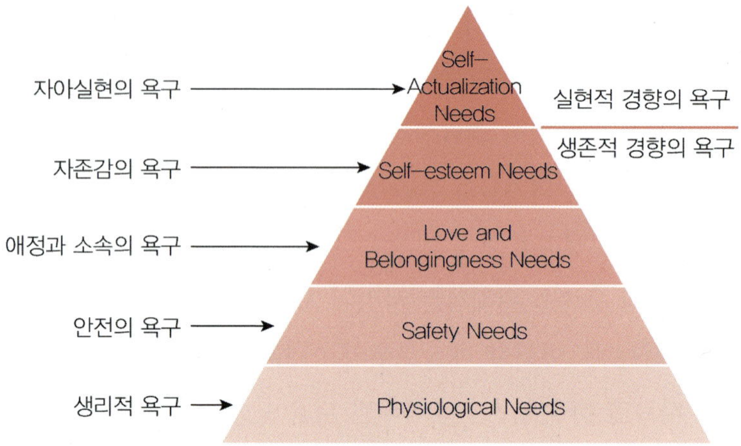

그림 9-1 매슬로우의 욕구 5단계

① 생존적 경향의 욕구

생존적 경향의 욕구에서 가장 기본적인 것은 '생리적 욕구(physiological needs)'이다. 생리적 욕구는 삶을 영위하기 위한 기본이 되는 필수적인 욕구이며, 욕구들 중 가장 강력하여 이를 충족시키지 못한 사람은 다른 욕구들보다도 생리적 욕구가 우선적인 동기의 원인이 된다. 생리적 욕구는 생물학적 유지와 직접적으로 관련되어 있는 것으로 의식주 욕구, 성적 욕구, 수면 욕구, 휴식 욕구, 배설 욕구 등 생리적 균형을 유지하는 데 요구되는 기본적 욕구이며 생명을 유지하는 데 없어서는 안 될 욕구들이다. 생리적 욕구는 인간행동을 이해하는 데 매우 중요하다. 이것은 인간의 욕망을 지배하고 있으며, 만일 이것이 제대로 충족되지 못하면 사회의 가치나 도덕이 지켜지기 어려워진다.

생존적 경향의 가장 하위단계의 욕구인 생리적 욕구가 어느 정도 충족되고 나면, 인간은 신체적, 정신적 위험에 대한 공포나 위험으로부터의 보호, 경제적, 사회적 안전 지속 및 현재상태의 보전 등 기존의 생존 욕구의 위협에서 벗어나 안정을 찾으려는 욕구를 가지게 된다. 이러한 욕구를 '안전의 욕구(safety needs)'라고 하는데, 자기 자신을 외부의 위협으로부터 안전하게 보호하고자 하는 육체적 안전과 심리적 안정에 대한 욕구를 일컫는 말이다. 이것은 개인이 환경 내에서 확실성, 정돈, 질서, 예측성 등을 알맞게 보장받기 위한 동기에서 나타난다. 안전의 욕구는 아동 생활에 중요한 요소이지만 성인이 되어서까지도 커다란 영향력을 갖게 되며 직업, 저축, 보험, 철학, 종교 등과 관련되어 있다.

생리적 욕구와 안전의 욕구가 어느 정도 충족되고 나면 인간은 집단에 소속되거나 사랑이나 우정 또는 애정을 얻고 싶어 하는 욕구가 생긴다. 이러한 욕구를 '애정과 소속의 욕구(love and belongingness needs)'라고 한다. 이 단계에서는 남들과의 애정, 가족 내에서의 위치, 준거집단 등을 갈망하며, 집단의식이 개인의 주요한 목표가 된다. 생리적 욕구와 안전의 욕구가 대개 개인적 수준에서 충족될 수 있는 욕구임에 비해, 애정과 소속의 욕구는 다른 사람으로부터 사랑을 받고 다른 사람을 사랑하고자 하며 어떤 집단에 소속하여 집단의 구성원으로서의 역할을 수행하고자 하는 등, 대인관계를 통해서 서로 정을 교환하고 소속되기를 바라는 사회적 요구로서 유대감, 친분, 소속감 등이 이에 해당한다.

생리적 욕구, 안전의 욕구 및 애정과 소속의 욕구가 어느 정도 충족되면 사람은 자기 스스로 긍지나 자존감을 가지려 하는 욕구와 다른 사람들로부터 인정을 받고자 하는 욕구를 가진다. 스스로 성취감과 자긍심을 가지려 하는 자기 존중의 욕구와 타인으로부터 존중받으려는 사회적 명예 욕구가 이에 해당된다. 이러한 것은 '자존감의 욕구(self-esteem needs)'라고 하고, 이것은 어떤 중요한 책임을 맡아 잘 수행함으로써 자신의 가치를 스스로 인정하고 다른 사람으로부터도 존경을 받기를 원하는 욕구이다. 또한 자신을 긍정적으로 평가하려는 데에서 생기며 자기존중과 타인으로부터의 존경으로 분류된다. 자기존중은 자신의 능력에 대한 신뢰감, 성취감, 독립심, 자유 등을 느낌으로써 성취될 수 있고, 다른 사람으로부터의 존경은 명성, 주목, 지위,

긍정적 평판 등을 통해서 충족될 수 있다. 가장 건전한 자존감은 명성, 지위, 재산 등과 같은 외부요소에 의존해서 얻어내는 것이 아니라, 개인의 능력과 끊임없는 노력을 통하여 다른 사람으로부터 얻어낸 존경에 근거한다(Hjelle & Ziegler, 1994). 열심히 노력하여 많은 재산을 축적한 사람이 자신의 전 재산을 사회단체나 교육기관에 기꺼이 내어놓는 일은 바로 이러한 자존감의 욕구에서 나온 행동으로 이해할 수 있다.

② 실현적 경향의 욕구

생리적 욕구, 안전의 욕구, 애정과 소속의 욕구 및 자존감의 욕구가 어느 정도 충족되고 나면 사람은 자신이 잠재적으로 실현 가능한 최대한의 자신이 되려고 하는 욕구가 있다. 이러한 욕구를 '자아실현의 욕구(self-actualization needs)'라고 한다. 이 단계에 도달한 사람은 자기 자신의 능력, 재능, 잠재력을 충분히 발휘하기 위해서 노력한다. 자아실현이란 자아의 완전한 발달을 의미하며, 자신의 잠재력을 최대한 발휘하여 자기가 원하는 사람이 되고자 하는 것이다.

매슬로우는 사람들 중에서 약 1% 정도만 자아실현의 욕구를 실현할 수 있을 것이라고 했다. 자아실현을 이룬 사람들은 인간의 기본적인 욕구보다 더 높은 수준의 욕구를 추구하고자 노력하며 신경증과 같은 병리적 현상이 없고, 연령적으로도 중년이나 그 이상인 경우가 많다. 대부분의 사람들이 자아실현을 할 수 없는 요인으로 다음과 같은 것을 생각해 볼 수 있다. 첫째, 사람들이 잠재력의 존재와 자기 자신의 잠재력에 대해서 모르는 경우가 대부분이다. 둘째, 사람들이 자신의 능력을 의심하고 두려워하는 경향을 가져 자아실현을 할 수 있는 기회를 소멸하기 때문이다. 셋째, 사람을 둘러싸고 있는 사회적 환경이 생존적 경향의 욕구 충족에 위험요소로 작용할 수 있기 때문에 사회적 환경이 흔히 자아실현의 욕구 표출을 억눌러 버릴 수 있다. 넷째, 안전의 욕구가 가져다주는 강한 부정적 영향 때문이다. 즉, 사람들은 안전하다고 느끼는 경우 거기에 안주하는 경향이 있어서 자아실현의 욕구를 충족시키기 위한 동기유발이 되지 않을 수 있다.

(3) 욕구위계의 이해

매슬로우의 욕구위계이론은 1940년대 발표된 동기이론 중 하나이며, 인간의 보편적인 욕구를 다섯 가지 범주로 나누고 충족되어야 할 순서대로 위계적 형태로 배열하였다(Maslow, 1943). 욕구는 인간의 동기와 행동에 밀접하게 연관되어 있고, 성장과 발달에 중요한 역할을 한다(Ryan & Deci, 2017). 인간의 다섯 가지 욕구는 단순 목록이 아니라 계층이 있으며 단계가 있다고 보았다(김병구, 2012). 충족되지 못한 욕구는 인간의 다른 행동을 유도하고, 충족된 욕구는 행동을 유도하지 못하며, 인간의 욕구는 위에서 아래로 이동하거나 단계를 뛰어넘지 못하고 하위에서 상위로 움직인다(Maslow, 1943).

먼저 하위단계의 욕구가 어느 정도 충족되면 충족된 하위단계 욕구의 동기유발력은 현저히 약화되거나 잠재화되고, 한 단계 위의 욕구가 지배적 동기요인으로 부각된다. 예를 들면, 가장 기본적인 생리적 욕구가 어느 정도 충족되면, 안전의 욕구가 유발된다. 다시 안전의 욕구가 어느 정도 충족되면, 애정과 소속의 욕구가 유발된다. 그 다음 애정과 소속의 욕구가 어느 성도 충족되면, 자존감에 대한 욕구가 부각된다. 마지막으로 자존감에 대한 욕구가 어느 정도 충족되면, 최정상의 자아실현 욕구가 발현된다. 매슬로우는 약 1%의 사람들만 자아실현 욕구를 충족시킬 수 있다고 하였는데, 이러한 측면에서 자아실현이란 대부분의 사람들에게는 추구의 대상이자 궁극적 목표이지 결과적으로 달성할 수 있는 것은 아니다. 즉, 대부분은 완전한 자아실현을 할 수 없고, 또 달성된 자아실현이 항상 지속·유지되는 것은 아니다.

하지만 매슬로우가 제시한 자아실현자들에게서 나타날 수 있는 구체적 특징들을 살펴보면 자아실현을 이해하는 데 도움이 될 수 있다. 매슬로우는 정신적으로 문제가 있거나 신경증적 기질을 가진 사람들보다는 대중에게 본보기가 될 만한 사람들, 이를테면 아인슈타인, 애덤스, 루즈벨트와 같은 모범적인 인물을 탐구함으로써 인간의 동기 양상을 살펴보았다. 구체적으로는 가장 건전하고 건강한 상위 1%의 학생 집단을 대상으로 연구를 수행하여 자아실현자들의 특징을 다음과 같이 제시했다. 자아실현자들은 현실을 효율적으로 지각하고 불확실성을 참아낼 수 있고, 자기 자신과 타인들을 있는 그대로 받아들일 수 있으며, 사고와 행동에 자발성이 있다. 또한 자아실현지들은 자기 중심적이기보다는 문제 중심적이고, 좋은 유머감각이 있으며 매우 독창적이고, 속물이 되는 경향에 저항하며, 인간의 복지에 대해서 배려한다. 나아가 자아실현자들은 생활의 기본적인 즐거움을 음미할 수 있으며, 사람들과의 깊고 만족스러운 대인관계를 형성하고 삶을 객관적인 관점에서 바라보며 균형 있게 살아갈 수 있다.

3) 매슬로우의 이론에 대한 평가

(1) 긍정적 평가

매슬로우는 동기에 관한 이론을 개발하였는데, 특히 자아실현 동기의 역할을 깊이 연구하였다. 매슬로우에 따르면, 자기에 관한 고유성을 획득하는 경향을 가진 사람들은 자신이나 타인을 잘 수용하고 자발적이며, 강력한 문제 해결 능력을 소유하고 있고, 자율적으로 기능하고 자신의 환경을 인정할 줄 안다. 각 개인의 성격 차이성은 각 개인이 잠재적으로 가지고 있는 자아실현을 얼마나 성취하느냐에 따라서 달라진다. 매슬로우의 이론은 극소수의 사람들만이 자아실현을 이를 수 있다고 인식하면서도 대다수의 사람들이 완전한 인간성의 수준에 도달할 수 있는 가능성이 있다는 낙관적 견해를 가지고 있다. 이러한 인간에 대한 낙관적 견해는 로저스의 이론과 함께 인간을 무의식이나 환경에 의해 수동적으로 행동하는 존재로 보지 않고 창조적이고 합리적인 능동적 존재로 인식한 것이다.

매슬로우가 제시하는 인간행동에 관한 욕구 이론은 인본주의적 원리에 기반을 두고 있다. 욕구는 하위계층으로부터 상위계층으로 단계화되어 있으며, 상대적으로 높은 단계에 있는 욕구가 충족되기 위해서는 그 이전의 단계에 있는 욕구가 충족되어야 한다. 최상위단계에 있는 자아실현 욕구는 에릭슨이 제시한 인생의 마지막 발달 단계를 성공적으로 해결한 것과 비슷해 보인다. 사람들은 기본적인 생리적 욕구가 채워져야 다른 욕구를 채우기 위한 에너지를 발견할 수 있기 때문에 매슬로우의 이론은 설득력이 있다. 이러한 인간에 대한 긍정적 견해는 이후 인간의 긍정적 측면에 초점을 맞추고 개입하는 강점관점의 실천이론들에 영향을 주었다. 매슬로우는 자아실현의 과정을 다양한 요소들과 연계하여 다차원적으로 이해한다. 이러한 것은 로저스가 자아실현이라는 유일한 동기를 가지고 인간행동을 설명하려고 하는 데 비해 신체·심리·사회적 다양한 요소를 통합적으로 고려하여 인간행동의 동기를 설명하고 있다는 점에서 진일보했다고 평가할 수 있다.

(2) 부정적 평가

사람들이 기본적인 생리적 욕구를 먼저 충족하려고 하지 않는 경우도 있다. 소위 '배고픈 예술가'처럼 자신의 예술활동에 전념하기 위해 음식과 잠을 전폐하는 경우가 그 예이다. 어떤 사람들은 자신의 정치적 투쟁을 위해 개인적인 안전을 돌보지 않는 경우가 있다. 또한 세계 도처에는 많은 사람들이 빈곤과 박탈로 고통당하고 있지만, 그들 중 많은 사람들은 여전히 타인과 사회에 소속감을 가지고 정서적 유대감을 맺고 있으며, 자존감을 유지하고 있다. 이는 안전하고 보장된 환경에 있지 못하는 사람이라고 해서 타인과의 의미 있는 관계를 맺지 못한다고 볼 수 없다는 뜻이다.

실제 현실을 살펴보면 대부분의 경우에 매슬로우가 제시한 다섯 가지 욕구들이 전부 충족되는 경우는 드물다. 일반적인 사람의 경우 다섯 가지 욕구들이 모두 부분적으로 충족되어 있는 것이 대부분이며, 상위욕구 계층으로 올라갈수록 욕구 충족의 수준이 낮아지는 것이 일반적이다. 역사적으로 보더라도 재난이 있던 시기에도 사람들은 긴밀하고 지지적인 공동체를 이룰 수 있었기 때문에 매슬로우의 욕구이론은 인간행동을 설명하는 데 제한성을 지니고 있다.

또한 자아실현에 관한 정보를 수집하는 방법에서 자료를 이끌어 내기 위한 표본이 모집단에 비해 너무 적기 때문에 일반화하기에 어려움이 있으며, 실험자료의 해석과 전기적 자료의 분석 방법이 명시되지 않았다. 또한 개념들의 명료성이 부족하고 모호한 점이 많다는 것과 자아실현의 욕구가 선천적인 것으로 보기에는 어려움이 있다는 문제가 있다. 위계적인 예를 들어보면, 한 개인의 생리적 욕구가 거의 달성이 되었다면, 안전의 욕구는 생리적 욕구보다 조금 달성되고, 애정과 소속의 욕구는 안전의 욕구보다 더 조금 달성되고, 자존감의 욕구는 애정과 소속의 욕구보다 더 조금 달성되고, 마지막으로 자아실현의 욕구는 아주 조금 충족되어 상위욕구로 갈수록 충족의 수준이 낮아진다. 비슷한 맥락에서 하위욕구의 충족에 의하여 상위욕구가 발로되는 방식은 점진적이다. 예컨대, 안전의 욕구가 조금밖에 충족되어 있지 않으면 사람은 안전에 신경을 쓰느라 애정과 소속의 욕구는 거의 나타나지 않을 것이다. 하지만 안전의 욕구가 절반 정도 충족되었다면 어느 정도 안전에 대해서 우려를 하기는 하지만 동시에 상위욕구인 애정과 소속의 욕구도 조금쯤은 나타날 수 있을 것이다.

매슬로우의 초기 이론은 이러한 현상들을 충분히 고려하지 않은 상태에서 욕구를 위계적으로만 이해하려고 한 한계가 있다. 최근의 연구에서는 진화론, 생물학, 인류학, 심리학 등의 다양한 학문을 바탕으로 욕구이론을 설명하려는 새로운 시도가 이루어지면서 매슬로우의 5단계 이외의 추가적인 욕구 피라미드가 나오고 있다. 예를 들면, 켄릭 등은 인간의 가장 궁극적인 목표는 자아실현이 아니라 배우자를 만나 자녀를 낳고 양육하는 번식 측면에 있다고 주장한다.

3. 인본주의 이론의 사회복지실천 적용

로저스는 궁극적으로 치료의 중요한 변인이 치료적 환경이라고 믿으면서 치료자들이 클라이언트에게 현상학적인 의미 있는 방식으로 클라이언트와의 관계에서 세 가지 조건을 제공하면 치료적 변화가 일어난다고 하였다. 치료자들이 갖추어야 할 세 가지 태도 또는 특성은 일치성(congruence of genuineness), 무조건 긍정적 관심(unconditional positive regard), 공감적 이해(empathic understanding)이다. 또한 로저스의 클라이언트 중심의 개입은 인간의 자율성, 변화 가능성, 긍정성 등의 인간관을 포함하고 있으므로 사회복지실천에서 사회복지사가 클라이언트를 이해하는 데 중요한 지침이 될 수 있다.

사회복지학에서 욕구(need)란 인간이 사회생활을 영위함에 있어서 충족시켜야 할 기본적 욕구를 나타내는 말이다. 사회복지실천에서 서비스나 정책의 단위가 욕구이다. 사회복지실천과 욕구는 불가분의 관계이다 그러므로 사회복지에서 매슬로우의 욕구위계는 이러한 이유로 자주 적용되고 있다.

인본주의 이론은 인간에 대한 일치성, 무조건적인 긍정적 존중, 공감적 이해에 기초한 효과적인 상담방법을 모든 사람이 이해하고 활용할 수 있는 방향으로 발전시키는 데 많은 공헌을 하였다. 그래서 이 치유방법은 오늘날 다양하게 적용되고 있다. 인간은 사회적이고 미래 지향적인 존재이며, 자기실현의 의지와 함께 선한 마음을 지니고 태어난다고 본다. 이러한 관점에서 인간은 일시적으로 혼란된 정서적 상황을 해결하기만 하면 자기 스스로의 힘으로도 정신건강을 되찾을 수 있는 능력을 지니고 있다고 간주한다. 따라서 인간 중심적 개입에서는 상담자만이 최선의 해결책을 모두 알고 있는 것처럼 권위적으로 개입하는 것을 거부하고, 내담자를 그 자체로 존중하고 내담자 자신이 문제 해결 능력을 가지고 있다고 믿기 때문에 문제 해결의 책임을 일차적으로 내담자에게 위임한다.

또한 인본주의 이론은 사회복지 분야와 상담 분야, 교육학 분야 등의 전문가들을 훈련하는 데 경청, 배려, 이해의 중요성을 강조하였다. 내담자의 자아실현에 대한 경향성을 인정하고 내담자를 믿음으로써 개입의 기법은 계획된 적극적인 것보다는 상담자가 내담자에 대해 공감적 이해를 하고 상담자의 가치판단 없이 내담자에 대해서 무조건적 긍정적 관심과 배려를 표현하는 등의 소극적 방법이 많이 사용된다. 인간 중심적 개입에서는 내담자가 어떻게 자신의 현실적 자아를 발견할 수 있고 어떻게 해야 본인이 간절히 되고 싶어 하는 존재가 될 수 있으며, 어떻게 내면적 나를 찾아 나 자신이 될 수 있는지에 대한 답을 얻기 위해서 상담자를 찾는다고 이해한다. 그러므로 상담자는 내담자가 이러한 질문에 대한 답을 얻음으로써 완전히 기능하는 사람이 되도록 도와주는 것이 치료의 기본 목표가 된다. 이러한 목표를 달성하기 위해서 상담자는 상담과정에서 상호 신뢰적 분위기를 조성하여 내담자가 거리낌없이 자기 자신을 공개하도록 함으로써 자신의 내면세계를 이해하고, 자신의 문제를 파악할 수 있도록 돕는 역할을 한다. 이러한 상담자와 내담자의 관계 속에서 내담자는 자신의 환경에 대한 왜곡된 지각을 수정하고 현실적 경험과 자아개념 간의 조화를 이룩하며, 궁극적으로는 지신의 능력과 개성을 최대한 발휘하여 자아실현을 촉진할 수 있게 된다.

상담자의 중요한 역할은 참다운 관계의 체험을 통해서 내담자가 자기탐색과 성장적이고 치료적인 경험을 할 수 있도록 분위기를 조성해 주는 것이다.

또 이 이론은 내담자의 내면세계, 즉 감정의 표현을 강조하는 반면에 지적 및 인지적 요인을 무시하는 경향이 있고 상담자는 내담자와의 상담 과정에서 가치중립적이어야 하나, 사람이 대인관계에서 전적으로 가치를 배제한다는 것이 과연 가능할 것인가에 대해 의문을 제기할 수도 있다. 이러한 역할을 수행하는 치료관계에서 핵심 부분을 차지하는 상담가의 인간적 특성 및 태도로는 첫째, 공감적 감정이입적 이해이며 이것은 치료 단계의 순간마다 표출될 수 있는 내담자의 경험과 감정을 상담자가 심리적으로 내담자의 입장이 되어 이해하려는 태도를 일컫는다. 둘째, 무조건적 긍정적 관심과 배려이며 내담자를 인격적으로 존중하여 그의 감정, 사고 행동을 평가하거나 판단하지 않는 상태에서 있는 그대로 받아들이는 것을 의미한다. 셋째, 상담자로서 갖추어야 할 가장 중요한 태도는 통합적 일치성과 솔직성이며 상담자가 자신의 부정적 감정을 표현할 뿐만 아니라 내담자가 표현하는 부정적 감정을 받아들일 수 있을 때 내담자와의 솔직한 감정교류가 가능해질 수 있으므로, 상담자는 내담자와의 관계에서 느낀 감정을 긍정적이든 부정적이든 솔직하게 표현할 수 있어야 한다.

사회복지실천과의 연관성에서는 인간본성에 대해 낙관적인 관점을 가지고, 실천가가 감정이입적·무조건적인 긍정적 관심으로 클라이언트를 수용하면 변화가 일어난다고 보았다. 이러한 클라이언트 중심 모델은 실천가와 클라이언트의 관계를 위계적, 지시적 접근에서 수평적, 인간적 관계로 전환시켰고 사회복지사와 클라이언트의 관계를 설명하는 데 중요한 기반이 되었다. 또한 개인과 집단에 대한 개입 모두에 활용할 수 있으며 클라이언트를 분석, 해석, 진단하지 않고 함께 지지적인 분위기를 갖도록 노력하므로 클라이언트에게 심리적 위협을 가중시킬 우려가 적어 다른 모델보다 안전하다고 여겨진다(오창순 외, 2015).

사회복지 실천관은 기본적으로 인본주의를 토대로 한다. 인본주의는 인간이 의식적 존재로서 이성적으로 생각하고 선택하며 자유롭게 행동할 수 있

04
PART

사회환경에 관한 주요 이론

10
CHAPTER

구조기능주의 이론

학습목표

1. 구조기능주의 이론의 기본 개념을 이해한다.
2. 구조기능주의 이론의 역사적 배경과 주요 학자들을 이해한다.
3. 체계의 구조와 기능 및 사회문제와 구조기능주의의 관계를 이해한다.
4. 사회체계의 개념과 중요성을 이해한다.
5. 각 사회체계의 특성 및 역할과 상호작용을 이해한다.

목차

이 장에서는 구조기능주의 이론과 사회체계에 대해 탐구하고자 한다. 이는 사회복지학에서 중요한 역할을 하며, 인간과 사회를 이해하는 데 필수적이다. 구조기능주의 이론은 사회를 유기체적 관점에서 이해하며, 사회의 각 요소들이 상호 의존하여 전체 시스템의 안정과 발전에 기여한다고 본다. 이 이론은 사회의 안정성과 균형을 유지하는 데 필요한 기본적인 요건들을 강조하며, 이를 통해 사회복지실천의 이론적 기반을 제공한다.

구조기능주의 이론은 콩트, 스펜서, 뒤르켐 등의 학자들에 의해 기초가 마련되었으며, 파슨스에 의해 포괄적인 사회학 이론으로 정립되었다. 파슨스는 사회체계를 유지하고 발전시키기 위해 네 가지 기능적 요건(적응, 목적달성, 통합, 잠재적 유형유지)을 제시했다. 적응은 사회가 환경 변화에 대응하는 능력이며, 목적달성은 공동 목표를 설정하고 달성하는 과정이다. 통합은 사회 구성원 간의 조화와 협력을 의미하며, 잠재적 유형유지는 사회의 가치와 규범을 지속적으로 유지하고 강화하는 것이다.

뒤르켐은 사회적 연대를 기계적 연대와 유기적 연대로 구분하며, 사회변동과 함께 이들 연대의 형태가 어떻게 진화하는지를 설명했다. 기계적 연대는 유사성에 기반한 단순하고 동질적인 사회를 의미하며, 유기적 연대는 복잡하고 이질적인 사회를 나타낸다. 구조기능주의 이론은 사회문제의 원인을 사회화 기능과 통제 기능의 실패로 보고, 이를 해결하기 위해 체계의 역기능을 개선하는 방향으로 접근한다.

사회체계는 인간행동과 사회환경의 상호작용을 이해하는 데 필수적이다. 사회체계는 개인과 집단이 상호작용하는 다양한 수준의 구조와 관계를 포괄하며, 이는 사회적 기능과 복지를 증진시키기 위해 설계된 복잡한 네트워크로 구성된다. 사회체계는 개인, 가족, 집단, 조직, 지역사회, 문화 등 다양한 수준에서 존재하며, 각 체계는 서로 영향을 주고받는다. 개인은 가족 내에서 성장하고, 집단과 조직에서 사회적 역할을 수행하며, 지역사회와 문화 속에서 생활한다. 이 모든 체계는 상호작용하며 개인의 삶에 영향을 미친다. 이 장에서는 각 사회체계의 특성과 역할을 이해하고 이를 바탕으로 사회복지실천에서의 적용 방안을 모색할 것이다. 예를 들어, 가족 체계는 개인의 초기 사회화와 정서적 지원을 제공하며, 집단과 조직은 사회적 역할 수행과 자원 교환의 장을 제공한다. 지역사회는 생활 환경과 사회적 네트워크를 형성하며, 문화는 사회적 가치와 규범을 전달한다. 각 체계의 특성과 역할을 명확히 이해함으로써 복잡한 사회 문제를 체계적으로 분석하고 해결하는 데 필요한 이론적 기반을 다질 것이다.

1. 구조기능주의

1) 구조기능주의 이론의 개요

구조기능주의 이론은 인간과 사회를 유기체적 관점에서 상호 의존하는 방식으로 기능을 수행하는 것으로 이해한다. 이 이론은 사회의 여러 요소들이 어떻게 전체 시스템의 안정과 발전에 기여하는지를 분석하며, 개인보다는 전체 체계를 중시하는 특성을 지닌다. 구조기능주의 이론은 사회복지에서 환경 속의 인간(person in environment) 관점과 유사하지만, 전체 체계가 개인 행위자를 통제하는 방식을 강조한다.

구조기능주의 이론은 사회를 하나의 유기체로 보고, 사회의 각 부분이 전체의 안정과 균형을 유지하는 데 기여한다고 본다. 이 이론은 1930년대 말부터 1960년대 초까지 미국에서 가장 영향력 있는 사회학 이론이었으며, 현재도 사회체계를 설명하는 주요 이론으로 받아들여지고 있다. 구조기능주의는 사회를 유지하고 발전시키기 위해 모든 구성 요소가 필수적인 역할을 한다고 보며, 이는 사회복지학에서도 중요한 시각을 제공한다.

구조기능주의의 주요 기여자는 콩트, 스펜서, 뒤르켐, 파레토, 말리노우스키 등이며, 파슨스에 의해 매우 포괄적인 사회학 이론으로 정립되었다. 파슨스는 사회체계를 안정성과 균형을 추구하는 하나의 체계로 보고, 체계가 생존하고 발전하기 위한 네 가지 기능적 요건을 제시하였는데, 이는 적응(adaptation), 목적달성(goal attainment), 통합(integration), 잠재적 유형유지(latent pattern maintenance)로 요약된다.

2) 주요 개념 및 기능적 요건

(1) 체계의 구조

구조기능주의에서 구조(structure)란 사람 사이의 사회적 행위(social action)가 반복되고 누적되어 만들어진 영속적이고 지속적인 유형을 의미한다. 파슨스는 사회 구조의 첫 출발점을 개인의 단위행위(unit action)라고 보았다. 개인은 사회의 규범, 가치, 상황적 조건의 요구를 다각적으로 검토하여 자발적으로 특정 단위행위를 선택하지만 사회규범 등의 영향을 받으므로, 사회는 질서와 통합을 유지할 수 있게 된다. 개인 단위행위는 다른 행위자의 단위행위와 상호작용을 하게 되면서 사회적 행위로 변환되며, 다시 사회체계를 형성, 규정하며, 이의 반복과 누적으로 사회 구조와 제도가 형성된다.

사회적 행위자인 개인은 자신의 인지, 정서, 평가적 동기와 인지, 정서, 도덕적 가치를 반영한 주관적이고 내적인 지향(internal orientation)에 따라 도구적, 표현적, 도덕적 행동을 주관적으로 선택하게 되며, 다른 행위자들과 상호작용을 하게 된다. 그런 상호작용이 반복되고 누적되어 일정한 유형을 갖게 되면 제도화(institutionalization)가 이루어지고, 지위와 역할 규범의 행위체계가 만들어진다.

파슨스는 사회의 행위체계가 문화체계, 사회체계, 인성체계, 행동 유기체라는 네 가지 차원으로 구성된다고 보았다. 파슨스에 의하면 구조는 곧 체계를 의미한다. 체계는 부분들과 그들 사이의 관계를 나타내며, 부분들의 관계가 결국 하나의 전체를 이루게 된다. 사회를 상호 관련된 제도들로 구성된 하나의 커다란 체계로 규정하는 배경에서 사회 구조는 사회체계와 동일한 개념으로 이해할 수 있다.

파슨스는 사이버네틱(cybernetic, 유기체의 자기제어 원리) 위계이론에 근거하여 AGIL 도식에 맞춘 일반적인 체계의 구조를 문화체계(L), 사회체계(I), 인성체계(G), 행동 유기체(A)로 정의했으며, 일반적인 체계의 네 가지 구조는 다음 두 가지 방식으로 체계 안에 통합되며 위계적으로 배열되어 있다. 첫째, 더 낮은 수준들은 더 높은 수준들에 필요한 에너지와 조건을 각각 제공한다. 둘째, 위계 내에서 더 높은 수준들은 그보다 낮은 수준들을 정보에 의해 통제한다.

(2) 체계의 기능

모든 유기체와 하위체계는 생존, 성장, 발전을 위한 내적 활동을 하며, 이때 다른 체계와 관계를 맺는 외적 활동을 수행한다. 파슨스는 사회체계의 기능적 요건을 AGIL 모형으로 제시하였다. 이는 체계의 요구를 충족시키려는 다양한 활동을 의미한다.

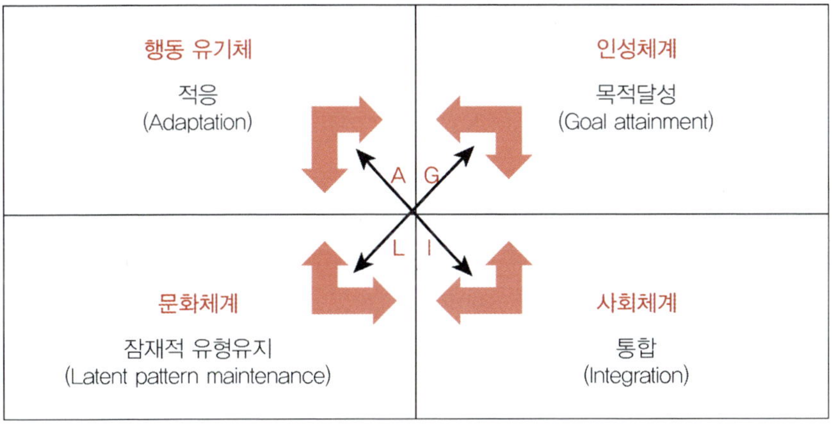

| 그림 10-1 | 구조기능주의 이론의 AGIL 모형

① A(Adaptation, 적응) : 체계가 환경의 요구에 대처하고 자원을 확보하며 배분하는 기능

② G(Goal attainment, 목적달성) : 체계의 목적을 정립하고 달성하기 위해 자원을 동원하는 기능

③ I(Integration, 통합) : 체계 부분 간의 상호작용을 조정하고 결속력을 유지하는 기능

④ L(Latent pattern maintenance, 잠재적 유형유지) : 개인의 행위동기를 유발하는 문화와 가치를 창출하고 지속시키는 기능

파슨스는 사회의 네 가지 행위체계의 구조와 기능을 다음과 같이 설명하였다.

① **문화체계**(cultural system) : 문화체계는 행위자에게 행동을 동기화할 수 있는 규범과 가치를 제공하여 잠재적 유형유지(L)의 기능을 수행한다. 문화체계는 사회 구성원 간 상호작용을 매개하여 인성체계와 사회체계를 통합하는 역할을 한다. 문화는 상징적이고 주관적이기 때문에 하나의 체계에서 다른 체계로 쉽게 전달되며, 학습과 사회화를 통해 인성체계와 사회체계 내에서 내면화된다.

② **사회체계**(social system) : 사회체계는 상호작용하는 다수의 구성원으로 형성된 체계를 의미하며, 관련 제도와 구성요소를 통제하여 통합(I)의 기능을 수행한다. 사회체계의 존속을 위해서는 다른 체계와 조화롭게 작동하고, 필요한 지원을 받아야 하며, 구성원들의 욕구를 충족시키고 적절한 참여를 유도하며, 잠재적으로 혼란을 초래할 수 있는 행동들을 통제해야 한다. 사회체계의 통제기능은 지위-역할의 부여, 힘의 사용, 사회적 안전망 구축 등을 포함한다.

③ **인성체계**(personality system) : 인성체계는 체계의 목표를 규정하고 이를 성취하기 위한 자원을 동원하는 기능(G)을 수행한다. 인성체계는 사회화를 통해 사회체계와 문화로부터 파생되지만, 독립적인 인생 경험을 통해 고유한 개체로 형성된다. 인성체계의 기본 요소는 욕구-성향(need-disposition)이며, 이는 행위동기의 중요한 단위로 작용한다.

④ **행동 유기체**(behavioral organism) : 행동 유기체는 체계의 위계 중 최하

위 구조로서, 유기체적 체계로 불리기도 한다. 인간을 유기체로 설정한 개념으로, 행위의 주체자로서 환경에 적응하고 변형시키는 기능(A)을 수행한다. 행동 유기체는 환경으로부터 자원을 얻어 다른 세 가지 체계에 제공하며, 적응적 기능과 가장 직접적으로 관련된다.

3) 사회체계와 사회변동

구조기능주의 이론은 사회의 안정적 구조를 강조하며, 사회변동을 긍정적인 방향으로의 발전으로 본다. 사회는 일정 수준의 통합을 확보해야 존속할 수 있으며, 행위체계 간의 적절한 상호교환이 이루어질 때 전체 체계는 유지, 안정, 통합된다. 구조기능주의 이론은 사회가 진화하면서 새로운 하위체계가 분화되고, 새로 분화된 하위체계는 이전보다 적응력이 높아져 사회문제에 더 잘 대처할 수 있다고 본다.

(1) 사회적 연대와 분업

뒤르켐은 사회적 연대(social solidarity)를 사회의 모든 성원이 공유하는 가치, 습관, 신념에 작용하여 사람들의 집단적 의식을 형성하는 사회적 결속으로 보았다. 그는 사회적 연대를 기계적 연대와 유기적 연대로 구분하였다.

① **기계적 연대**(mechanical solidarity) : 전통사회에서 사회구조가 단순하고 노동분화가 이루어지지 않아 개인과 타인이 생활양식의 동질성을 기반으로 정서적 공감대를 형성하는 사회적 연대이다. 이러한 사회에서는 집합의식을 위반하는 행위를 범죄행위로 처벌하여 사회통합을 유지한다.

② **유기적 연대**(organic solidarity) : 산업사회에서 노동이 분화되고 역할이 전문화됨에 따라 전통적 동질성에 기초한 인간관계가 무너지고, 개인

들 사이의 상호 의존과 상호 보완성에 기초하여 발생하는 사회적 연대 의식이다. 이러한 사회는 노동분화가 개별화되어 있고, 사회의 결속력은 기능적으로 상호 의존함으로써 성립된다.

뒤르켐은 산업사회는 직능단체의 관계망을 통하여 유기적 연대가 형성되고 새로운 도덕적 통합을 이룰 것이라고 예상했으나, 그의 예상과는 반대로 계급 분화와 사회불평등을 촉진함으로써 사회적 연대가 약화되고, 사회통합을 이루는 도덕적 기반이 약화되는 문제가 발생하였다.

(2) 아노미와 사회병리

아노미(anomie)는 사회의 급격한 변화와 위기 등으로 기존 가치관이나 규범, 윤리관 등이 와해됨으로써 개인이 겪게 되는 가치관이나 윤리관의 혼란 상태를 의미한다. 뒤르켐은 자살이 개별적 행위가 아닌 사회적 조건에 의해 발생하는 것으로 보고, 사회의 통합과 통제력의 정도에 따라 자살의 원인과 유형을 다음과 같이 분석하였다.

① **이기주의적 자살**(egoistic suicide) : 사회적 연대와 통합이 약화되었을 때 극도로 소외되거나 자신만 구원되기를 바라는 이기심에서 발생하는 자살

② **이타적 자살**(altruistic suicide) : 사회적 연대가 강하여 개인이 과도하게 사회에 통합되거나 사회 및 가족과의 연대감과 책임감이 강할 때 나타나는 자살

③ **아노미적 자살**(anomic suicide) : 급격한 사회변화나 사회적 위기로 인해 발생한 무규범 상태의 사회에서 나타나는 자살

④ **숙명론적 자살**(fatalistic suicide) : 사회적 규제가 너무 강할 때 나타나는 자살

아노미 현상은 지나치게 경직되고 개인의 자유재량을 인정하지 않는 사회에서 유발되며, 사회의 도덕적 규범과 단절되었을 때 느끼는 감정이다. 아노미 상태에서는 개인주의의 증대, 즉 집합의식의 약화가 만연하게 된다.

4) 사회문제와 사회복지 정책 및 실천

(1) 사회문제의 원인

구조기능주의 이론에서는 사회문제의 원인을 사회화 기능과 통제 기능의 실패로 본다. 사회화 과정의 결함, 상반된 사회화, 일탈된 하위문화에 사회화된 경우 사회문제가 발생할 수 있다.

① **사회화 과정의 결함** : 부모가 아동을 방치하거나 학교가 아동을 교육하기보다는 단순히 보호하는 기능에 치우칠 때

② **상반된 사회화** : 부모의 계층적, 인종적, 종교적 배경이 서로 다를 때 또는 하층계급이나 인종적으로 차별받는 사람들이 중간계층의 야망을 갖도록 사회화되었으나 행위규범과 야망을 성취하는 수단은 하층계급에 사회화되는 경우

③ **일탈된 하위문화** : 청소년 교도시설에서 청소년 범죄자와 함께 생활함으로써 상습적으로 범죄를 저지르도록 사회화되는 경우

또한 사회의 분배 기능의 결함으로 인한 사회적 불평등이 사회문제를 초래할 수 있다. 조세제도나 사회복지제도의 결함으로 사회의 일부 성원이 부의 분배와 사회적 보상을 불충분하게 받거나 거의 받지 못하는 경우도 사회문제를 일으킨다.

(2) 사회복지 정책과 실천의 함의

구조기능주의 이론은 사회성원의 가치합의와 통합을 사회 존속을 위해 필수적인 기능적 요구로 본다. 사회복지제도는 체계의 역기능을 예방하기보다는 기존 제도의 순기능을 지속시키는 차원에서 접근한다. 이는 다음과 같은 방식으로 사회복지 정책과 실천에 영향을 미친다.

① **유기체적 시각** : 구조기능주의 이론은 인간과 사회를 유기체적 시각에서 바라본다. 개인, 가족, 집단, 조직, 지역사회 등 주요 사회체계는 각각의 독립적 체계이면서 동시에 서로 긴밀하게 연결된 하나의 커다란 체계로 간주한다. 따라서 사회복지실천은 환경 속의 인간(PIE) 체계의 관점을 견지한다.

② **수동적이고 순응적인 인간 이해** : 구조기능주의 이론은 인간을 수동적이며 순응적인 존재로 이해한다. 개인은 체계의 하위단위로서 상위체계의 안정에 도움이 되는 방식으로 기능하도록 기대된다. 사회복지실천에서도 개인의 내적 결함을 개선하고 보완하여 본래의 역할과 기능을 수행하도록 사후대책적 개입 활동을 우선적으로 실시한다.

③ **기존 제도의 개선과 유지** : 구조기능주의 이론은 사회변동에 맞춰 구조를 변화시키고 사회적 갈등을 해결하는 데 목적을 둔 대책에는 미흡하며, 잔여적 복지제도를 기반으로 국가의 개입을 점진적으로 확대하려는 경향을 보인다. 사회복지실천에서도 내담자의 환경체계와 관련 법과 제도의 근본적 변화보다는 기존 제도의 개선과 유지에 초점을 둔다.

국가는 사회적 보호를 필요로 하는 빈곤계층 등의 최소한의 대상에게 공적부조제도를 통한 최소한의 급여를 제공하여 사회통합을 저해하는 사회구조적 문제를 보완하려고 한다.

뒤르켐은 만성적 아노미 문제를 해결하기 위해 시장에 속박되지 않은 유기적 연대로서의 직업집단과 교육을 통한 도덕적 통합능력을 강화해야 한다고 본다. 이는 개인화된 도덕적 규범화와 유기적 연대를 강화하여 사회통합과 사회적 시민연대를 강조하는 제3의 길로서 복지국가론과 연결되어 있다.

구조기능주의 이론은 인간을 수동적이고 순응적 존재로 이해하므로, 사회복지실천에서도 내담자의 사회화 과정에서의 실패, 사회규범과 가치 내면화의 실패, 그리고 역할수행의 부적절성, 적응의 실패, 일탈행위 등의 개인 내부의 결함이나 체계 내적인 문제에서 그 원인을 찾는다. 따라서 사회복지적 개입에서도 이러한 내적 결함을 개선하고 보완하여 본래의 역할과 기능을 수행하도록 사후대책적 개입 활동을 우선적으로 실시한다.

구조기능주의 이론은 사회체계는 자기통제 능력이 있으므로, 일정 수준의 체계 이탈은 자연스럽게 회복할 수 있다고 본다. 사회복지제도 역시 사회성원의 복지욕구를 충족시키기 위해 다양한 정책과 법률을 마련하지만, 체계의 역기능을 예방하기보다는 기존 제도의 순기능을 지속시키는 차원에서 소극적으로 접근한다. 따라서 사회변동에 맞춰 구조를 변화시키고 사회갈등을 해결하는 데 목적을 둔 사회복지대책은 매우 미흡하다.

사회복지실천에서도 내담자의 환경체계와 관련법과 제도의 근본적 변화보다는 기존 제도의 개선과 유지에 초점을 둔다. 구조기능주의 이론은 복지환경의 변화를 추구함에 있어서 소극적이며, 잔여적 복지제도를 기반으로 국가의 개입을 최소화하는 것을 지지한다. 구조기능주의 이론에서는 사회체계의 역기능을 개선하고 그 구성원들에게 최소한의 인간다운 삶을 보장하는 수준에서 사회복지 급여와 서비스를 제공해야 한다고 본다.

구조기능주의 이론은 전 국민을 대상으로 한 보편적 복지제도보다는 잔여적 복지제도를 선호하며, 최소한의 개입을 통해 사회구조적 결함을 보완하고 사회적 보호를 필요로 하는 개인의 기능을 회복시키는 데 목적을 둔다.

2. 사회체계

1) 사회체계의 개요

사회체계는 인간행동과 사회환경의 상호작용을 이해하는 데 필수적인 개념이다. 사회체계는 개인과 집단이 상호작용하는 다양한 수준의 구조와 관계를 포괄하며, 이는 사회적 기능과 복지를 증진시키기 위해 설계된 복잡한 네트워크로 구성된다. 이 장에서는 사회복지학에서 정의하고 있는 주요 사회체계의 기능, 정의, 구성 및 형태를 다룬다.

사회체계는 인간의 행동과 발달에 중요한 영향을 미치는 다양한 수준의 환경을 포함한다. 이는 가족, 집단, 조직, 지역사회, 문화 등으로 구분되며, 각각의 체계는 인간의 삶의 질과 복지에 직간접적으로 기여한다. 사회복지학에서는 이러한 사회체계를 통해 인간행동을 이해하고, 이를 바탕으로 효과적인 복지 실천을 모색한다.

2) 가 족

(1) 가족의 정의

가족은 인간의 행동과 발달에 영향을 미치는 사회체계 가운데 가장 기본적이며 일차적인 환경이다. 저메인(Germain, 1991)은 가족을 "혈연이나 법적 결혼을 통해 함께 생활하면서 경제적인 부분과 자녀양육을 공유하는 사람들의 집단"으로 정의하였다. 이는 전통적인 가족 정의로서 이성이 만나 법적으로 결혼을 하여 자녀를 양육하는 형태를 포함한다. 하트만과 레어드(Hartman & Laird, 1983)는 전통과 현대 사회변화를 반영하여 가족의 정의를 원가족(family of origin)과 친밀성에 따른 가족(family as intimate environment) 두 가지로 설명한다(Lesser & Pope, 2011 재인용).

(2) 가족의 기능과 형태

가족은 사회체계의 기초 단위로서 다양한 기능을 수행하며, 다음과 같은 구조를 띠고 있다.

① **일차 집단** : 구성원들 사이의 관계가 직접적이고 친밀하며 항구적으로 지속된다.
② **공동사회 집단** : 구성원 간의 이해와 애정의 관계로 결합되어 있으며, 외부적 장애로 인해 분열되기 어렵다.
③ **폐쇄 집단** : 누군가가 원한다고 해서 쉽게 가족의 일원이 될 수 없으며, 가족관계를 임의로 자유롭게 포기하기 힘들다.
④ **형식적 집단** : 결혼과 같은 법적 절차를 통해 이루어지며, 구성원들 간의 관계는 비형식적이다.

가족은 또한 성적 욕구 충족, 자녀 출산 및 양육, 정서적 지지, 경제적 협조, 사회화 교육, 보호 등의 기능을 수행한다(김동배 · 권중돈, 2006). 가족은 개인이 사회에서 필요로 하는 다양한 능력과 가치를 학습하는 장으로, 사회적 역할과 책임을 이해하고 실천할 수 있도록 돕는다.

가족의 형태는 현대사회로 오면서 다양화되고 있다. 전통적인 확대가족은 점차 줄어들고 부부와 자녀를 중심으로 한 핵가족이 늘고 있다. 가족의 형태는 다음과 같이 분류할 수 있다(최옥채 외, 2020 재인용).

① **가족 구성원 수** : 대가족, 소가족
② **가족 구성 형태** : 핵가족, 직계가족, 방계가족
③ **부부 권력** : 모권가족, 부권가족, 평등가족
④ **가계 계승** : 부계가족, 모계가족, 양계제 가족
⑤ **거주 형태** : 부거가족, 모거가족, 신거가족

⑥ 가족 관계 중심 : 부부중심가족, 친자중심가족

⑦ 부부 결합 형태 : 단혼제(일부일처제), 복혼제(일부다처제, 일처다부제)

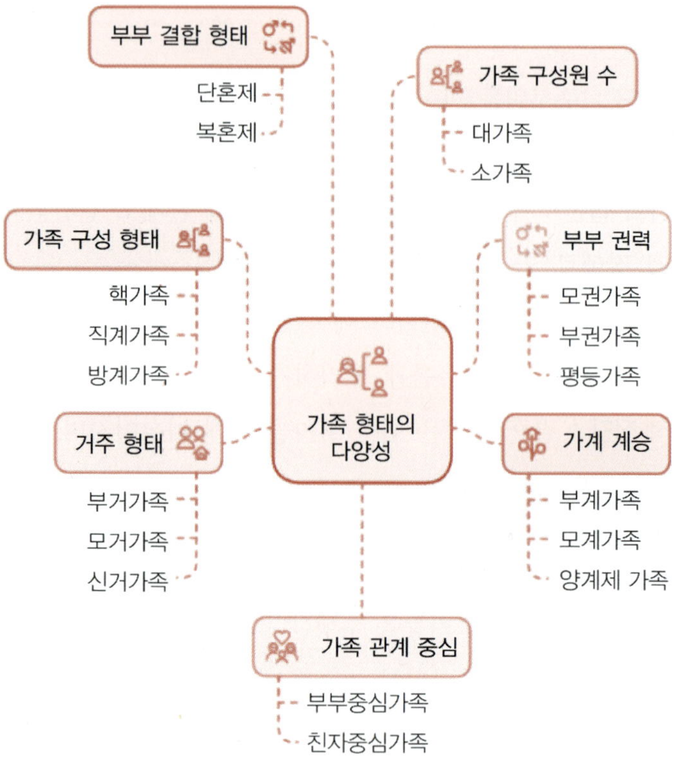

| 그림 10-2 | 가족의 형태

(3) 가족생활주기

카터와 맥골드릭(Carter & McGoldrick, 1980)은 세대별 정서적 과업과 발달 과업을 중심으로 6단계의 가족생활주기를 제시하였다. 가족은 각 단계에서 정서적 변화를 수용하고 적응해야 하며, 이를 통해 공유하는 가족 규칙, 의사소통 유형, 역할 구조 등을 형성한다(Lesser & Pope, 2011). 각 단계에서 가족은 다양한 도전에 직면하며, 이를 통해 성장하고 발전한다. 가족생활주기는 다음과 같이 나눌 수 있다.

① **독립 단계** : 성인이 되어 독립적으로 생활을 시작하는 단계이다.
② **신혼 단계** : 결혼하여 새로운 가족을 형성하는 단계이다.
③ **자녀 출산 및 양육 단계** : 자녀를 출산하고 양육하는 단계이다.
④ **자녀 성장 및 교육 단계** : 자녀가 성장하면서 교육과 사회화 과정을 거치는 단계이다.
⑤ **자녀 독립 및 부모의 중년기 단계** : 자녀가 독립하고 부모는 중년기를 맞이하는 단계이다.
⑥ **노년기 단계** : 부모가 노년기를 맞이하고 가족의 역할과 관계가 변화하는 단계이다.

3) 집 단

(1) 집단의 정의

집단은 지위와 역할로 연결된 사람들의 조합으로, '적어도 2인 이상이 모여 공동의 목적을 공유하고 상호작용하며 규범을 형성하는 조직된 체계'로 정의된다(Harford, 1971). 집단은 구성원들이 공동의 목표를 달성하기 위해 협력하는 중요한 사회체계이다.

(2) 집단의 특성

집단의 특성은 다음과 같다(Norlin & Chess, 2003; Toseland & Rivas, 2017).

① **크기** : 최소 3명 이상으로 구성되며, 상호작용이 이루어져야 한다.
② **공통된 목적** : 구성원들이 함께 공유하고 달성할 수 있는 목적이 있어야 한다.
③ **집단 정체성** : 구성원들이 공동의 정체성을 가지며, 집단을 하나의 실체로 인식한다.

④ 개인의 행동에 영향 : 집단은 구성원들에게 사회통제와 사회화 기능을 수행한다.

⑤ 내적 · 자연적 상호작용 : 상호작용은 주로 정서적 맥락에서 이루어진다.

집단은 개인의 행동과 태도에 중요한 영향을 미치며, 구성원 간의 상호작용을 통해 사회적 규범과 가치가 형성된다.

(3) 집단의 유형

집단은 유형에 따라 인간에게 상이한 영향을 미치는 사회환경으로, 상호작용과 정서적 결속의 정도에 따라 일차 집단과 이차 집단으로, 구성 동기에 따라 자연발생적 집단과 인위적 집단으로, 목적에 따라 치료집단, 과업집단, 자조집단으로 구분할 수 있다.

① 정서적 결속의 정도에 따른 유형

- 일차 집단(primary group)은 혈연과 지연을 바탕으로 자연발생적으로 이루어진 집단이다. 예를 들어, 가족, 친구 집단이 있다.
- 이차 집단(secondary group)은 목적달성을 위해 인위적으로 계약에 의해 만들어진 집단으로, 예를 들어 군대, 회사 등이 있다(Cooley, 1909).

② 구성 동기에 따른 유형

- 자연발생적 집단(natural group)은 공식적인 지원체계가 없는 집단으로, 예를 들어 또래 집단이 있다.
- 인위적 집단(formed group)은 특정 목적을 갖는 공식적 집단으로, 예를 들어 특정 위원회나 팀이 있다.

③ 목적에 따른 유형

- 치료집단(treatment group)은 지지집단, 교육집단, 성장집단, 치유집단, 사회화집단으로 세분화할 수 있다.
- 과업집단(task group)은 조직이나 기관의 문제 해결, 새로운 아이디어

개발, 효과적 원조전략 등의 과업수행을 목적으로 한다. 예를 들어, 팀, 직원 발전 집단, 자문위원회 등이 있다.

- 자조집단(self-help group)은 유사한 어려움이나 관심사를 가진 성원들이 자발적으로 모여 상호 원조를 제공하는 집단으로, 예를 들어 익명의 알코올중독자 모임(AA)이 있다.

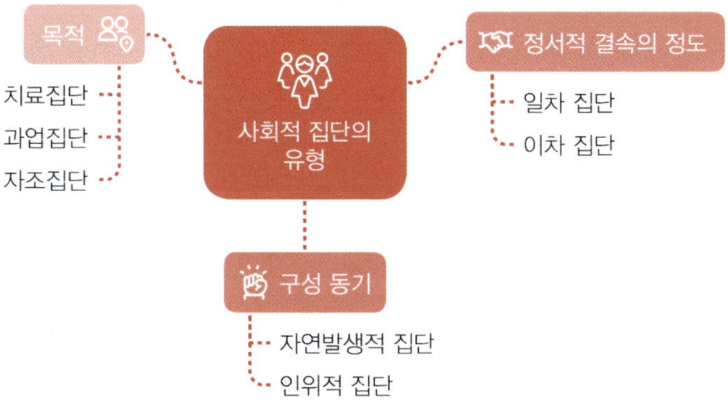

| 그림 10-3 | 집단의 유형

4) 조 직

(1) 조직의 정의

일반적으로 조직은 '2명 이상의 사람이 모여 같은 목표를 달성하고자 어떤 일을 하여 그 성과나 업적을 이루는 것'으로 정의된다(장석출, 1997). 사회복지실천의 관점에서는, 조직은 사회적 기능을 지원하거나 유지를 돕는 사회서비스 조직을 포함한다(홀랜드, 1995; 김범수 · 신원우, 2006).

(2) 조직의 특성

조직의 특성은 다음과 같다(최옥채, 2012).

① **특정한 목적** : 조직은 특정 목적을 실현하기 위해 만들어진 것이며, 목

적을 실현하는 그 자체가 바로 조직의 존재 이유이다.

② **일정한 규범** : 조직은 그 조직의 특성에 맞는 일정한 규범을 지닌다.

③ **체계화된 구조** : 조직은 체계로서 각 부분이 상호 의존적으로 관련되어 있다.

④ **경계와 위계** : 조직은 환경과의 자원 교환을 통해 경계를 형성하고, 상위조직과 하위조직에 의존한다.

⑤ **환경과의 교류** : 조직은 환경과의 지속적인 교류를 통해 생존한다.

⑥ **독특한 문화** : 조직은 고유한 문화를 지닌다.

조직은 구성원의 행동과 상호작용을 구조화하며, 조직 내에서의 역할과 책임은 명확히 정의된다.

(3) 조직의 유형

조직은 사회체계 내에서 다양한 기능을 수행하며, 이에 따라 여러 이론가들이 조직을 분류하였다. 파슨스(Parsons, 1960)는 사회적 기능을 기준으로 조직을 네 가지로 나누었고, 에치오니(Etzioni, 1961)는 구성원의 복종 형태에 따라 조직을 세 가지로 분류하였다. 다음은 각 이론가의 분류 내용이다.

① 파슨스의 조직 분류

파슨스는 사회체계가 유지되기 위해 필요한 네 가지 기능(AGIL)을 기준으로 조직을 다음과 같이 구분하였다.

- **생산조직** : 외부 환경에 적응하고 자원을 획득하는 기능을 수행하는 조직으로, 일반 기업체가 이에 해당된다.
- **정치조직** : 사회 전체의 목표 설정과 이를 달성하기 위한 권력 형성 및 분배 기능을 수행하며, 정부기관, 국회, 정당 등이 포함된다.
- **통합조직** : 사회 내 규범과 질서를 유지하고 조화를 도모하는 조직으로, 법원, 경찰, 군대 등이 이에 속한다.

- **체제유지조직** : 체계 내의 동기 부여 및 사회화 기능을 수행하며, 학교, 종교기관 등이 대표적이다.

② 에치오니의 조직 분류

에치오니는 조직 내 구성원의 복종 유형을 기준으로 조직을 다음과 같이 세 가지로 분류하였다.

- **강압적 조직** : 구성원이 물리적 강제력에 의해 복종하는 조직으로, 교도소, 강제수용소, 군대 일부가 해당된다.
- **공리적 조직** : 구성원이 보상(주로 금전적 이익)을 얻기 위해 참여하는 조직으로, 기업체, 노동조합 등이 포함된다.
- **규범적 조직** : 구성원이 자발적인 가치와 신념에 따라 복종하는 조직으로, 종교단체, 자원봉사단체, 대학 등이 이에 해당된다.

이와 같이 파슨스와 에치오니의 조직 분류는 조직의 목적과 운영 방식, 구성원과의 관계를 이해하는 데 유용한 이론적 틀을 제공하며, 사회복지실천에서 조직을 분석하고 이해하는 데 중요한 기반이 된다.

(4) 사회복지실천과의 연관성

조직은 개별 서비스 이용 당사자에게 영향을 미치는 중간체계 중의 하나로, 사회복지실천의 중요한 자원으로서 깊은 의미가 있다. 사회복지사는 조직의 자원을 효과적으로 발굴하고 활용하여 개인의 복지를 증진시켜야 한다. 조직은 사회복지사의 전문적인 활동이 이루어지는 주요 무대로, 사회복지사는 조직 내에서의 역할과 기능을 잘 이해하고 이를 통해 효과적인 복지 서비스를 제공해야 한다.

5) 지역사회

(1) 지역사회의 정의

지역사회는 일정한 지리적 경계 내에서 주민들이 상호작용을 통해 공동의 유대감을 형성하며 살아가는 사회적 단위이다. 지역사회는 지리적 공간, 사회적 상호작용, 그리고 공통의 유대를 포함하는 복합적 체계로 정의된다(Bernard, 1973). 또한 사회복지학에서는 지역사회를 "주민들이 지리적·사회적·경제적으로 연결되어 있고, 이들의 공동체적 활동을 통해 형성된 집합체"로 보며, 이는 개인과 집단이 공동의 목표와 가치를 공유하며 상호작용하는 공간으로 간주된다(Mattaini, Lowery, & Meyer, 2002).

(2) 지역사회의 특성

놀린과 체스(Norlin & Chess, 2003)는 지역사회의 특성을 다섯 가지로 제시하였다.

① 물리적 또는 지리적 장소에 의해 제한된 사회체계
② 공동의 장소에 거주하거나 그곳에서 동일시된 사람과 그들의 사회조직에 초점
③ 주민의 삶의 질 향상이 목적
④ 주민의 공통 욕구와 문제, 성장과 발달의 기회와 연결된 상호 의존적 사회체계
⑤ 전체 사회의 하위체계로서, 개인이 사회와 관계를 맺고 사회가 개인과 연관된 중요한 중간체계

지역사회는 주민들이 공동의 목표와 가치를 공유하고, 상호 협력하여 문제를 해결하는 공간이다. 이는 주민 간의 사회적 결속력과 유대감을 강화하며, 지역사회의 지속 가능한 발전을 도모한다.

(3) 지역사회의 기능

워렌(Warren, 1978)은 지역사회의 기능을 다음과 같이 제시하였다(Norlin & Chess, 2003).

① **생산 · 분배 · 소비의 기능** : 일상생활에 필요한 재화와 서비스를 생산, 분배, 소비한다.
② **사회화의 기능** : 가치, 지식, 기술, 바람직한 행동 등을 전달한다.
③ **사회통제의 기능** : 사회규범에 순응하도록 행동을 규제한다.
④ **사회참여의 기능** : 주민에게 제반 활동에 참여할 기회를 제공한다.
⑤ **상부상조의 기능** : 공식 · 비공식 지원체계로부터 필요한 서비스를 제공한다.

지역사회는 주민들의 삶의 질을 향상시키기 위해 다양한 자원과 서비스를 제공하며, 이는 개인과 집단의 성장과 발달에 중요한 역할을 한다.

(4) 지역사회의 유형

퇴니스(Tönnies, 1887)는 지역사회를 유대관계의 형태에 따라 공동사회(gemeinschaft)와 이익사회(gesellschaft)로, 로스(Ross, 1967)는 지역사회를 지리적 지역사회와 기능적 지역사회로 구분하였다(최덕경, 2013 재인용). 또한 지역사회는 크기와 기능에 따라 농촌사회와 도시사회로 구분할 수 있다.

① 공동사회와 이익사회
- 공동사회는 주민 간의 친밀하고 사적인 유대관계를 강조한다.
- 이익사회는 공식적이고 전문적 유대관계를 강조한다.

② 지리적 지역사회와 기능적 지역사회
- 지리적 지역사회는 일정한 지리적 영역 내에서 이루어진다.
- 기능적 지역사회는 공동의 목표를 위한 결합을 의미한다.

③ 농촌사회와 도시사회

- 농촌사회는 인구가 적고, 전통과 사회적 통제가 강하다.
- 도시사회는 인구밀도가 높고 복잡하며, 사회적 상호작용이 적다.

(5) 사회복지실천과의 연관성

지역사회는 개별 서비스 이용 당사자에게 영향을 미치는 중간체계 중의 하나로, 사회복지실천의 중요한 자원으로서 깊은 의미가 있다. 사회복지사는 지역사회의 자원을 효과적으로 발굴하고 동원하여 개인과 집단의 복지를 증진시켜야 한다. 지역사회는 사회복지사가 개입할 수 있는 중요한 환경으로, 주민들의 삶의 질 향상을 위해 지역사회의 자원을 활용하고 협력체계를 구축하는 것이 중요하다.

6) 문 화

(1) 문화의 정의

문화는 인간의 생존에 필수적인 요소로, 사회 구성원에게 내면화되어 인간행동에 영향을 미치는 사회체계이다. 문화는 정신적인 것에서부터 물질적인 것에 이르기까지 광범위하며, 가치관, 윤리, 믿음, 사회구조와 제도, 인간의 행동 등을 모두 포함한다(김성혁 외, 2012). 타일러(Tylor)는 문화를 '지식, 신념, 도덕, 법, 관습 그리고 사회성원으로서 인간에 의해 획득된 모든 능력과 습관들을 포함하는 복합적 개념'으로 정의한다(장수한 외, 2013 재인용).

(2) 문화의 특성

문화는 다양한 특성을 가지고 있다(김동배 · 권중돈, 2006).

① 창조성과 학습성 : 문화는 사람들에 의해 창조되며, 언어와 문자 같은

상징을 통해 학습된다.

② **전승성** : 문화는 이전 세대에서 다음 세대로 전승되며, 사회적 유산으로 작용한다.

③ **보편성** : 동일한 사회에 속한 구성원들은 공통의 가치와 규범, 관습을 공유한다.

④ **다양성** : 문화는 민족, 국가, 지역, 시대 등에 따라 다르게 나타난다.

⑤ **사회적 구성물** : 문화는 정치, 경제, 사회, 역사, 종교, 지식, 법, 제도, 관습 등의 상호작용 결과이다.

⑥ **상징성** : 문화는 외형적인 문화표현 안에 내재된 의미와 상징체계를 가지고 있다.

⑦ **역동성** : 문화는 고정되어 있지 않고 끊임없이 변화하고자 하는 속성을 가지고 있다.

⑧ **초개인성** : 문화는 개인을 넘어서서 존재하며, 개인에게 영향을 미친다.

문화는 인간의 행동과 사고 방식을 형성하며, 사회 구성원들이 공유하는 가치와 규범을 통해 사회적 질서를 유지한다.

(3) 문화의 형태

문화는 다양한 형태로 나타난다(이근홍, 2006 재인용).

① **은둔문화**(covert culture) : 감추어진 문화로, 외부에서 쉽게 파악하기 어렵다. 이는 내재된 문화(implicit culture)라고도 불린다.

② **하위문화**(subculture) : 전체 문화를 이루는 일부분으로, 큰 사회집단의 각 부분에서 특징적으로 표현되는 행동양식이나 사고방식을 공유한다.

③ **절반문화**(half culture) : 완전한 독자형태를 이루지 못하고 타 문화에 의존된 상태이다.

④ **민속문화**(folk culture) : 한 민족 내에서 오랫동안 전승되어 내려온 문화로, 신앙, 풍습, 의례 등의 형태로 나타난다.

⑤ **주변문화**(marginal culture) : 중심문화로부터 멀리 떨어져 있는 문화를 의미하며, 타 문화와 혼합된 형태를 가지기도 한다.

(4) 사회복지실천과의 연관성

문화는 개별 서비스 이용 당사자에게 영향을 미치는 거시체계 중의 하나로, 각 사회집단의 문화는 전체로서 하나의 통합된 체계를 이루고 있다. 사회복지사는 자신이 속한 집단의 문화를 이해하고, 다양한 문화적 영역에 대해 수용할 수 있어야 한다. 이들은 사회복지실천 현장에서 자신과 다른 가치, 규범, 지식 등을 가진 개인, 가족, 집단, 조직, 지역사회 등과 접촉하게 된다.

① **문화적 상대주의** : 사회복지사는 자신과 다른 가치, 규범, 지식을 존중하고 이해하는 태도를 가져야 한다. 이는 자신의 가치와 사고, 행동양식을 강요하지 않고, 다른 집단의 문화를 그들의 환경과 맥락 속에서 이해하도록 돕는다.

② **문화적 자아성찰** : 사회복지사는 자신의 문화적 배경과 영향을 성찰하여, 자신의 사고, 태도, 가치, 행동양식을 스스로 인식할 수 있어야 한다.

③ **다문화 사회복지실천** : 이주민, 다문화 가정 등 다양한 문화적 배경을 가진 사람들의 문화적응을 돕고, 문화갈등 문제를 해결하며, 복지 서비스를 제공하는 데 중점을 둔다.

토론

1. 구조기능주의 이론이 사회복지실천에서 가진 강점과 한계는 무엇인가?
2. AGIL 모형이 현대 사회복지정책에 어떻게 적용될 수 있는가?
3. 가족, 집단, 조직, 지역사회 중 개인의 삶에 가장 큰 영향을 미치는 사회 체계는 무엇인가?
4. 구조기능주의 관점에서 사회문제의 주요 원인을 어떻게 설명할 수 있는가?

11
CHAPTER

생태체계적 관점

학습목표

1. 일반체계이론의 주요 개념과 발전 과정을 설명할 수 있다.
2. 일반체계이론을 통해 인간행동과 사회환경의 상호작용을 분석할 수 있다.
3. 생태체계이론의 주요 개념과 구조를 설명할 수 있다.
4. 일반체계이론과 생태체계이론의 공통점과 차이점을 비교할 수 있다.
5. 두 이론을 통해 인간 발달을 이해하고, 이를 사회복지실천에 활용할 수 있다.
6. 인간과 환경의 상호작용을 생태학적 관점에서 분석할 수 있다.

목차

1. 일반체계이론
2. 생태체계이론

이 장에서는 일반체계이론과 생태체계이론을 중심으로 인간과 사회를 이해하는 이론적 틀을 탐구하고자 한다. 두 이론은 사회복지학에서 매우 중요한 역할을 하며, 복잡한 사회 문제를 체계적으로 분석하고 해결하는 데 유용한 도구를 제공한다. 일반체계이론은 생물학, 심리학, 사회학 등 다양한 학문 분야에서 영향을 받아 인간과 환경의 상호작용을 포괄적으로 이해하려는 접근을 강조한다. 이 이론은 인간을 단순한 개별적 존재로 보기보다는 다양한 체계와의 상호작용 속에서 이해하고자 한다.

반면 생태체계이론은 일반체계이론의 한계를 보완하고 생태학적 관점을 결합하여 인간과 환경 간의 상호작용을 보다 통합적으로 이해하려는 노력을 기반으로 한다. 생태체계이론은 개인, 가족, 집단, 조직, 지역사회 및 그들의 상호 관계성을 고려하며, 인간을 환경적 요구에 적응하고 환경을 변화시킬 수 있는 능동적 존재로 본다. 이는 인간과 환경이 지속적으로 상호작용하며 서로에게 영향을 미치는 과정을 강조한다.

이 장에서는 이러한 두 이론의 기본 개념과 이를 바탕으로 한 인간행동과 사회환경의 상호작용을 설명하며 사회복지실천에 적용하는 방법을 제시할 것이다. 이를 통해 인간의 삶의 질을 향상시키고, 사회적 문제를 해결하는 데 기여할 수 있는 다양한 접근법을 습득하게 될 것이다. 또한 두 이론의 강점과 실천적 적용 방안을 비교하여 이해함으로써, 사회복지실천에서의 이론적 기반을 더욱 탄탄히 다질 수 있을 것이다.

1. 일반체계이론

1) 일반체계이론의 개요

(1) 일반체계이론의 역사와 발전

일반체계이론(general systems theory)은 20세기 중반에 등장한 이래로 다양한 학문 분야에 큰 영향을 미쳤다. 이 이론은 생물학자 루드비히 폰 버틀란피(Ludwig von Bertalanffy)가 처음 제안하였으며, 그의 주된 목적은 생명체와 그 환경 간의 상호작용을 이해하는 것이었다. 버틀란피는 모든 생명체는 하나의 체계로 구성되어 있으며, 이 체계는 다양한 구성 요소들 간의 상호작용을 통해 유지되고 발전한다고 주장했다.

버틀란피는 그의 연구에서 생명체를 단순히 부분의 합으로 보지 않고 그 이상의 것으로 이해했다. 그는 모든 체계는 그 자체로 고유한 특성을 지니며, 이러한 특성은 체계의 구성 요소들 간의 상호작용에서 비롯된다고 보았다. 이러한 접근은 기존의 환원주의적 관점에서 벗어나 보다 통합적이고 전체적인 시각을 제공했다.

버틀란피의 일반체계이론은 1950년대와 1960년대에 걸쳐 다양한 학문 분야로 확장되었다. 사회학, 심리학, 경제학, 생태학 등 여러 분야에서 이 이론을 채택하여 연구가 이루어졌으며, 이는 각 분야의 연구자들에게 새로운 시각을 제공했다. 예를 들어, 사회학자들은 사회체계를 이해하는 데 일반체계이론을 적용하여 사회구조와 사회변화에 대한 새로운 통찰을 얻었다. 심리학자들은 인간의 심리적 과정을 체계적으로 이해하고, 개인의 정신건강 문제를 보다 포괄적으로 접근할 수 있게 되었다.

일반체계이론이 사회복지 분야에 처음 적용된 것은 1950년대 말로, 사회복지학자 헌(Hearn)은 일반체계이론을 사회복지실천에 적용하여 개인과 그 환경 간의 상호작용을 이해하는 데 중점을 두었다. 그의 연구는 사회복지실천에서의 새로운 접근 방식을 제시하였으며, 이는 이후 많은 연구자들에게 영향을 미쳤다. 버틀란피 또한 1960년대에 그의 체계이론을 사회복지에 응용하여 사회적 문제를 이해하고 해결하는 데 기여했다.

1970년대에 이르러 핀커스와 미나한(Pincus & Minahan)은 일반체계이론을 더욱 발전시켜 이를 사회복지실천에 본격적으로 응용하였다. 이들은 기존의 사회복지실천이 개인과 환경, 임상적 실천과 사회행동, 미시체계와 거시체계 등으로 이분법적으로 구분되어 별개로 다루어지는 문제점을 지적하였다. 핀커스와 미나한은 이러한 접근이 실제 문제 해결에 있어 비효율적일 수 있다고 보았으며, 대신 이들 간의 상호 관련성을 인식하고 통합적으로 접근할 것을 제안하였다. 이들의 연구는 사회복지실천에 큰 영향을 미쳤으며,

체계적 접근이 중요한 실천 원리로 자리 잡게 되었다.

일반체계이론은 이후에도 지속적으로 발전해 왔다. 1980년대와 1990년대에는 다양한 학문 분야에서 이 이론을 기반으로 한 연구가 활발히 이루어졌으며, 특히 생태체계이론(ecological systems theory)과 같은 새로운 이론들이 등장하였다. 생태체계이론은 브론펜브레너(Urie Bronfenbrenner)가 제안한 이론으로, 이는 일반체계이론의 개념을 바탕으로 인간 발달과 환경 간의 상호작용을 보다 구체적으로 설명하였다.

일반체계이론의 발전은 오늘날에도 계속되고 있다. 현대의 사회복지실천에서는 여전히 체계적 접근이 중요한 역할을 하고 있으며, 이는 다양한 사회적 문제를 이해하고 해결하는 데 필수적인 이론적 틀로 자리 잡고 있다. 사회복지사들은 일반체계이론을 통해 복잡한 사회적 문제를 분석하고 효과적인 개입 전략을 수립하여 개인과 사회의 복지를 향상시키는 데 기여하고 있다.

(2) 일반체계이론의 주요 개념

일반체계이론은 다양한 개념들로 구성되어 있으며, 이는 사회복지실천에서 중요한 역할을 한다.

① **체계**(system) : 상호 의존적이고 상호작용하는 부분들로 구성된 전체로, 예를 들어 가족, 국가, 보건복지부 등이 있다. 체계는 서로 연관되어 질서 있게 하나의 기능적 전체를 이루는 요소들의 집합이다.

② **하위체계**(subsystem) : 큰 체계 안의 작은 체계로, 예를 들어 가족 내 부모 하위체계나 형제 하위체계가 있다. 하위체계는 전체 체계의 일부분으로 기능하며, 그 자체로도 독립적인 체계로 작동할 수 있다.

③ **상호 의존성**(interdependence) : 체계의 일부 변화가 다른 부분에 영향을 미친다. 모든 체계는 서로 의존하며, 한 부분의 변화는 다른 부분과 전

체 체계에 영향을 미친다.

④ **경계**(boundary) : 체계의 내부와 외부를 구분하고 체계를 보호하는 역할을 한다. 경계는 체계 내에서 관계를 특징짓고 체계의 독자성을 유지하게 한다.

⑤ **위계**(hierarchy) : 체계 내의 하위체계와 상위체계 간의 관계를 의미한다. 위계질서는 체계의 구조와 기능을 결정하며, 상위체계는 하위체계의 활동을 조정하고 방향을 제시한다.

⑥ **안정 상태**(steady state) : 투입 요소를 받아들이고 사용하는 방식으로 체계의 안녕을 유지한다. 체계는 내부 균형을 유지하며 외부 환경과의 상호작용을 통해 안정 상태를 유지한다.

⑦ **항상성**(homeostasis) : 체계가 균형을 유지하려는 능력을 의미한다. 항상성은 체계가 변화에 대응하여 균형을 유지하려는 경향을 나타낸다.

⑧ **엔트로피**(entropy)**와 네겐트로피**(negentropy) : 체계의 쇠퇴와 유지 및 발전을 설명하는 개념이다. 엔트로피는 체계가 쇠퇴하거나 해체되는 경향을, 네겐트로피는 체계가 질서와 조직을 유지하며 발전하는 경향을 의미한다.

⑨ **홀론**(holon) : 특정 체계가 더 큰 체계의 부분이 되는 현상을 나타낸다. 홀론은 전체와 부분의 속성을 동시에 가지며, 체계의 복잡성을 설명하는 데 유용하다.

⑩ **동귀결성**(equifinality)**과 다귀결성**(multifinality) : 다양한 경로가 동일한 결과를 초래하거나, 유사한 조건에서 다른 결과가 초래되는 현상이다. 동귀결성은 여러 경로를 통해 동일한 결과에 도달하는 것을 의미하며, 다귀결성은 유사한 출발점에서 다른 결과에 도달하는 것을 의미한다.

⑪ **공유 영역**(interface) : 둘 이상의 체계가 만나는 지점을 의미한다. 공유 영역은 체계 간의 상호작용이 이루어지는 지점으로, 문제해결과 자원 교환이 이루어진다.

⑫ **분화**(differentiation) : 체계가 시간이 지남에 따라 더욱 복잡해지는 경향을 말한다. 분화는 체계의 구성 요소가 점점 더 특수화되고 복잡해지는 과정을 의미한다.

⑬ **투입**(input), **전환**(transference), **산출**(output), **피드백**(feedback) : 체계의 에너지와 정보 교환 과정을 설명한다. 투입은 외부로부터의 에너지와 자원을 받아들이는 것을, 전환은 이를 체계 내에서 변형하고 활용하는 것을, 산출은 변형된 에너지와 자원을 외부로 방출하는 것을 의미한다. 피드백은 산출된 결과가 다시 체계로 돌아와 영향을 미치는 과정을 말한다.

2) 인간행동과 사회환경에서의 관점

(1) 인간을 보는 관점

일반체계이론에서는 인간을 통합된 하나의 체계로 간주하며, 신체적, 심리적, 사회적 부분이 분리되지 않고 상호작용한다고 본다. 인간은 외부체계와 끊임없이 상호작용하며 자신의 행동을 수정할 수 있는 능력을 지닌 존재로 이해된다. 이는 인간을 통합된 전체로 바라보는 관점을 제공하며, 인간의 행동과 경험을 총체적으로 이해하는 데 중요한 틀을 제공한다.

(2) 인간행동의 체계적 관점

인간행동은 집단, 가족, 또는 다른 사회적 단위를 포함하는 전체적인 사회적 상황의 결과로 본다. 따라서 부적응 행동은 개인의 문제가 아닌 그를 둘러싼 사회체계와의 역기능적 상호작용에서 비롯된다고 할 수 있다. 이는 개인의 문제를 이해하는 데 있어 보다 넓은 시각을 제공하며, 문제 해결의 접근 방식을 확장한다.

예를 들어, 아동의 학습부진은 단순히 아동 개인의 문제로 볼 수 없으며, 가족, 학교, 지역사회 등의 다양한 체계와의 상호작용 결과로 이해할 수 있다. 이러한 관점은 문제의 근본 원인을 보다 정확히 파악하고 효과적인 개입 전략을 개발하는 데 도움을 준다.

3) 일반체계이론의 사회복지실천 적용

(1) 사회복지실천의 체계적 접근

일반체계이론은 사회복지실천에서 문제를 보는 시각을 단선적 사고에서 순환적 원인론으로 전환하게 한다. 이는 사회복지사가 개인의 증상뿐 아니라 그 개인이 속한 체계와의 상호작용을 분석하고 개입할 수 있게 한다. 이러한 접근은 더 종합적이고 효과적인 문제해결을 가능하게 한다.

사회복지사는 다양한 체계와의 상호작용을 통해 문제의 근본 원인을 파악하고 체계 간의 상호작용을 개선하여 문제를 해결할 수 있다. 예를 들어, 가정폭력 문제를 해결하기 위해서는 피해자와 가해자 간의 상호작용뿐만 아니라 가족 전체의 상호작용, 법적 체계, 사회적 지원 체계 등 다양한 체계를 고려해야 한다.

(2) 개입 단계

사회복지사는 변화 노력을 위해 여러 체계와 상호작용하며, 다음과 같은 단계로 개입한다.

① **문제사정** : 문제의 규정과 서술, 사회적 상황의 역학 분석, 목표와 표적 설정을 포함한다. 이 단계에서는 문제의 본질을 이해하고 개입의 방향을 설정한다.

② **자료수집** : 구두 및 필기 질문, 관찰, 기존 기록 자료 활용 등을 통해

정보를 수집한다. 다양한 정보 수집 방법을 통해 체계의 상호작용과 문제의 원인을 파악한다.

③ **최초접촉** : 행동체계의 잠재적 성원과 접촉하며 계약 기술을 활용한다. 이 단계에서는 개입의 기초를 마련하고 참여자 간의 협력 관계를 구축한다.

④ **계약교섭** : 상호 수용 가능한 업무 동의를 획득하기 위한 과정이다. 구체적인 목표와 역할을 설정하고 개입의 방향과 방법을 명확히 한다.

⑤ **행동체계 구성** : 목적달성을 위한 행동체계를 구성한다. 이 단계에서는 구체적인 개입 계획을 수립하고 필요한 자원과 지원을 확보한다.

⑥ **행동체계 유지·조정** : 문제해결을 위한 다양한 기법을 적용한다. 개입 과정에서 발생하는 문제를 해결하고 필요한 조정을 통해 개입의 효과를 극대화한다.

⑦ **영향력 행사** : 표적체계의 행동 변화를 유도한다. 개입의 결과를 평가하고 필요한 경우 추가적인 개입을 통해 문제를 해결한다.

⑧ **종결** : 변화 노력의 성공적 종결과 평가를 통해 마무리한다. 개입의 효과를 평가하고 향후 필요한 지원을 계획한다.

4) 사회복지실천과 관련된 체계

핀커스와 미나한(Pincus & Minahan, 1973)은 사회복지실천에서의 체계를 다음과 같이 변화매개체계, 서비스이용당사자체계, 표적체계, 행동체계로 분류하였고, 콤튼과 갤러웨이(Compton & Gallaway, 1999)는 여기에 전문가체계를 추가하였다(엄명용 외, 2005).

① **변화매개체계** : 문제 상황에 변화를 가져오기 위해 여러 체계를 확인하고 계획을 수립한다. 사회복지사는 다양한 체계와의 협력을 통해 변화

매개체계로서의 역할을 수행한다.

② **서비스이용당사자체계** : 서비스나 도움이 필요해 사회복지사에게 도움을 청하는 사람들로 구성된다. 이 체계는 문제해결의 중심에 있는 개인이나 그룹으로, 사회복지사의 지원을 통해 변화를 이끌어 낸다.

③ **표적체계** : 변화의 목적을 달성하기 위해 영향을 주거나 변화시켜야 할 대상을 의미한다. 표적체계는 문제해결의 주요 대상이며, 이를 통해 변화를 유도한다.

④ **행동체계** : 변화 노력을 위해 상호작용하며 공동으로 노력하는 체계들이다. 행동체계는 문제해결을 위해 협력하는 모든 관련 체계를 포함한다.

⑤ **전문가체계** : 전문가체계는 사회복지사의 전문성을 강화하고 위상을 높이는 역할을 하며, 예를 들어 한국사회복지사협회와 같은 조직이 이에 해당된다. 전문가체계는 사회복지실천의 질을 향상시키고 전문성을 높이는 데 중요한 역할을 한다. 이는 사회복지사가 효과적으로 개입할 수 있도록 지원하며, 전문성 강화를 통해 더 나은 서비스를 제공할 수 있게 한다.

5) 체계의 구조와 기능

(1) 체계 내부의 구조와 조직

모든 체계는 독특한 구조를 가지고 있으며, 이는 체계 성원 사이의 안정된 관계 유형을 의미한다. 체계는 부분 간의 지속적인 상호 교환활동에 의해 조직화되며, 상위체계와 하위체계로 구성된다. 체계의 역할과 위계질서의 형성은 체계의 기능을 결정하는 중요한 요소이다. 예를 들어, 가족 내에서 부모와 자녀 간의 역할 분담이 이에 해당한다.

① **체계의 구조** : 체계의 구성 요소 간의 관계와 상호작용 패턴을 의미한다. 체계의 구조는 체계의 기능과 목표 달성에 중요한 역할을 한다.

② **조직화** : 체계의 구성 요소들이 서로 조화를 이루며 기능하는 방식이다. 체계는 상호작용을 통해 조직화되며 이를 통해 체계의 목적을 달성한다.

(2) 체계 외부와의 관계

체계의 경계선은 체계 내부와 외부를 구분하며, 환경과의 에너지 교환을 조절한다. 개방체계는 외부 환경과의 상호작용을 허용하며, 폐쇄체계는 외부와의 상호작용을 제한한다. 개방적 경계선을 가진 체계는 성장할 수 있으며 역동적이고 적응적인 기능을 수행할 수 있다. 예를 들어, 지역사회 자원을 적극적으로 활용하는 가족은 개방적 경계선을 가진 사례이다.

① **개방체계** : 외부 환경과의 자유로운 에너지 교환을 허용하는 체계이다. 개방체계는 외부 자원을 받아들여 체계의 성장을 촉진하고, 내부 자원을 외부로 방출하여 체계의 기능을 강화한다.

② **폐쇄체계** : 외부 환경과의 에너지 교환이 제한된 체계이다. 폐쇄체계는 외부 자원에 의존하지 않고, 내부 자원만으로 체계의 기능을 유지한다.

그림 11-1 개방체계와 폐쇄체계

6) 체계의 속성

(1) 역동적 속성

체계는 지속적으로 변화를 추구함과 동시에 균형 상태를 유지하려 하는데 이를 역동적 속성이라 하며, 변화와 균형을 동시에 유지하는 체계의 특성을 설명한다. 체계는 항상성을 통해 균형을 유지하려는 경향이 있으며, 이는 체계의 안정 상태를 유지하는 데 중요한 역할을 한다.

① **변화와 균형** : 체계는 외부 환경의 변화에 대응하여 스스로를 조정하며, 이를 통해 균형 상태를 유지한다. 예를 들어, 가족은 구성원의 변화에 따라 역할을 조정하고, 이를 통해 가족의 안정성을 유지한다.

② **항상성** : 체계가 내부 균형을 유지하려는 경향이다. 항상성은 체계가 변화에 대응하여 균형을 회복하려는 과정을 포함한다.

(2) 진화적 속성

시간의 흐름에 따라 체계는 복잡한 적응적 과정을 거쳐 발달하며, 이는 체계 내부의 구조적 스트레스와 긴장을 초래한다. 이러한 긴장은 체계의 진화를 촉진하며 적응적이고 목적성취적인 기능적 체계로 발전하게 한다. 예를 들어, 가족의 생활주기 변화에 따른 적응 과정이 이에 해당한다.

① **진화와 적응** : 체계는 환경의 변화에 대응하여 진화하며, 이를 통해 더 복잡하고 효과적인 기능을 수행하게 된다. 예를 들어, 사회는 기술 발전에 따라 새로운 사회적 구조와 규범을 형성한다.

② **스트레스와 긴장** : 체계의 진화 과정에서 발생하는 내부적 갈등과 도전이다. 이러한 스트레스와 긴장은 체계의 발전과 변화를 촉진하는 역할을 한다.

(3) 과정적 속성

① 의사소통

의사소통은 체계 내에서 정보를 전달하고, 개인 간의 관계를 형성하는 중요한 과정이다. 의사소통은 언어적 · 비언어적 방법으로 이루어지며, 체계의 기능과 적응성에 중요한 영향을 미친다. 가족 내 의사소통 유형은 체계의 규칙과 역할에 따라 달라지며, 이는 체계의 구조와 기능에 중요한 역할을 한다.

- **언어적 의사소통** : 말과 글을 통해 정보를 전달하는 방식이다. 언어적 의사소통은 명확하고 구체적인 정보를 전달하는 데 효과적이다.
- **비언어적 의사소통** : 몸짓, 표정, 침묵 등 언어 외의 방법으로 정보를 전달하는 방식이다. 비언어적 의사소통은 감정과 태도를 전달하는 데 중요한 역할을 한다.

② 투입-전환-산출

체계는 외부로부터 에너지와 자원을 받아들여 내부에서 전환하고, 산출을 통해 외부로 방출한다. 이러한 과정은 체계의 생존과 성장에 필수적이며, 체계의 평형을 유지하고 변화를 촉진하는 역할을 한다. 투입, 전환, 산출은 체계의 지속적인 기능 유지와 발전에 중요한 요소이다.

- **투입**(input) : 체계가 외부 환경으로부터 에너지, 자원, 정보를 받아들이는 과정이다. 예를 들어, 가족은 외부로부터 소득, 식품, 교육 등 다양한 자원을 받아들인다.
- **전환**(transference) : 체계가 투입된 자원을 변형하여 내부에서 활용하는 과정이다. 예를 들어, 가족은 소득을 통해 생활비를 지출하고 자녀의 교육을 지원한다.
- **산출**(output) : 체계가 전환된 자원을 외부로 방출하는 과정이다. 예를 들어, 가족은 자녀를 교육시켜 사회에 기여하는 성인으로 성장시킨다.

- 피드백(feedback) : 산출된 결과가 다시 체계로 돌아와 영향을 미치는 과정이다. 피드백은 체계의 기능을 조정하고 개선하는 데 중요한 역할을 한다.

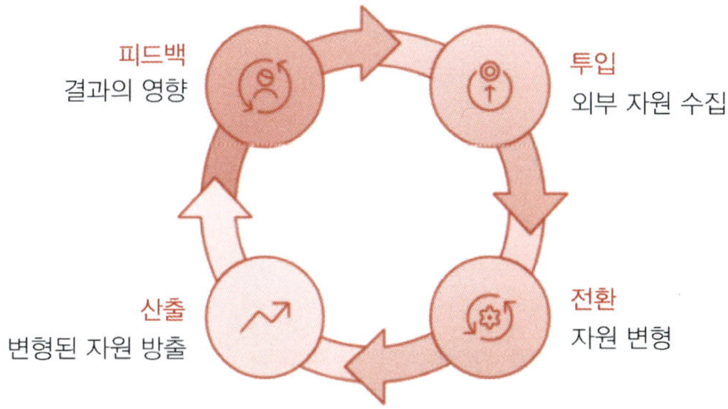

| 그림 11-2 | 투입, 전환, 산출, 피드백 도식

7) 체계 발달에 대한 관점

(1) 개인체계의 발달

개인체계의 발달은 신체적, 심리적, 사회적 요인이 상호작용한 결과로 이해된다. 개인의 행동은 체계 내의 상호작용을 통해 변화하며, 이는 개인의 발달과 적응에 중요한 영향을 미친다. 예를 들어, 어린이가 성장하면서 가족 내에서의 역할이 변화하는 과정이 이에 해당한다.

① **신체적 발달** : 성장과정에서 발생하는 신체적 변화이다. 예를 들어, 아동의 신체 발달은 운동 능력과 신체적 건강에 중요한 영향을 미친다.
② **심리적 발달** : 개인의 인지, 감정, 성격 발달을 포함한다. 예를 들어, 청소년기는 자아 정체성과 감정 조절 능력이 발달하는 중요한 시기이다.
③ **사회적 발달** : 개인이 사회적 관계와 역할을 학습하고 발달하는 과정이다. 예를 들어, 아동은 또래와의 상호작용을 통해 사회적 기술을 습득한다.

(2) 가족체계의 발달

가족체계는 여러 세대에 걸쳐 전해지는 관계와 기능적 유형, 태도 등을 통해 발달하며, 가족생활주기를 거치며 변화를 겪는다. 각 단계에서의 발달 과업을 수행하지 못할 경우, 가족체계 내에서 역기능적 관계가 형성될 수 있다. 가족생활주기는 가족 구성원의 변화에 따른 적응 과정을 설명한다.

① 가족생활주기 : 가족이 일련의 발달 단계와 전환을 경험하는 과정을 의미한다. 예를 들어, 결혼, 자녀 출생, 자녀 독립, 은퇴 등의 단계가 있다.

② 발달 과업 : 가족이 각 생활주기 단계에서 수행해야 하는 과업이다. 예를 들어, 자녀 출생 단계에서는 부모 역할을 학습하고 자녀 양육을 위한 준비가 필요하다.

③ 스트레스와 적응 : 가족이 생활주기의 전환과 발달 과업을 수행하는 과정에서 경험하는 스트레스와 적응이다. 예를 들어, 자녀의 독립은 부모에게 감정적 도전과 적응을 요구한다.

2. 생태체계이론

1) 생태체계이론의 개요

생태체계이론은 1960년대 말 일반체계이론의 한계를 보완하고 생태학적 이론을 결합하여 등장한 이론이다. 이 이론의 기초는 생태학과 체계이론의 융합에 있으며, 이는 인간과 환경 간의 상호작용을 보다 포괄적이고 통합적으로 이해하려는 노력에서 출발했다. 러츠(Lutz, 1956)와 헌(Hearn, 1958)에 의해 학문적 관심 영역으로 처음 소개되었으며, 이후 저메인(Germain)과 고든(Gordon), 바틀렛(Bartlett) 등이 사회복지실천방법론으로 발전시켰다(최순남, 2002).

생태체계이론은 개인, 가족, 집단, 조직, 지역사회 및 그들의 상호 관계성 등을 고려하기 때문에 일반 사회복지실천을 지원할 수 있는 이상적인 관점을 제공한다. 이 이론은 개인과 환경을 상호의존적인 관계로 보고, 인간을 단순히 환경에 적응하는 수동적인 존재가 아니라 환경을 변화시키고 재구성할 수 있는 능동적이고 유목적적인 존재로 본다. 이는 인간이 환경적 요구에 적응하고 때로는 환경을 자신의 요구에 맞게 수정 또는 변화시키며 발전해 나간다는 관점을 지닌다.

생태체계이론은 인간과 환경이 지속적인 상호작용을 통해 서로에게 영향을 미치고 형성하며 상호 적응하는 관계를 강조한다. 이 이론은 인간을 환경적 요구에 적응하고 때로는 환경을 자신의 요구에 맞게 수정 또는 변화시키며 만족스러운 삶을 영위하는 존재로 본다. 이는 인간본성에 대한 유전적 결정론, 정신적 결정론, 환경적 결정론 모두를 배격하고 인간을 환경과의 상호작용을 통해 성장하고 발달하는 존재로 이해한다.

브론펜브레너(Urie Bronfenbrenner)는 생태체계이론의 주요 학자로, 그는 인간 발달이 여러 체계 수준에서 이루어지는 복잡한 상호작용의 결과라고 주장했다. 그의 이론은 미시체계, 중간체계, 외체계, 거시체계, 그리고 시간체계의 다섯 가지 주요 체계를 포함하며, 각 체계는 인간 발달에 중요한 역할을 한다. 미시체계는 개인이 직접 상호작용하는 가장 가까운 환경(가족, 학교, 친구 등)을 말하며, 중간체계는 이러한 미시체계들 간의 상호관계(가족과 학교의 관계 등)를 포함한다. 외체계는 개인에게 간접적으로 영향을 미치는 환경적 요소(부모의 직장, 지역사회 서비스 등)를, 거시체계는 문화적 가치, 법, 정책 등과 같은 더 넓은 사회적 맥락을 포함한다. 마지막으로 시간체계는 개인의 생애에 걸쳐 일어나는 환경적 변화와 사회적 역사적 변화를 포함한다.

이러한 다층적 체계들은 개인의 발달과 적응에 중요한 영향을 미치며, 사회복지실천에서 각 체계의 역할을 이해하는 것이 중요하다. 생태체계이론은 사회복지사들이 개입 시 개인과 환경의 상호작용을 종합적으로 고려할 수 있도록 돕는다. 이는 문제해결을 위해 다각적인 접근을 가능하게 하며, 개인의 문제를 단순히 개인 내부의 문제로 보지 않고 그가 속한 다양한 환경적 요인들과의 상호작용 속에서 이해하려는 접근법을 제시한다.

2) 인간을 보는 관점

생태학적 관점에서 인간은 '환경 속의 인간(person in environment)'이라는 전체적 인간관을 가진다(Germain, 1979). 이는 인간이 환경적 자원과 사회적 지지를 자율적으로 이용하고, 환경 속에서 효과적으로 기능할 수 있다고 보는 낙관적인 시각을 지닌다. 인간은 타인과 가치 있는 사회적 관계를 맺고 존경과 관심을 주고받으며 자아를 발달시키고, 사회의 역할 기대를 적절히 이행하며 일생 동안 타인과 상호 의존성을 유지할 수 있는 능력이 있다고 본다(김동배 · 권중돈, 2006).

생태체계이론은 인간을 진화론적 발달 과정의 결과로 보며, 유전적 변화뿐만 아니라 환경 속의 다양한 체계를 선택하는 과정을 통해 성숙해 가는 존재로 제시한다. 인간은 환경과의 상호 교류를 지지 또는 방해하는 유전적 잠재력을 가지고 있으며, 인간행동은 성장하는 개인과 환경 사이의 상호작용의 산물로 이해된다.

3) 생태체계이론의 주요 개념

생태체계이론의 주요 개념은 크게 세 가지로 구분된다. 첫째, 인간의 특성과 관련된 것으로 관계, 역할, 유능성 등이 있다. 둘째, 환경의 특성에 관한 것으로 인간의 성장과 발달을 촉진하는 물리적 및 사회적 환경이 포함된다.

셋째, 인간과 환경 간에 일어나는 상호 교류와 관련된 것으로 적합성, 적응, 스트레스와 대처 등이 있다.

(1) 인간의 특성

① **관계**(relatedness) : 인간관계를 형성하거나 타인과 연결될 수 있는 능력이다. 초기의 양육 과정에서 시작되며 일생 동안 상호적 보호행동의 유형을 결정하게 된다(Ainsworth & Bell, 1974; Germain, 1987).

② **역할**(role) : 특정 사회적 지위를 가지고 있는 개인이 타인에게 어떻게 행동해야 하는지에 대한 기대를 포함한다. 이는 일련의 기대되는 행동 유형뿐만 아니라 상호적 요구와 의미의 유형을 포함한다.

③ **유능성**(competence) : 자신의 환경 속에서 효과적으로 기능할 수 있는 능력을 말한다(White, 1959). 이는 환경과의 성공적 상호작용을 통해 형성되며, 일관성 있는 애정적 양육과 아동의 지속적 활동이 결합되면 이후에도 타인과 효과적인 관계 유형을 형성할 수 있다.

(2) 환경의 특성

① **사회적 환경** : 가족, 친척, 친구, 이웃, 직장동료 등 주요 타인 간의 관계체계를 포함한다. 사회적 환경은 개인의 성장과 적응에 상당한 기여를 한다.

② **물리적 환경** : 자연적 환경과 인위적 환경으로 구성된다. 자연적 환경에는 기후와 지리적 조건이 포함되며, 인위적 환경에는 건축물, 대중매체, 교통체계 등이 포함된다.

③ **공간과 시간적 리듬** : 개인의 안녕 상태에 중요한 영향을 미치는 환경적 측면을 포함한다. 예를 들어, 공간의 개념은 사회복지관, 병원, 공공기관, 요양원의 설계와 같은 건축양식에도 적용될 수 있다. 시간적 리듬

은 속도, 기간과 같은 시간적 변화와 관련된 개념으로, 개인의 적응과 밀접한 관련성을 지닌다.

(3) 인간-환경의 상호작용

① **적합성**(goodness of fit) : 개인의 적응적 욕구와 환경의 질이 어느 정도 부합되는가와 관련된 개념이다. 적합성은 인간과 환경 사이의 상호 교류를 통하여 성취된다.

② **적응**(adaptation) : 개인과 환경 사이의 활발한 상호교환을 포함한 개인-환경 단위 내에서 이루어지는 과정이다. 인간은 환경을 자신의 욕구에 적합하도록 변화시키고 이러한 환경의 변화에 적응할 수 있어야 한다(Meyer, 1983).

③ **스트레스**(stress) : 개인이 지각한 요구와 이를 충족할 수 있는 자원을 활용할 수 있는 능력 사이의 불균형에서 발생하는 긴장상태이다. 이는 생리적, 심리적, 사회적 수준에서 발생할 수 있다(Lazarus, 1980).

④ **대처**(coping) : 스트레스를 경험함으로써 발생하는 정서적 고통을 통제하기 위한 행동이다. 대처 능력을 갖추기 위해서는 내적 자원과 외적 자원이 필요하다(Bandler, 1963; Maluccio, 1979; Oxley, 1971).

4) 사회환경의 수준

생태체계이론에서는 인간의 행동을 이해하고 접근하기 위해 다양한 맥락과 차원의 환경을 고려해야 한다. 이를 다중체계(multiple systems)라 하며, 미시체계(microsystem), 중간체계(mesosystem), 외체계(exosystem), 거시체계(macrosystem), 시간체계(chronosystem)로 나눌 수 있다(Bronfenbrenner, 1979; 1989).

(1) 미시체계

미시체계는 개인이 가장 밀접하게 상호작용하는 사회적 및 물리적 환경을 말한다. 가족, 친구, 이웃, 동료 등이 포함되며, 이들은 개인과 직접적이고 일상적인 상호작용을 하여 관계를 맺는다. 미시적인 수준의 사회복지실천은 개인, 집단, 가족개입을 통해 개인과 밀접한 상호작용을 하고 있는 체계의 갈등이나 기능회복 등을 돕는다.

(2) 중간체계

중간체계는 개인이 상호작용하는 미시체계들 간의 관계를 말한다. 예를 들어, 가족과 이웃, 학교와 친구 등의 관계를 포함한다. 중시적인 수준의 사회복지실천은 개인을 둘러싼 미시체계들 간의 갈등 해결이나 상호 협력을 통한 문제해결에 도움을 주는 중재의 기능을 수행할 수 있다.

(3) 외체계

외체계는 개인과 직접 상호작용하지는 않지만 영향을 미치는 체계를 말한다. 예를 들어, 공공기관, 사회복지기관, 언론 및 미디어 등이 포함된다. 외체계는 개인의 환경에서 발생하는 변화나 기능 수행의 문제 등이 개인과 미시체계에도 직접적인 영향을 준다.

(4) 거시체계

거시체계는 개인이 속한 보다 거대한 사회나 국가, 민족의 역사적 전통, 가치, 이념 등을 포함하는 정치, 경제, 사회, 문화, 관습, 종교 전통 등을 말한다. 이는 개인과 밀접하게 상호작용하지는 않지만 제도나 법, 정책 등을 통해 많은 영향을 미친다.

(5) 시간체계

시간체계는 시간의 흐름에 따라 개인과 체계에서 나타나는 변화와 발전의 속성을 반영한 개념이다. 개인은 출생부터 죽음에 이르기까지 시간의 흐름에 따라 생물학적, 심리적, 사회적 발달을 거듭하면서 환경과 상호작용을 통해 적응하고 적합성을 이루어 간다.

5) 사회복지실천과의 연관성

생태체계이론은 사회복지실천에서 사정을 위한 모델로서 환경이 인간에 미치는 방식과 인간이 환경에 미치는 방식을 보는 준거틀을 제공한다. 이 이론은 서비스이용당사자의 삶을 분석하고 사정하는 데 개인과 환경의 상호작용 측면 또는 체계 간 공유 영역에 대한 고려가 전제된다. 생태학적 관점은 개인과 환경 간의 적합성 또는 상호 교류에 영향을 미치는 힘에 대한 포괄적인 지식을 제공해 주며, 사회복지현장에서 다양한 대안을 탐색하고 인간을 사회적 맥락으로 이해하는 역동적 시각을 제공한다.

또한 이 이론은 사회복지실천에서 단선적인 사고에서 벗어나 다양한 시각에서 통합적 사고를 할 수 있도록 돕는다. 사회복지실천은 개인의 변화에 영향을 미치는 지식과 기술, 환경의 변화에 영향을 미치는 지식과 기술을 통합하는 데 어려움을 겪어 왔다. 생태학적 관점은 이러한 어려움을 극복하고 통합적 사고를 할 수 있는 유용한 틀을 제공한다.

6) 인간 발달에 대한 관점

생태체계이론에서는 인간행동이 개인과 환경 사이의 상호작용의 산물이라고 본다. 이는 특정한 인간 발달 단계를 제시하지 않고, 일생을 통하여 일어나는 개인과 환경의 상호적 역할에 초점을 둔다. 생태체계이론에서는 발달을 촉진하는 개인적 요인뿐 아니라 행동이 이루어지는 환경(behavioral setting)을 통하여 개인에게 영향을 미치는 복잡한 힘의 관계망을 탐색한다(Garbarino, 1983).

레윈(Lewin)의 행동결정요인에 대한 이론을 더욱 정교화한 브론펜브레너(Bronfenbrenner, 1989)는 일생을 통해 이루어지는 상호 교류적 발달을 D=f(PE), 즉 발달(D)이란 시간의 흐름에 따라 이루어지는 개인-환경(PE) 사이의 함수라고 보았다. 이러한 공식에 따라 생태체계이론에서는 개인과 환경을 발달의 산물이자 생산자라고 본다. 개인의 행동과 발달을 형성하는 상황적 힘의 결집체인 환경이 개인을 억압하거나 개인적 발달을 지지 또는 방해하는 많은 상호작용적인 힘을 포함하고 있다고 할지라도 개인 또한 발달에서 중요한 역할을 한다(Garbarino, 1983).

인간이 발달의 산물이자 생산자라고 보는 관점은 인간이 스스로 결정하고 선택을 할 수 있는 능동적이고 유목적적인 존재라는 생태체계이론의 신념에서 유래한 것이다(Germain, 1979). 즉, 생태체계이론에서는 유아는 백지상태가 아니라 환경과 작용할 수 있는 잠재력을 가지고 태어난다고 본다. 브론펜브레너(Bronfenbrenner, 1989)는 환경과 강력한 상호작용적 효과를 창출할 수 있는 개인의 측면을 '발달적으로 유발된 특성'이라고 한다. 발달적으로 유발된 특성이란 환경으로부터의 반응을 불러일으키거나 억제함으로써 성장을 촉진 또는 저해할 수 있는 개인적 특질이다. 이와 같이 개인은 환경으로부터의 반응을 만들어 낼 수 있을 뿐만 아니라 외부 환경을 창출하고 일생을 통한 심리사회적 성장과정에 영향을 미칠 수 있는 잠재력을 가지고 있다(Bronfenbrenner, 1989).

7) 사회복지실천에의 적용

(1) 적응과 부적응에 대한 관점

생태체계이론에 근거를 두고 있는 생활 모델(life model)에서는 내담자가 환경과 상호 교류하는 과정에서 어느 정도의 적합성을 성취하는가에 초점을 두고 적합성을 성취함으로써 건강한 삶을 영위할 수 있다고 본다. 유능성 모델(competence model)은 유능성의 성취 정도에 따라 개인의 적응과 부적응을 사정한다. 개인이 자율성을 유지하고 필요한 자원을 동원하며 의사결정을 할 수 있을 때 적응적 삶을 영위할 수 있다고 본다.

생활 모델에서는 개인의 욕구와 능력과 환경적 자원 간의 불일치가 발생할 때 심리사회적 스트레스를 경험한다고 본다. 그리고 개인-환경 간의 관계가 스트레스를 받을 때 개인의 생활문제가 발생한다고 본다. 이 접근방법의 주요 학자인 저메인과 기터맨(Germain & Gitterman, 1980)은 생활문제를 도식화하며, 생활문제에는 생활전이 또는 새롭게 부과된 발달상의 요구와 역할, 조직적 자원과 사회관계망의 자원 또는 물리 및 사회적 환경 내에서의 어려움을 포함하는 환경적 압력, 가족 또는 다른 1차 집단에서의 의사소통과 관계 유형에서의 장애를 포함하는 부적응적 대인관계 과정이라는 상호 관련된 세 가지 생활 영역이 포함되어 있다고 한다.

(2) 개입 목표와 과정

생태체계이론에서는 환경과 상호작용하는 개인을 개입의 기본 단위로 보고 있다. 이는 내담자의 대처 능력을 강화하고 환경을 개선하여 내담자와 환경 사이에 더 높은 수준의 적합성을 이루도록 원조한다. 내담자의 개인적 성장을 도모하고, 조직, 사회관계망, 물리적 환경을 보다 양육적인 환경으로 변화시키는 데 목적을 둔다. 환경적 수준에 개입할 경우 지역자원을 활성화하고 지역사회를 조직화하며, 정책 형성에 영향을 미치는 활동 등을 포함한다.

생태체계이론에 기반을 둔 생활 모델의 개입방법은 행동 지향적이고, 단기 개입의 경향이 강하며, 내담자의 자연적 성장 능력을 신뢰하기 때문에 내담자 스스로가 자신의 문제를 해결할 수 있는 능력을 고양하는 데 초점을 둔다. 생태체계이론에서는 내담자와 원조자는 상호 교류 과정에서 상호 간에 영향을 미치며, 내담자가 생활문제를 해결하는 데 있어 원조자는 동반자라고 간주한다. 즉, 생태체계이론에서는 내담자를 수동적 수혜자로 간주하고 원조자를 지배적 전문가로 보지 않으며, 상호 교류 과정에서 보다 더 큰 상호성을 조장할 수 있는 역할을 수행하는 동반자 관계로 규정한다. 따라서 원조자는 내담자의 주관적 현실을 경청하고 이해하여야 하며, 내담자와 함께 문제를 일으키는 요인을 판별하고 문제표현 방식을 파악하며, 문제를 경감하기 위한 방안을 수립해야 한다.

내담자의 적응 능력을 강화하기 위한 원조과정에서 원조자는 조력자, 교사, 촉진자, 중재자, 옹호자, 조직가 등의 역할을 수행하여야 한다(장인협, 1989). 그리고 이러한 역할을 수행하는 과정에서 원조자는 객관적인 중립성을 유지하기보다는 진실성, 무조건적 긍정적 존중, 감정이입적 이해 등을 내담자에게 전달하여 인본주의적 접근방법의 촉진적 원조관계를 형성하여야 한다.

(3) 개입기법

생태학적 접근방법에서는 내담자의 행동, 자율성, 자기존중감, 유능성의 증진을 통하여 적응 능력을 고양하고 환경적 속성을 변화시키는 데 목적을 두고 있으므로 사회관계망 분석, 가계도, 역량강화기법 등을 사용한다.

① **사회관계망 분석** : 생태체계도는 생활 공간 속에서 가족이 차지하는 위

치를 도면으로 표시하여 가족생활과 가족관계를 파악할 수 있는 수단을 제공한다.

② **가계도**(genogram) : 적어도 3세대 이상의 가족성원과 그들의 관계와 관련된 정보를 상징을 사용하여 기록하는 도표이다. 이를 통해 가족 구조와 문제의 진화과정, 가족맥락을 파악할 수 있다.

③ **역량강화**(empowerment) : 내담자가 자신의 문제를 통제할 수 있다는 감정을 갖게 하여 유능감을 증진하고, 내담자의 역량강화를 이루도록 한다. 역량강화기법으로는 사회 변화에 대한 대처기술과 적응 능력 증진 기법, 동기증진 기법, 정신적 안정감과 자기존중감 증진 기법, 문제해결 및 자아지향성 증진 기법, 사회적 변화 증진 기법 등이 있다.

토론

1. 일반체계이론과 생태체계이론의 주요 차이점과 사회복지실천에서의 적용 방안은 무엇인가?
2. 일반체계이론의 개념 중 항상성과 엔트로피가 사회복지실천에 주는 함의는 무엇인가?
3. 생태체계이론에서 다중체계(미시체계, 중간체계 등)의 중요성을 실제 사례를 통해 설명해 보자.
4. 일반체계이론과 생태체계이론의 개입 전략 중 긴급 상황에서 더 효과적인 접근법은 무엇인가?
5. 생태체계이론이 다양한 문화적 맥락과 사회적 배경을 충분히 반영하지 못할 가능성에 대해 논의해 보자.

12 CHAPTER 갈등이론, 상징적 상호작용이론

학습목표

1. 갈등이론의 개념을 이해하고 주요 용어를 익히며 갈등이론을 기반으로 사회복지실천의 필요성을 이해하고, 실천 방법을 설명할 수 있다.
2. 상징적 상호작용이론의 개념을 이해하고, 주요 개념과 이론적 배경을 설명할 수 있으며, 상징적 상호작용이론을 통한 사회문제 해결 방안을 제시할 수 있다.

목차

1. 갈등이론

1) 갈등이론의 개요

갈등이론(conflict theory)은 구조기능주의 이론에 대한 반발로 등장한 이론으로, 사회를 지속적인 갈등과 경쟁의 장으로 바라본다. 이 이론은 칼 마르크스(Karl Marx), 막스 베버(Max Weber) 등의 사상적 기초 위에서 형성되었으며,

이후 랄프 다렌도르프(Ralf Dahrendorf), 루이스 코저(Lewis A. Coser) 등의 학자들에 의해 발전하였다. 갈등이론은 사회가 다양한 이해관계를 가진 개인과 집단으로 구성되며, 이들 간의 대립과 갈등이 사회구조의 본질적인 요소라고 본다. 또한 사회의 발전은 이러한 갈등과 긴장을 통해 이루어진다고 주장하며, 이는 자원의 희소성과 불평등한 분배로 인해 필연적으로 발생한다고 설명한다.

(1) 마르크스의 계급갈등이론

마르크스는 인간을 단순한 개별적 존재가 아니라 사회적 관계의 총체(ensemble)로 보며, 노동(labor)이 인간 존재의 핵심 요소라고 주장했다. 그는 자본주의 사회에서 생산수단을 소유한 부르주아지(bourgeoisie)와 생산수단을 소유하지 못한 프롤레타리아트(proletariat) 간의 계급갈등이 필연적이라고 보았다. 마르크스는 이러한 계급갈등이 사회 변혁의 동력이 되며, 궁극적으로 계급투쟁(class struggle)을 통해 자본주의는 붕괴하고 공산주의 사회로 이행할 것이라고 예측했다. 그의 이론에서 갈등은 단순한 사회적 문제나 일시적인 현상이 아니라, 자본주의 체제의 구조적 속성에서 비롯되는 필연적인 현상으로 간주된다.

마르크스는 변증법적 유물론(dialectical materialism)의 관점에서 역사를 바라보며, 사회 변화는 생산력(productive forces)과 생산관계(relations of production) 사이의 모순에서 비롯된다고 보았다. 즉, 특정 사회체계는 일정한 발전 단계를 거치면서 내부 모순이 심화되며, 결국 혁명을 통해 새로운 사회체계로 전환된다는 것이다.

(2) 다렌도르프의 변증법적 갈등이론

다렌도르프는 마르크스의 계급 개념을 비판적으로 재해석하여 계급갈등을 보다 다차원적인 권력 관계로 확장했다. 그는 현대 산업사회에서 마르크스가 주장한 전통적인 자본가와 노동자 계급만으로는 사회 구조를 설명하기 어렵다고 보았으며, 대신 권위(authority)의 불평등한 분배가 갈등을 유발하는 핵심 요소라고 주장했다.

다렌도르프는 갈등이 필연적이라는 점에서는 마르크스와 유사하지만, 그가 주장한 갈등은 사회를 붕괴시키는 것이 아니라 오히려 사회 발전의 원동력으로 작용한다고 보았다. 그는 사회를 지배계급과 피지배계급이라는 이분법적 구조로 보는 대신, 다양한 집단 간 권력 투쟁이 사회 변화를 이끌어 낸다고 설명했다. 다렌도르프의 이론은 갈등을 사회적 안정과 질서를 유지하는 과정의 일부로 보고, 제도적 개혁을 통해 갈등을 조절할 수 있다고 보았다.

(3) 코저의 기능적 갈등이론

루이스 코저는 갈등을 단순히 부정적인 요소로만 보지 않고, 오히려 사회 통합과 유지를 위한 필수적인 기능을 수행한다고 보았다. 코저는 갈등이 사회 내부의 긴장을 해소하고 집단 간 관계를 조정하는 기능을 수행한다고 보았으며, 이를 통해 사회가 지속적으로 변화하고 발전할 수 있다고 설명했다.

그는 갈등이 사회 조직의 안정성을 해치는 것이 아니라, 적절하게 관리될 경우 오히려 조직 내부의 유대를 강화하고 새로운 사회 질서를 형성하는 데 기여할 수 있다고 보았다. 특히 갈등이 제도화되거나 규칙화될 경우, 사회적 긴장과 불만을 효과적으로 분출하는 역할을 하면서 혁명적 폭발을 방지할 수 있다고 주장했다. 코저는 이를 통해 갈등이 사회의 해체로 이어지기보다는 사회적 조정과 통합을 가능하게 하는 요소로 작용할 수 있음을 강조했다.

(4) 갈등이론의 사회적 함의

갈등이론은 사회체계를 필연적으로 갈등을 내포한 구조로 보며, 사회 질서는 갈등과 투쟁의 결과로 형성된다고 주장한다. 이에 따라, 사회경제적 불평등, 권력의 집중, 자원의 분배 문제 등이 갈등의 주요 요인으로 작용하며, 이는 지속적인 사회 변동을 촉진하는 역할을 한다. 또한 갈등은 단순한 파괴적 요소가 아니라 사회 발전의 원동력이 될 수도 있으며, 이를 어떻게 관리하고 조정하느냐에 따라 사회의 안정성과 지속성이 달라질 수 있다.

갈등이론은 현대사회에서 신자유주의적 경제 구조, 계급 간 불평등, 노동운동, 사회 운동 등의 현상을 설명하는 데 중요한 틀을 제공하며, 비판이론, 여성주의 이론, 세계체계이론 등과 결합하여 다양한 사회 문제를 분석하는 데 활용된다.

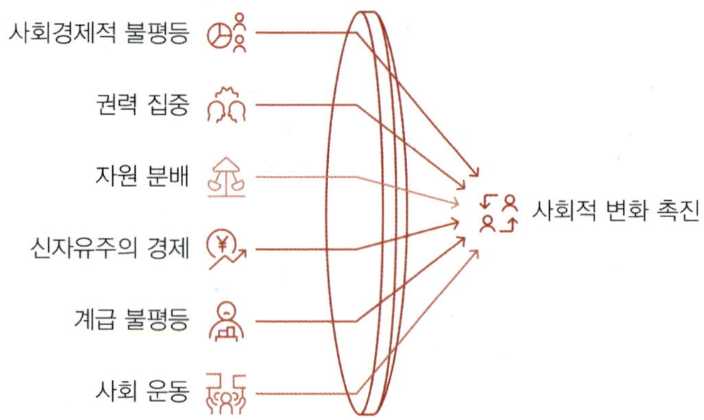

| 그림 12-1 | 갈등이론의 사회적 함의

2) 갈등이론의 주요 용어

(1) 계급구조와 계급갈등

마르크스는 사회의 불평등 문제를 설명하기 위하여 계급이라는 용어를 사용하였다.

① **계급**(class) : 경제적인 자원을 보유하여 같은 지위를 갖게 된 이들의 집단을 의미하며, 이들 계급의 성원은 다른 계급의 구성원과 구분되는 공통의 경험을 가짐으로써 계급에 대한 귀속 의식이 강하게 나타난다.

② **부르주아**(bourgeois) : 자본주의 사회에서 생산수단과 자원을 소유함으로써 노동자를 고용하여 이익을 창출하는 사람들의 집단을 의미한다. 마르크스는 부르주아에 대하여 인격적 가치를 교환 가치로 해체하여 불공정한 착취를 저지르며 정치적인 권력을 오용하여 지배하는 계급이라 비판하였다.

③ **프롤레타리아**(proletariat) : 자본을 소유하지 못해 노동으로 살아가는 사람들의 계급을 의미하며, 급여나 생산물에 대한 권리를 주장할 수 없다.

④ **프티 부르주아지**(petite bourgeoisie) : 소시민을 의미하며 부르주아와 프롤레타리아 사이의 중간 계급으로 부르주아적 사고를 가지며 부르주아에 고용되어 흡수, 통합된다.

⑤ **룸펜프롤레타리아**(lumpenproletariat) : 일용직 노동 등에 관여하는 최하층 노동자 계급을 의미하며 프롤레타리아와 함께 혁명적 활동에 참여하지만, 부르주아에 매수당해 반동적 음모의 도구 노릇을 하게 되는 유랑무산계급을 지칭한다.

⑥ **계급갈등** : 부르주아는 자본을 증식하여 정치에 대한 독점적 지배력을 획득하고, 프롤레타리아 계급에 대한 착취와 억압을 통해 더 많은 자본과 권력을 소유하게 되면서 계급갈등이 빚어진다. 부르주아의 억압과 착취를 자각한 프롤레타리아는 개별적 투쟁을 거쳐 다수의 노동자가 참여하는 자주적 투쟁으로 부르주아를 폭력적으로 타도하여 지배권을 확보한다.

(2) 인간 소외

인간 소외(alienation)는 근본적인 인간성의 상실로 사람다운 삶을 영위하지 못하는 것을 의미하며, 물질이 인간을 지배하게 되는 현상을 지칭하기도 한다. 인간 소외는 노동자로 하여금 노동의 산물로부터의 소외, 노동 그 자체로부터의 소외, 인간 본성으로부터의 소외, 인간으로부터의 소외를 경험하게 만들기 때문에 마르크스는 인간의 사회적 속성을 회복하고 인간과 자연의 통합을 이룰 수 있는 사유재산 제도 철폐, 공산주의 사회 건설이 필요하다고 주장하였다.

(3) 사회계층화와 카리스마적 리더십

베버는 개인이 사회자원을 소유함에 따라 권력을 갖게 되며, 자원에 대한 접근과 획득 기회의 불평등이 사회불평등을 야기한다고 보았다.

① **계층**(stratum) : 경제 · 정치 · 문화적 자원 중의 하나 또는 복합적인 기준에 따라 같은 지위를 가진 사람들의 집단을 의미한다.

② **계급**(class) : 특정한 경제 질서 내에서 부(富)를 얻기 위해 재화와 용역 등을 처분할 수 있는 능력의 종류와 양에 의해 결정된다.

③ **권력**(power) : 타인의 저항에도 불구하고 자신의 목표를 성취할 수 있는 가능성을 의미한다.

④ **사회적 지위**(status) : 특정 사람이나 지위에 대하여 타인이 부여하는 사회적 명성이나 명예, 위신 등에 의해 결정된다.

⑤ **사회계층화**(social stratification) : 계급, 지위, 권력(property, prestige, power)의 세 가지 요소의 상호작용을 통해 계층 간의 불평등이 나타나는 현상을 의미한다.

⑥ **카리스마적 리더십**(charismatic leadership) : 리더가 구성원에게 영향력을 미치기 위해 개인적인 능력이나 재능을 활용하는 리더십을 의미하

며, 카리스마적 리더십을 갖춘 지도자가 사회구조 변동에 성공했을 때 자신의 권위를 일상화하기 위한 새로운 규칙이나 행정체계를 도입함으로써 또 다른 불평등과 권위 체계가 형성된다.

(4) 권위

다렌도르프는 합의와 갈등 모두 사회의 생존을 위한 요소로 간주하고, 이에 따라 생성되는 권위가 계급을 형성시킨다고 보았다. 권위는 지위와 역할에 따른 지배와 복종의 위계구조의 차이를 의미한다. 권위는 사회가 창조하는 것으로, 특정 지위나 역할을 가진 사람은 다른 지위와 역할의 사람에 대해 권리를 가지게 되며 지배를 정당화하고 법적인 강제력의 행사가 가능하다.

(5) 사회갈등

코저는 사회갈등이 집단의 결속력을 강화시킨다고 보고 갈등의 통합과 적응을 강조하였다.

① 갈등 원인 : 갈등은 피지배집단이 기존 자원배분 체계가 정당하지 않다고 여기고 상대적 박탈감 등을 통해 감정적으로 고조되었을 때 발생한다.
② 갈등 강도 : 갈등에 대한 감정적 몰입, 1차적 관계의 세력 관계, 개인적 이익을 초월한 갈등의 객관화, 실질적 이익 문제와 관련된 집단, 사회구조의 경직성 등은 갈등의 강도를 높이는 요인이 된다.
③ 갈등의 지속성 : 갈등 목표의 불명확성, 갈등 목표에 대한 낮은 합의 등은 갈등을 오래 지속시키며, 1차적 관계에서 이루어지는 비동조자와 일탈자에 대한 억압이 강요로 이어지면 지도자의 목표는 완전하게 달성하기 어려워진다.
④ 갈등의 기능 : 갈등 당사자 간의 갈등은 경계를 명확하게 설정시키고, 집단 내에 의사결정 구조가 집중화되는 등 집단 내부의 동조현상을 강

화시킨다. 사회체계 단위에서의 갈등은 혁신과 창조성을 증가시키고 적대감을 해소하며, 실질적인 문제에 대한 인식을 증가시키고 규범적인 통합적 가치를 기초로 한 사회통합을 촉진한다.

3) 갈등이론의 사회복지실천 적용

갈등이론은 국가에 대하여 국가가 유산계급에 유리한 입장을 옹호한다는 비판적 시각을 취하면서 사회구조의 모순을 사회문제의 원인이라고 본다. 이에 따라 불합리한 사회구조의 모순을 해결함으로써 사회문제를 해결할 수 있다고 간주한다. 그러나 사회복지는 국가의 지원을 받는 것이므로, 사회통제의 기제나 자본주의 체제 유지 기제로 사회복지제도를 규정하는 갈등이론의 관점과 역할 모순을 불러올 수 있다. 따라서 사회운동을 통해 억압받는 집단을 위해 복지지출을 확대하고 사회적 조건을 개선하기 위해 노력함으로써 갈등이론과 사회복지의 역할 모순을 극복할 수 있어야 한다.

갈등이론을 통한 사회복지실천에 있어서 중요하게 고려되어야 하는 것은 노동자를 보호할 수 있는 사회복지제도의 필요성을 높이 평가하는 것이며, 이를 통해 사회불평등을 제거하고 인간 소외의 예방과 강력한 규제를 바탕으로 기업이 사회적 책임을 이행할 수 있도록 유도할 수 있다. 특히 갈등이론에 따르면 무산계급은 지역사회 내에서 자원과 권력에 접근할 기회를 박탈당함으로써 억압을 받으면서 불평등을 경험하게 된다. 소외집단(주민)이 권력과 자원에 대한 접근권을 확보하도록 함께 일하는 것이 사회복지실천이 된다. 갈등이론의 사회복지 적용 방법으로는 빈곤과 실업, 사회적 배제 문제의 해결, 차별 철폐, 범죄와 사회불안 해소, 불안정 고용 문제의 해결 등을 위한 옹호와 조직화, 역량 강화, 의사결정 접근성 향상, 평등한 자원배분 노력 등을 들 수 있다.

2. 상징적 상호작용이론

1) 상징적 상호작용이론의 개요

행동주의 이론을 기반으로 체계화된 상징적 상호작용이론(symbolic interaction theory)은 1937년 하버트 블루머(H. Blumer)에 의해 처음 사용된 용어이며, 하버트 미드(J. H. Mead)에 의해 체계화된 이론이다. 상징적 상호작용이론은 개인의 자율성을 강조하는 이론으로, 특정 사회의 구성원들이 자신이 살고 있는 환경에 대응하여 자신만의 고유한 준거의 틀을 구축한다는 것을 전제로 삼는다. 이 이론은 사회화 과정에서 개인의 역할, 관심과 요구, 개인적 이익과 제도적 이익 간의 갈등, 그리고 상황적 학습을 강조하며, 맥락(contexts), 관점(perspectives), 문화(cultures), 전략(strategies), 협상(negotiation) 등의 영역에 주목한다(손직수 역, 1998).

상징적 상호작용이론은 인간이 사회적 상호작용을 통해 의미를 창출하는 과정에 집중하는 이론으로, 언어적·비언어적 상징을 활용한 상호작용을 통해 개인이 자아를 형성하고 사회적 구조가 구성되는 방식을 설명한다. 이 과정에서 사회적 의미는 고정된 것이 아니라 개인과 집단 간의 지속적인 해석과 재해석을 통해 형성되고 변화한다. 특히 의사소통 과정에서 말, 몸짓, 상징, 개념 등의 요소는 사회적·문화적 맥락에 따라 다르게 해석될 수 있는 다의적 성격을 가지며(김병옥, 2008), 자아의 성찰적 의식 과정을 통해 사회의 집합적 관점이 개인의 정신 속에 반영된다(손장권 외, 1994).

(1) 낙인이론

낙인이론(labeling theory)은 상징적 상호작용이론의 한 갈래로, 사회적 상호작용 속에서 특정 집단이나 개인에게 부여된 낙인이 그들의 자아 정체성과 행동에 미치는 영향을 설명한다. 하워드 베커(H. Becker)에 의해 체계화된 이론으로, 개인의 일탈행동은 본질적으로 사회가 부여하는 의미에 따라 정의된다는 점을 강조한다. 즉, 어떤 행동이 일탈로 간주되는가는 사회적 맥락과 권력 구조에 의해 결정되며, 사회적으로 강력한 집단이 특정 행동을 규범적으로 규정하고 처벌하는 과정에서 낙인이 형성된다(Becker, 1963).

어빙 고프먼(E. Goffman)은 그의 저서 『낙인 : 손상된 정체성 관리(Stigma : Notes on the Management of Spoiled Identity)』에서 사회적 낙인이 개인의 사회적 정체성 형성에 미치는 영향을 논의하며, 낙인이 부여된 개인이 자신을 사회적으로 평가된 방식대로 내면화하는 과정에 주목했다. 이 과정에서 낙인을 경험한 개인은 자기개념을 변화시키거나 낙인을 거부하는 전략을 활용하기도 하지만, 종종 부정적인 자기 인식을 수용하게 되어 사회적 배제와 자기충족적 예언(self-fulfilling prophecy)으로 이어질 가능성이 높아진다(Goffman, 1963).

낙인이론은 특히 장애인, 정신질환자, 범죄자 등 사회적 소수집단의 사회적 배제 과정과 연관하여 연구되며, 사회복지실천에서 이러한 낙인효과를 완화하기 위한 개입 전략을 모색하는 데 중요한 이론적 틀을 제공한다. 예를 들어, 정신질환자에 대한 부정적인 사회적 인식과 차별이 오히려 그들의 재활을 저해하는 요인으로 작용할 수 있음을 이론적으로 설명한다.

(2) 역할이론

역할이론(role theory)은 상징적 상호작용이론의 또 다른 분파로, 사회적 구조 내에서 개인이 맡는 다양한 역할과 그에 따른 기대, 규범, 상호작용을 설명하는 이론이다. 미드(Mead)는 자아가 'I(주체적 자아)'와 'Me(객체적 자아)'의 상호작용을 통해 형성된다고 보았으며, 개인이 사회화 과정을 통해 다양한 역할을 학습하고 내면화하는 방식을 설명하였다. 이러한 역할은 단순한 개인적 특성이 아니라 사회적으로 부여된 기대와 규범의 산물이며, 개인은 자신이 속한 사회적 집단 내에서 적절한 행동을 수행해야 한다는 압력을 받는다(Giddens & Sutton, 2017).

역할이론은 사회적 역할의 학습과 수행이 어떻게 이루어지는지를 설명하며, 개인이 주어진 역할을 수행하지 못할 때 역할 갈등(role conflict)이나 역할 긴장(role strain)이 발생할 수 있음을 강조한다. 예를 들어, 직장 내에서 관리자의 역할과 동료로서의 역할이 충돌할 경우 개인은 역할 갈등을 경험할 수 있으며, 다수의 역할을 수행해야 하는 상황에서 역할 부담이 가중될 수도 있다.

사회복지실천에서 역할이론은 클라이언트가 직면하는 다양한 역할 갈등을 이해하고 조정하는 데 중요한 틀을 제공한다. 예를 들어, 한부모가 부모 역할과 경제적 부양자의 역할을 동시에 수행해야 할 때 경험하는 스트레스를 분석하고, 이를 완화할 수 있는 사회적 지원 체계를 모색하는 것이 가능하다.

상징적 상호작용이론은 사회적 의미가 개인 간 상호작용을 통해 형성되고 변화하는 과정을 설명하는 강력한 이론적 틀을 제공한다. 특히 낙인이론과 역할이론은 개인이 사회적 구조 속에서 어떻게 의미를 부여받고 역할을 수행하는지를 분석하는 데 중요한 접근법을 제시한다. 낙인이론은 사회적 정의가 권력 관계 속에서 어떻게 형성되는지를 조명하며, 역할이론은 개인이 사회적 역할을 수행하는 과정에서 겪는 갈등과 조정을 설명한다. 이러한 이론적 논의는 사회복지실천에서 클라이언트의 경험을 보다 심층적으로 이해하고 효과적인 개입 방안을 모색하는 데 필수적인 기초를 제공한다.

2) 상징적 상호작용이론의 주요 용어

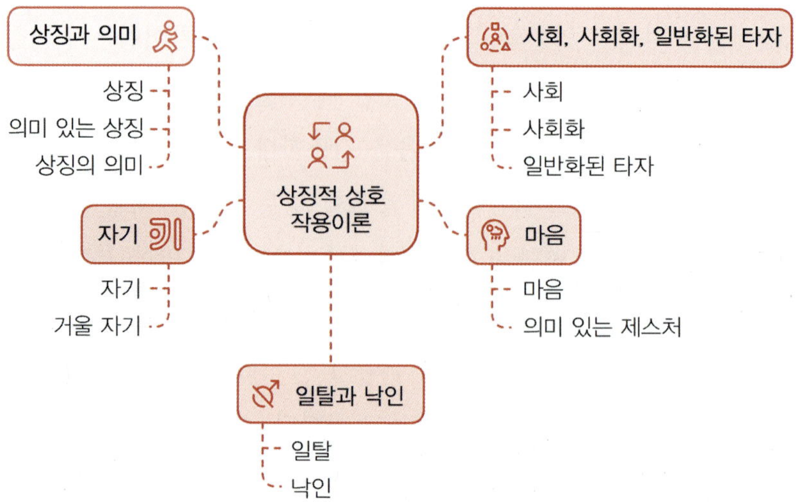

❙그림 12-2❙ 상징적 상호작용이론의 주요 용어

❙그림 12-2❙의 상징적 상호작용이론의 주요 용어를 살펴보면 다음과 같다.

(1) 상징과 의미

① **상징**(symbol) : 사물이나 대상, 생각, 관계 등을 나타내는 표시나 기호, 단어, 소리, 신체적 제스처(gesture), 시각적 이미지 등을 의미한다. 상징은 의사소통과 상호작용의 수단이 되며, 문화적으로 구성되는 의미로서 동일한 문화권에 속한 구성원들은 특정한 상징에 대하여 동일한 의미로 수용하고 공유하여 상호작용을 한다.

② **의미 있는 상징**(significant symbol) : 인간의 언어가 가장 의미 있는 상징이 되며, 이를 통해 진정한 의미의 의사소통과 상호작용이 가능해진다.

③ **상징의 의미** : 동일한 사회 행위로 상대방에게 표현했을 때 상대의 반응에 따라 의미를 가지게 되며, 사회적으로 상호작용하는 사람 사이의 연결이 구성될 때 상징의 의미가 나타난다.

(2) 마음

① **마음** : 마음은 외부의 대상에 대하여 상징을 활용해 인식하는 것을 의미한다. 사람은 대상에 대한 행위와 반응을 고민하여 마음속에서 상상으로 예행연습을 실시하여 사회적 수용 여부를 생각한 후 부적절한 행위를 자발적으로 억제하고 적절한 행위를 선택해 실행할 수 있는 역량을 가진 존재이다.

② **의미 있는 제스처**(significant gesture) : 대상 모두에게 공통적인 의미를 부여하는 제스처로 언어적 제스처와 비언어적 제스처를 포함하며, 상징으로 전환 발달한다. 의미 있는 제스처의 예로는 마음의 역량을 발달시켜 자아와 사회의 발전에 기여하는 유아의 관습적인 제스처와, 타자의 역할을 취하기 위해 개인이 이해하는 관습적 제스처 등을 들 수 있다.

(3) 자기

① **자기**(self) : 자기 인식과 대상과의 상호작용을 통해 형성하는 자기 이미지(self-image)를 구성하는 성격의 한 부분으로, 태도나 가치, 신념, 성향 등 비교적 안정되고 일관된 자신의 특성에 대한 인식을 의미한다. 미드는 자기를 사회적 과정으로 간주하고, 'self = I + Me'를 제시하였다.

② **거울 자기**(looking-glass self) : 쿨리(C. H. Cooley)가 제시한 자기의 개념으로 타인에게 자신이 어떻게 보일지를 생각하고 타인의 판단과 그에 대한 자기의 생각을 토대로 스스로 느끼게 되는 자기를 의미한다.

(4) 사회, 사회화, 일반화된 타자

① **사회**(society) : 개인 간 협력적 상호작용을 통해 발생하는 현상을 의미하며, 상호작용에 의해 형성, 지속되는 것으로, 상호작용이 멈추게 되면 소멸하게 된다.

② **사회화**(socialization) : 개인이 자기가 속한 사회의 가치와 태도, 지식, 기술, 신념 등을 내면화하는 과정을 의미하며 사회적인 기술을 학습하는 과정이다. 사회화는 유아의 놀이(play) 단계를 거쳐 성장하는 과정에서 다양한 활동 속에서 참여하는 타자의 역할을 다양하게 고려함으로써 역할에 따른 관계를 명확하게 형성할 수 있는 게임(game) 단계, 사회 내에서 전체 공동체의 태도를 취할 수 있는 능력을 기르는 일반화된 타자 단계로 이루어진다.

③ **일반화된 타자**(generalized others) : 자신에 대한 기대 행동을 실행으로 옮기려 하는 타자의 역할을 의미하며 전체로서의 사회 내에서 협력을 가능하게 만들며, 이를 통해 더욱 효율적으로 사회집단을 작동시킬 수 있다.

(5) 일탈과 낙인

① **일탈**(deviance) : 사회적 규범이나 제도화된 행위 원칙을 공식적으로 또는 비공식적으로 위반하는 행동이나 행위를 의미한다. 최초의 일탈행위는 일차적 일탈로 구분되며, 행위자의 일탈행동이 타인에게 노출됨으로써 일탈자로 낙인찍히고 스스로 일탈을 인정함에 따라 부정적인 자아정체감을 형성하는 이차적 일탈이 있다. 베커는 일탈에 대해 사회적으로 규정된 규칙을 어기는 행동으로, 사회의 특정 집단이 규칙을 위반하는 사람들을 구분함으로써 일탈행동이 나타난다고 보았다.

② **낙인**(stigma) : 집단 구성원과 구별되는 성, 인종, 지능, 문화, 장애 등의 사회적 특성으로 인해 나타나는 차별행위를 의미하는 것으로, 고프먼은 사회가 선호하거나 혹은 기피하는 특성을 지닌 사람이 사회적으로 거부당함에 따라 나타나는 가상적 사회 정체성과 실질적 사회 정체성의 간극이 낙인이라고 보았다.

3) 상징적 상호작용이론의 사회복지실천 적용

미드와 블루머 등으로 대표되는 상징적 상호작용이론은 사람을 대상과 가난, 불공정한 대우, 강제 퇴직, 실업 상태 등의 상황에 대해 주관적으로 해석함으로써 의미를 부여하고, 그 의미에 따라 능동적으로 자신의 행위를 조종할 수 있는 주체로 간주한다(김경식 외, 2011). 이에 따라 그 사회는 유동적인 속성을 지닌 사회문제를 안고 있으며, 사회문제를 해결하기 위해서는 개인에 주목할 필요가 있다. 사회복지의 측면에서 상징적 상호작용이론을 통해 사회문제를 해결하고자 할 때, 사회구조보다는 개인의 현실 구성을 대상으로 삼고 일탈과 낙인을 야기하는 사회의 규칙이나 규범을 수정함으로써 문제를 해결할 수 있다.

상징적 상호작용이론을 통해 사회복지를 실천하는 방법으로는 대상자의 내면적인 측면, 타인과의 상호작용 측면, 환경과의 상호작용 측면을 고려하여 사회적 상호작용과 관련된 상황을 분석함으로써 대상자의 재사회화, 재활치료, 상황의 재규정, 초점 영역의 전환, 스트레스 감소, 자원 연계, 행동변화를 위한 조건화 전략, 도덕적 권고, 인지 재구조화, 역할 확인과 변화, 제안, 사례관리 등을 사용할 수 있다.

토론

1. 갈등이론이 사회 구조의 불평등과 변화를 설명하는 데 유리한 이유를 논의해 보자.
2. 상징적 상호작용이론의 관점에서 사회복지실천에서 개인의 주관적 경험과 상호작용의 중요성을 분석해 보자.

13
CHAPTER

사회적 차별 및 억압 관련 이론

학습목표

1. 다문화주의의 주요 개념과 이론을 이해하고, 연관된 내용과 사회복지실천의 관련성을 이해한다.
2. 계층이론의 주요 개념과 이론을 이해하고, 연관된 내용과 사회복지실천의 관련성을 이해한다.

목차

사회복지사는 사회적 정의와 인권을 옹호하는 전문직으로, 다양한 사람들의 삶의 질을 향상시키는 데 기여해야 한다. 미국사회복지사협회(NASW : National Association of Social Workers) 윤리강령은 사회복지사가 '인종 · 민족 · 국적 · 피부색 · 성별 · 성적 지향 · 연령 · 혼인 상태 · 정치적 신념 · 종교 · 정신적 또는 신체적 장애로 인한 어떠한 차별도 행하거나 묵과해서는 안 된다'고 명시하고 있다. 이는 모든 사람을 평등하게 대하며, 사회적 소수자들의 권익을 보호해야 함을 강조한다.

현대 한국 사회는 다양한 배경의 사람들이 공존하지만, 여전히 많은 사회적 소수자들이 차별과 억압을 경험하고 있다. 이런 상황에서 사회복지사들이 소수자 권익 보호와 다양성 존중의 가치를 확산하는 일은 매우 중요하다. 사회복지사는 다양한 사람들과 협력하여 차별과 억압 문제를 이슈화하고, 이를 개선하기 위한 교육과 캠페인에 앞장서야 한다.

다양성을 인정하고 존중하는 사회복지실천의 가치는 평등하고 공정한 사회로 나아가는 데 중요한 역할을 한다. 이는 사회복지사 개인만의 책임이 아니라, 사회 전체의 공감과 협력이 필요한 과제이다. 따라서 사회복지사는 지속적으로 윤리적 책임을 인식하고, 교육과 인식 개선 활동을 통해 더 많은 사람들이 사회적 소수자들의 권익 보호와 다양성 존중의 중요성을 이해하고 실천할 수 있도록 도와야 할 것이다.

1. 다문화주의

다문화주의는 다양한 문화를 인정하고 서로 평등함을 유지하며 공존을 추구한다. 다문화주의는 근대 국가체제 이후 탈전통의 사회공동체 구성을 전망하는 철학, 이론, 사회운동론을 아우르는 핵심어라는 점에서 지극히 논쟁적인 개념이다(오경석, 2007 : 25), 자유민주주의 사회가 구성원의 개인적 권리를 보장할 뿐만 아니라 소수자의 문화나 삶의 양태 또한 충분히 보호해야 함을 강조한다(최현덕, 2017 : 21-22).

1) 주요 개념 및 이론

다문화주의는 인종이나 민족마다 다른 다양한 문화나 언어를 단일의 문화나 언어로 동화시키지 않고 공존시켜 서로 승인·존중하는 것을 목적으로 하는 사상, 운동, 정책을 말한다. 즉, 소수집단의 정체성 혹은 고유문화를 사회적으로 승인받는 것이다. 이는 국적 · 인종 · 문화적 배경 · 성 · 연령 · 계층 등에 관계없이 인간으로서 보편적으로 가지는 권리를 향유하고 각각의 특별한 삶의 방식을 존중하여 모두가 공존하는 사회를 만드는 것을 말한다. 초기 다문화주의는 학문적 접근이 아닌 현실적 요구, 즉 정치적 개념과 정책과 관련된 개념으로 시작되었다. 이처럼 다문화주의의 바탕이 되는 인종 · 국적 · 성별 등으로 인해 개인의 문화적 권리가 침해받지 않도록 세계인권선언, 사회적 규약, 그리고 각국의 헌법(평등권)이 보장하는 정책을 구현하는 것으로 다양성의 공존이라는 새로운 패러다임을 제시한 것이다(권오현 외, 2013).

(1) 이주민

이주는 개인이나 집단이 지리적으로 이동하여 체류하거나 정주하는 현상으로, 국내 및 국제 이주를 포함한다. 이주는 자발성(자발적/비자발적)과 기간(영구적/일시적)에 따라 구분되며, 이에 따라 이민자, 체류자, 난민, 정치적 망명자 등으로 분류된다(National Institute of Migration Studies, 2020).

이주의 연쇄이동은 기존 이민자들의 도움을 받아 예비 이민자들이 연쇄적으로 이동하는 현상이다. 이 과정에서 이주민 간 사회적 자본이 형성되고, 차이나타운 같은 새로운 정착지가 생겨난다(Park, 2021). 이주민은 "문화, 민족, 인종적으로 구별되는 소수자 집단"으로, 사회적 차별과 억압을 경험하는 대표적 약자 집단이다(Lee, 2019).

한국 농촌에서는 인구 정책으로 국제결혼을 장려했으며, 경제 활성화로 이주 노동자들도 증가했다. 통계청에 따르면 2023년 외국인 주민 수는 약 213만 명으로 세종시 인구보다 많고, 다문화가구는 약 40만 가구(약 70만 명)에 달한다. 2015년부터 7년간 10만 가구가 증가했다(Statistics Korea, 2023).

이러한 현실에서 이주민과 사회적 소수자들의 권익 보호와 다양성 존중은 사회복지실천에서 매우 중요하다. 사회복지사는 이들이 겪는 차별을 인식하고 해결하며, 평등하고 공정한 사회를 위한 교육과 캠페인에 참여해야 한다(Choi, 2020).

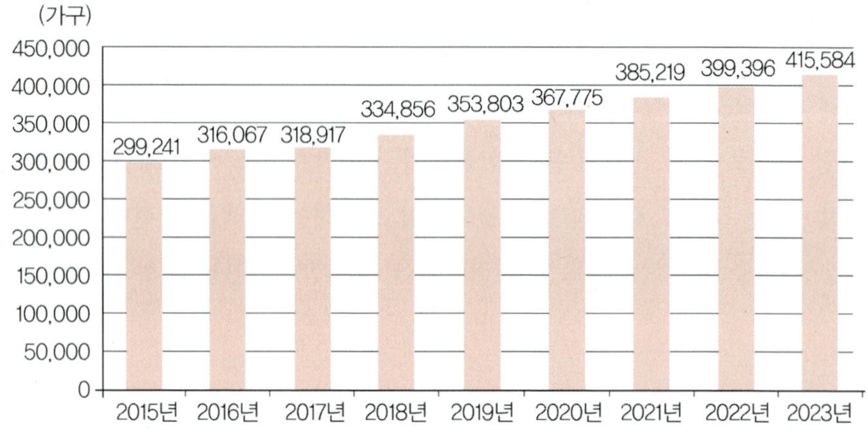

| 그림 13-1 | 대한민국 다문화가구수 통계(2015~2023)

출처 : 통계청(각 년도).

한국 사회의 이주민은 디아스포라(diaspora) 관점을 지니는데, 이들은 한국 사회에 거주하면서 낯선 곳에 머물러 사는 존재로 인식되기 때문이다. 이런 상황과 처지는 해외에 사는 한국 교포가 겪는 것과 일치하고, 그 실상을 재일교포가 일본 사회에서 겪는 차별에서 확인할 수 있다. 메이어스(E. Meyers)는 이주민의 이주를 설명하는 이론으로 경제적 경쟁론, 문화기반론, 국제관계론 세 가지를 들었다(최명민 외, 2009 재인용). 경제적 경쟁론은 토착민과 이주민 사이의 경제적 경쟁에 초점을 둠으로써 노동시장 내 일자리나 주거공간과 사회복지 서비스를 놓고 벌이는 경쟁을 설명한다. 문화기반론은 토착민과 이주민 사이에 나타나는 문화적 갈등에 중점을 둠으로써 이들 간 문화 차이에 따른 여러 반응을 설명한다. 국제관계론은 나라마다 국제관계를 중시하며 자국의 이민정책과 난민정책을 세운다는 데 중점을 둠으로써 국가 간 이주가 국제정치적으로 민감함을 설명한다.

(2) 다문화주의

다문화주의는 서구의 독특한 철학적 배경에서 발전하였다. 파레크(Parekh, 2006)에 따르면, 서구의 다문화주의 이론은 도덕적 일원론에서 시작하여 도덕적 다원성을 인정하고 인간과 문화의 중요한 관계를 인식하는 데까지 발전해 왔다. 그는 서구 다문화주의가 자유주의적 특성을 띠고 있어 문화적 다양성을 인정하되 자율성을 제공하는 능력에 따라 다른 문화를 비교하고 평가할 수 있어야 한다고 주장한다.

킴리카(Kymlicka, 1995)는 기존 자유주의와 국민주의의 한계를 극복하여 개인, 정체성 집단, 국가 간의 관계를 새롭게 정립하는 원리로 다문화주의를 제안하였다. 그의 다문화주의 시민권 개념은 개인을 동일한 권리를 가진 존재뿐만 아니라 정체성 집단의 구성원으로서 차별적 권리를 가진 존재로 인식한다. 이는 기존 시민권 개념이 개인과 국가 간의 관계를 상징했던 것과 달리, 다문화주의 시민권은 정체성 집단을 매개로 개인과 국가 간의 관계를 새롭게 설정한 것이다.

다문화주의가 현대 서구 사회의 사회이념과 정책으로 자리 잡게 된 데는 제2차 세계대전 이후 서구 국가들의 급속한 경제성장과 인구학적 변화가 큰 역할을 하였다. 유럽, 북미, 오세아니아의 선진 자본주의 국가들은 급속한 경제성장과 저출산, 고령화로 인한 노동력 부족 문제를 해결하기 위해 아프리카, 아시아, 남미의 개발도상국들로부터 노동이민자들을 받아들이게 되었다. 이러한 비서구 출신 이민자들의 급속한 유입은 거주국의 인구학적 변화뿐만 아니라 경제, 정치, 사회, 문화, 국가 정체성에까지 지대한 영향을 미쳤다. 서구 국가들은 다문화주의라는 이념을 통해 신규 이민자들을 기존 사회구조에 통합시키고자 하였다. 다문화주의는 다양한 가치들을 반영하는 이념으로, 한 사회 내 다양한 인종이나 민족 집단들의 문화를 단일한 문화로 동화시키지 않고 서로 인정하고 존중하면서 공존하게 하는 데 목적이 있다. 이는 정부 정책과 프로그램을 통해 실현되고 있다(한국민족문화대백과사전).

우리나라에서는 다문화주의를 주로 이민이나 타 문화의 유입 정도로만 생각하는 경향이 있지만, 자국 소수자의 문화, 서브컬처, 지역 문화 등에 대한 존중과 평등한 대우도 다문화주의에 포함된다. 다문화주의는 다양한 문화의 공존을 추구하는 이념으로, 문화의 우열을 가리지 않고 그대로 인정하며 인류가 화합할 수 있을 것이라는 기대에서 출발하였다. 긍정적인 측면에서는 다양성이 중시되는 인간 사회에서 다양한 문화와 인종이 어우러져 더 나은 미래를 열 수 있는 새로운 문화를 창출할 수 있을 것이라는 이상적인 기대를 바탕으로 주창되었다.

(3) 동화이론

동화(assimilation)는 한 사회 내에서 서로 다른 종족 집단들이 함께 살아갈 때, 소수종족 집단의 사람들이 자신들의 고유한 전통과 문화보다 그 사회의 다수종족 집단의 문화와 삶의 양식을 따르게 되는 과정을 의미한다. 동화이론(assimilation theory)은 이민자들이 현지인들과 같은 생활 방식을 갖추도록 하는 것을 주장한다. 이 이론은 로버트 파크(Robert Park)가 제시하였으며, 이민자들이 미국 현지인과의 관계에서 접촉-경쟁-화해-동화 과정을 거치면서 미국 주류 사회에 정착하게 되는 과정을 설명한다(김범수, 2007 : 50 재인용).

동화이론은 1920년대에 상당히 진보적인 이론으로 평가받았다. 20세기 초 미국 사회에서 문화적 동화를 통해 주류에 편입될 수 있다는 주장은 매우 혁신적이었다. 문화동화모형(cultural assimilation model)은 한 사회 내에 존재하는 주류문화와 비주류문화 중 주류문화를 통한 사회 통합을 목표로 한다. 이 모형은 국가와 사회의 정체성을 통일하고 소수자 집단이 주류문화와 가치관에 맞추어 변화해 나가기를 기대하며, 문화를 흡수 통합하는 방식의 용광로(melting pot) 모형을 지지한다.

동화이론에서는 이주민이 주류사회 지배집단의 문화에 동화됨으로써 주류사회에 편입되고 문화적으로 융합되어 이주민과 주류사회 지배집단 혹은 다수집단 사이의 분리를 방지하려 한다. 그러나 동화이론은 상이한 문화적 특수성을 온전한 하나의 문화로 융합시킬 수 없다는 점에서 한계가 있다. 즉, 완전한 문화적 동화는 실현될 수 없으며, 소수 인종과 집단의 문화는 주류사회에서 차별과 배척의 대상이 될 가능성이 크다.

이와 같이, 동화이론은 이주민이 다수 집단의 문화와 동화하여 사회 통합을 이루려는 과정에서 발생할 수 있는 다양한 문제점을 내포하고 있다. 특히 소수 집단의 고유한 문화적 정체성이 유지되기 어려워지며, 주류사회로부터의 차별과 배제 현상이 발생할 수 있다. 이러한 점에서 동화이론은 현대 다문화 사회에서의 문제점을 해결하기 위한 충분한 이론적 기반을 제공하지 못한다는 비판을 받는다. 따라서 다문화사회에서는 동화보다는 다양한 문화가 공존할 수 있는 방향으로 나아가는 것이 중요하다. 이는 소수 집단의 문화적 정체성을 존중하고 다양한 문화적 배경을 가진 사람들이 평등하게 공존할 수 있는 사회를 만들어 가는 데 기여할 수 있을 것이다. 이러한 접근은 현대사회에서 더욱 중요하게 고려될 필요가 있다.

(4) 문화접촉, 변용, 적응이론

문화는 각 사회가 지니는 정체성, 독자성, 독창성을 바탕으로 형성되지만 사회환경의 변화에 따라 변용의 과정을 겪는다. 문화변용은 내적 변용과 외적 변용으로 나눌 수 있다(이전우, 2017a). 내적 변용은 주로 발견이나 발명에 의해 발생하는 생활양식의 변화를 의미하며, 외적 변용은 이웃이나 다른 사회와의 결속으로 인해 발생하는 문화접촉에 따른 변화를 뜻한다.

문화접촉은 서로 다른 문화 배경을 가진 집단들이 만나는 상황을 의미한다. 이 과정에서 두 집단 간에 이미 가지고 있던 문화가 접촉한 결과로 행동

장 피아제(Jean Piaget, 1896~1980)

장 피아제는 스위스 출신의 심리학자이자 인지발달이론의 창시자로, 아동의 사고 발달 과정을 체계적으로 연구한 인물입니다. 그는 인간이 단순히 지식을 수동적으로 받아들이는 존재가 아니라, 자신의 환경과 능동적으로 상호작용하며 인지 구조를 형성해 나간다고 주장하였습니다. 그의 연구는 아동 심리학과 교육학, 발달심리학에 큰 영향을 끼쳤습니다.

- **출생** : 1896년 8월 9일, 스위스 뇌샤텔(Neuchâtel)에서 역사학자인 아버지와 인류학을 공부한 어머니 사이에서 태어났습니다.
- **학력 및 경력** : 뇌샤텔 대학교에서 동물학 박사 학위를 받은 후, 프랑스 파리로 건너가 알프레드 비네의 지능검사 연구에 참여하면서 아동의 인지 발달에 관심을 갖게 되었습니다. 이후 스위스로 돌아와 제네바 대학교와 로잔 대학교 등에서 교수로 재직하며 방대한 발달 연구를 수행했습니다.
  그는 인지발달을 감각운동기, 전조작기, 구체적 조작기, 형식적 조작기의 네 단계로 구분하였으며, 각 단계에서 아동이 세상을 이해하는 사고의 방식이 근본적으로 다르다는 점을 강조했습니다.
- **사망** : 1980년 9월 16일, 스위스 제네바에서 타계하였습니다.

피아제의 이론은 아동의 발달과 학습을 이해하는 데 결정적인 이론적 토대를 제공하며, 특히 사회복지학에서 아동복지, 발달평가, 아동기 개입 전략의 근거 이론으로 널리 활용되고 있습니다.

버러스 프레더릭 스키너(B. F. Skinner, 1904~1990)

버러스 프레더릭 스키너는 미국의 심리학자이자 행동주의 이론의 대표적인 학자로, 조작적 조건형성(Operant Conditioning) 이론을 정립하며 인간행동의 학습과 변화를 과학적으로 설명한 인물입니다. 그는 인간의 내면보다는 관찰 가능한 행동과 그 행동에 대한 강화의 결과에 주목하였으며, 행동주의 심리학의 제2세대를 대표합니다.

- **출생** : 1904년 3월 20일, 미국 펜실베이니아주 서스쿼해나(Susquehanna)에서 태어났습니다.
- **학력 및 경력** : 해밀턴 칼리지(Hamilton College)에서 영문학을 전공한 뒤, 하버드 대학교(Harvard University)에서 심리학 박사 학위를 취득했습니다. 이후 하버드 대학교, 미네소타 대학교, 인디애나 대학교 등에서 교수로 재직하며 연구와 강의를 병행했습니다.
  그는 쥐나 비둘기를 대상으로 한 실험을 통해 특정 행동이 보상(강화)에 의해 반복되고, 처벌에 의해 억제된다는 것을 입증했습니다. 이를 바탕으로 '스키너 상자(Skinner Box)'를 고안하고, 행동 수정 기법(Behavior Modification)의 이론적 기초를 제공하였습니다. 대표 저서로는 『과학과 인간행동(Science and Human Behavior)』, 『자유와 존엄을 넘어서(Beyond Freedom and Dignity)』 등이 있습니다.
- **사망** : 1990년 8월 18일, 미국 매사추세츠주 케임브리지에서 타계하였습니다.

스키너의 이론은 교육, 심리치료, 사회복지실천에서 행동의 변화와 학습 원리를 설명하는 데 유용하게 활용되고 있으며, 특히 문제 행동 개입, 강화 계획 설계, 프로그램 개발에 이론적 기반을 제공합니다.

앨버트 반두라(Albert Bandura, 1925~2021)

앨버트 반두라는 캐나다 출신의 미국 심리학자로, 사회학습이론(Social Learning Theory)과 자기효능감(Self-Efficacy) 개념을 통해 인간의 행동이 단순한 자극-반응의 결과가 아니라, 모델링과 인지적 조절 과정을 통해 학습된다는 점을 강조한 인물입니다. 그는 행동주의와 인지주의를 연결하는 사회인지이론(Social Cognitive Theory)의 토대를 마련하였습니다.

- **출생** : 1925년 12월 4일, 캐나다 앨버타 주 먼데어(Mundare)라는 작은 마을에서 폴란드계 부모 아래 태어났습니다.
- **학력 및 경력** : 브리티시컬럼비아 대학교(University of British Columbia)에서 심리학을 전공하고, 아이오와 대학교(University of Iowa)에서 박사 학위를 받았습니다. 이후 스탠퍼드 대학교(Stanford University) 심리학과 교수로 오랜 시간 재직하며, 세계적으로 영향력 있는 학자로 활동했습니다.
  그는 '보보인형 실험(Bobo Doll Experiment)'을 통해 아동이 타인의 행동을 관찰하고 모방함으로써 공격성과 같은 새로운 행동을 학습할 수 있음을 입증했습니다. 또한 개인이 자신의 능력을 인식하고 행동을 조절하는 능력인 '자기효능감'은 다양한 학습과 동기, 성취에 중요한 요인으로 제시되었습니다.
- **사망** : 2021년 7월 26일, 미국 캘리포니아주에서 별세했습니다.

반두라의 이론은 교육, 상담, 사회복지실천 등 다양한 분야에서 개인의 학습, 동기, 변화 촉진을 설명하는 핵심 이론으로 자리 잡았으며, 특히 모델링 기법, 자기조절 전략, 클라이언트의 자기효능감 향상을 위한 실천 개입의 이론적 근거로 활용되고 있습니다.

아브라함 매슬로우(Abraham Maslow, 1908~1970)

아브라함 매슬로우는 미국의 심리학자로, 인간의 내적 성장과 잠재력 실현에 초점을 둔 인간중심 심리학(Humanistic Psychology)의 창시자 중 한 명입니다. 그는 특히 욕구위계이론(Hierarchy of Needs)을 통해 인간의 동기를 단계적으로 설명하며, 심리학의 패러다임을 행동주의나 정신분석에서 자아실현의 방향으로 확장하였습니다.

- **출생** : 1908년 4월 1일, 미국 뉴욕 브루클린에서 러시아계 유대인 이민자 가정의 장남으로 태어났습니다.
- **학력 및 경력** : 위스콘신 대학교(University of Wisconsin)에서 심리학을 전공하며 해리 할로우의 영향을 받았고, 이후 컬럼비아 대학교에서 연구를 이어갔습니다. 브루클린 칼리지(Brooklyn College), 브랜다이스 대학교(Brandeis University) 등에서 교수로 재직하며 인간 본성, 동기, 자아실현 등에 대한 연구를 심화시켰습니다.
  그는 인간의 욕구를 생리적 욕구 → 안전의 욕구 → 애정과 소속의 욕구 → 자존감의 욕구 → 자아실현 욕구라는 다섯 단계로 구분하였으며, 나중에는 '자기초월(self-transcendence)'의 개념까지 추가하였습니다. 대표 저서로는 『인간 본성에 대한 심리학적 접근(Toward a Psychology of Being)』, 『존재의 심리학(The Farther Reaches of Human Nature)』 등이 있습니다.
- **사망** : 1970년 6월 8일, 심장마비로 캘리포니아에서 타계하였습니다.

매슬로우의 이론은 인간의 성장 가능성과 주관적 경험을 강조하며, 사회복지학을 포함한 교육, 상담, 조직관리 등의 분야에서 인간 이해와 동기 이론의 핵심 기반으로 널리 활용되고 있습니다. 특히 클라이언트의 기본 욕구 충족과 자아실현을 위한 실천적 접근에 이론적 토대를 제공하고 있습니다.

칼 로저스(Carl Rogers, 1902~1987)

칼 로저스는 미국의 심리학자로, 인간중심이론(Person-Centered Theory)을 창안하고, 상담 및 심리치료의 패러다임을 근본적으로 바꾼 인물입니다. 그는 인간을 본질적으로 자기실현의 경향을 지닌 존재로 보고, 조건 없는 긍정적 존중과 공감, 진솔함을 통해 인간의 성장이 촉진된다고 보았습니다.

- **출생** : 1902년 1월 8일, 미국 일리노이주 오크파크(Oak Park)에서 태어났으며, 청교도적 가치관이 강한 가정에서 성장했습니다.
- **학력 및 경력** : 위스콘신 대학교(University of Wisconsin)에서 농학을 전공한 후 신학을 공부하다가 심리학으로 방향을 전환했습니다. 컬럼비아 대학교에서 임상심리학을 공부하고, 오하이오 주립대학교, 시카고 대학교, 위스콘신 대학교 등에서 교수로 재직하며 상담이론과 실천을 발전시켰습니다.
  로저스는 전통적인 지시적 치료 방식과 달리, 내담자 중심 상담(Client-Centered Therapy)을 제안하며, 치료자는 변화의 '지도자'가 아닌 '촉진자'임을 강조했습니다. 주요 저서로는 『상담과 심리치료(Counseling and Psychotherapy)』, 『인간이 되다(On Becoming a Person)』 등이 있습니다.
- **사망** : 1987년 2월 4일, 캘리포니아주 샌디에이고에서 타계하였습니다.

로저스의 이론은 인간 존중, 자율성, 진정성의 중요성을 강조하며, 사회복지실천에서도 클라이언트 중심 접근, 면접 기술, 관계 형성에 깊은 영향을 주었습니다. 특히 사회복지사가 클라이언트를 변화의 주체로 인식하는 실천 철학은 로저스 이론에 기반하고 있습니다.

칼 융(Carl Gustav Jung, 1875~1961)

칼 융은 스위스 출신의 정신과 의사이자 분석심리학(Analytical Psychology)의 창시자로, 인간의 정신세계를 의식과 무의식뿐 아니라 집단무의식(collective unconscious)과 원형(archetype)이라는 개념으로 확장시킨 인물입니다. 그는 프로이트와 초기에는 협력했으나, 무의식의 개념과 인간 본성에 대한 견해 차이로 결별하고 독자적인 심리이론 체계를 발전시켰습니다.

- **출생** : 1875년 7월 26일, 스위스 케스빌에서 개신교 목사의 아들로 태어났습니다.
- **학력 및 경력** : 바젤대학교에서 의학을 전공한 후 정신의학에 입문하였고, 유명한 정신의학자 블로일러와 함께 취리히 부르크홀첼리 병원에서 일하며 정신분열증과 무의식 연구를 시작했습니다.
  프로이트와의 학문적 교류를 통해 정신분석학의 조기 발선에 기여했으나, 융은 무의식을 성적 본능 중심이 아닌 정신의 자율성과 인간 존재의 영적 · 상징적 차원에서 접근했습니다. 그는 인간의 심리 구조를 자아(ego), 그림자(shadow), 아니마/아니무스, 자기(self) 등의 개념으로 설명하고, '개성화 과정(individuation)'을 통해 자아와 자기를 통합해 가는 여정을 강조했습니다.
- **사망** : 1961년 6월 6일, 스위스에서 생을 마감했습니다.

융의 분석심리학은 이후 심리치료뿐 아니라 종교, 신화, 문학, 예술, 꿈 해석 등 인문학 전반에 걸쳐 심대한 영향을 끼쳤습니다. 사회복지실천에서도 그의 이론은 심층 심리 이해, 상징 해석, 영성 개입 등의 관점에서 활용되며, 인간의 통합적 성장과 회복을 이해하는 데 기여하고 있습니다.

존 볼비(John Bowlby, 1907~1990)

존 볼비는 영국의 정신과 의사이자 정신분석가로, 애착이론(Attachment Theory)의 창시자입니다. 그는 아동이 주요 양육자와 맺는 정서적 유대가 전 생애의 정서적 안정과 사회적 기능의 기초를 형성한다고 보았으며, 애착의 질이 이후 인간관계와 심리적 안정성에 중대한 영향을 미친다고 주장했습니다.

- **출생** : 1907년 2월 26일, 영국 런던에서 상류층 가정의 넷째 아들로 태어났습니다. 유모와 가정부의 손에 자라난 유년기의 정서적 결핍 경험이 후일 그의 연구에 영향을 끼쳤습니다.
- **학력 및 경력** : 케임브리지 대학교에서 철학과 심리학을 공부한 후, 런던의 의학 대학원에서 정신의학을 전공하고 정신분석을 수련했습니다. 제2차 세계대전 후, 세계보건기구(WHO)와 함께 아동의 정신건강과 애착의 중요성을 국제적으로 알리는 데 기여했으며, 이후 런던 타비스톡 클리닉에서 임상 연구를 수행했습니다.
  볼비는 아동이 양육자와의 안정적이고 지속적인 애착 형성을 통해 세상을 신뢰하고 정서적 안정감을 형성한다고 보았으며, 애착이 방해될 경우 불안, 공격성, 우울, 사회적 위축 등 부정적 영향을 경험할 수 있음을 밝혔습니다. 대표 저서로는 『애착과 상실(Attachment and Loss)』 3부작이 있습니다.
- **사망** : 1990년 9월 2일, 영국 스카이섬에서 별세하였습니다.

볼비의 애착이론은 아동복지, 가족복지, 임상심리, 정신건강 분야에서 초기 정서적 유대의 중요성을 이론적으로 뒷받침하며, 특히 양육 환경 평가, 위기 개입, 입양 및 위탁보호 등 사회복지실천의 다양한 영역에서 핵심적인 근거로 활용됩니다.

아론 벡(Aaron T. Beck, 1921~2021)

아론 벡은 미국의 정신과 의사이자 심리치료 이론가로, 인지치료(Cognitive Therapy) 또는 인지행동치료(Cognitive Behavioral Therapy)의 창시자입니다. 그는 우울증과 불안장애의 치료에서 기존 정신분석 접근의 한계를 극복하고, 사고의 내용과 구조를 변화시킴으로써 정서와 행동을 개선할 수 있다는 새로운 치료 패러다임을 제시하였습니다.

- **출생** : 1921년 7월 18일, 미국 로드아일랜드주 프로비던스에서 유대인 가정의 막내로 태어났습니다.
- **학력 및 경력** : 브라운 대학교(Brown University)와 예일 대학교(Yale University) 의과대학을 졸업한 뒤, 펜실베이니아 대학교 정신과 교수로 재직하며 연구와 임상을 병행했습니다. 초기에는 정신분석 접근에 몰두했으나, 우울증 환자와의 임상 경험을 통해 비합리적 시고기 정서와 행동에 미치는 영향을 관찰하며, 역기능적 사고(distorted thinking), 인지적 오류(cognitive distortions), 자동적 사고(automatic thoughts)라는 개념을 발전시켰습니다. 그는 심리치료의 목표를 사고의 재구조화와 현실적인 자기 인식의 회복에 두었습니다.
  대표 저서로는 『우울증의 인지치료(Cognitive Therapy of Depression)』, 『불안의 인지치료』 등이 있습니다.
- **사망** : 2021년 11월 1일, 미국 펜실베이니아주 필라델피아에서 타계하였습니다.

벡의 인지치료 이론은 전 세계적으로 널리 적용되며, 특히 우울증, 불안, 강박, PTSD, 중독 등 다양한 문제를 구조적으로 개입할 수 있는 접근법으로 자리매김하였습니다. 사회복지실천 영역에서는 문제 중심 개입, 단기 상담, 자기조절 훈련, 클라이언트의 역기능적 신념 수정 등에 이론적 토대를 제공하며, 실천적 효과성이 높은 접근법으로 인정받고 있습니다.

존 왓슨(John B. Watson, 1878~1958)

존 왓슨은 미국의 심리학자로, 고전적 행동주의(Classical Behaviorism)의 창시자입니다. 그는 심리학을 인간의 내면 세계가 아닌 관찰 가능한 행동의 과학으로 전환시킨 인물로, 인간행동이 환경에 의해 학습된다는 관점을 체계화하였습니다. 그의 이론은 이후 행동주의 심리학과 행동수정 기법의 기초가 되었습니다.

- **출생** : 1878년 1월 9일, 미국 사우스캐롤라이나주 트래블러스 레스트에서 태어났습니다.
- **학력 및 경력** : 시카고 대학교(University of Chicago)에서 철학과 심리학을 전공하고 박사학위를 취득했습니다. 이후 존스홉킨스 대학교에서 교수로 재직하며 심리학의 연구 방향을 재정립했습니다.
  1913년 '행동주의 선언문'으로 불리는 논문 「심리학을 행동주의자의 관점에서 본다면(Psychology as the Behaviorist Views It)」을 통해 의식, 감정, 내적 과정 대신 행동 그 자체를 과학의 대상으로 삼아야 한다고 주장했습니다.
  가장 유명한 실험인 '리틀 알버트 실험(Little Albert Experiment)'에서는 어린아이가 흰쥐에 공포 반응을 학습하도록 유도함으로써, 공포조차도 학습될 수 있는 조건반사임을 주장했습니다.
- **사망** : 1958년 9월 25일, 미국 코네티컷주에서 별세하였습니다.

왓슨의 이론은 인간행동을 환경적 자극과 반응의 결과로 이해하며, 이후 스키너의 조작적 조건형성과 반두라의 사회학습이론 등 행동주의 계열 이론의 출발점이 되었습니다. 사회복지학에서는 아동 행동지도, 문제행동 개입, 조건형성 기반 프로그램 개발 등에 이론적 배경을 제공하며, 특히 행동 수정이 필요한 실천 영역에서 유용하게 활용됩니다.

로버트 해비거스트(Robert J. Havighurst, 1900~1991)

로버트 해비거스트는 미국의 교육학자이자 발달심리학자로, 발달과업이론(Developmental Task Theory)을 통해 인간의 생애주기별로 달성해야 할 과업이 존재한다는 관점을 제시한 인물입니다. 그는 신체적 성숙, 개인적 욕구, 사회적 기대 간의 상호작용을 통해 인간 발달을 설명하였으며, 교육 및 사회복지 분야에 실천적 통찰을 제공했습니다.

- **출생** : 1900년 6월 5일, 미국 오하이오주 마리온에서 태어났습니다.
- **학력 및 경력** : 오하이오 웨슬리언 대학교를 졸업한 뒤, 오하이오 주립대학교와 오하이오 대학교에서 교육심리학과 실험심리학을 연구하였습니다. 이후 시카고 대학교와 하버드 대학교 등에서 교수로 재직하며 아동교육과 노년기 연구에 집중했습니다.
  해비거스트는 인간의 일생을 유아기, 아동기, 청소년기, 청년기, 중년기, 노년기로 구분하고, 각 시기마다 성공적으로 수행해야 할 발달 과업이 있다고 주장했습니다. 예컨대 청소년기는 자아정체감 확립, 성인기는 직업 역량과 자녀 양육, 노년기는 사회적 역할 전환과 죽음 수용을 중요한 과업으로 보았습니다.
- **사망** : 1991년 1월 31일, 미국 플로리다주에서 타계하였습니다.

해비거스트의 발달과업이론은 개인이 특정 생애 단계에서 직면하는 과업과 역할을 사회적 맥락 속에서 이해할 수 있도록 돕습니다. 사회복지학에서는 아동, 청소년, 노인 등 생애주기별 욕구와 지원 전략을 설계하는 데 중요한 이론적 틀로 활용되며, 특히 발달 단계에 맞춘 예방적 개입과 상담, 복지서비스 기획에 실천적 기반을 제공합니다.

존 듀이(John Dewey, 1859~1952)

존 듀이는 미국의 철학자이자 교육학자, 심리학자로, 진보주의 교육운동과 실용주의 철학(Pragmatism)의 핵심 인물입니다. 그는 인간의 학습과 발달을 이론 중심이 아닌 경험과 문제해결 과정으로 보고, 학교 교육과 사회적 경험의 통합을 강조하였습니다. “교육은 삶을 위한 준비가 아니라 삶 그 자체”라는 관점으로, 현대 교육과 사회복지실천에도 큰 영향을 미쳤습니다.

- **출생** : 1859년 10월 20일, 미국 버몬트주 벌링턴에서 태어났습니다.
- **학력 및 경력** : 버몬트 대학교에서 철학을 전공한 후, 존스홉킨스 대학교에서 박사 학위를 취득했습니다. 이후 미시간 대학교, 시카고 대학교, 컬럼비아 대학교 등에서 교수로 재직하며 철학, 심리학, 교육학을 넘나드는 학제 간 연구를 수행했습니다.
  그는 아동을 수동적인 수용자가 아니라 능동적 참여자(active participant)로 보았으며, 교육은 아동이 환경과 상호작용하며 문제를 해결해 가는 과정이라고 보았습니다. 그의 대표 저서 『민주주의와 교육(Democracy and Education)』에서는 교육과 민주주의 사회의 이상을 연결지으며, 학교는 작은 사회라는 점을 강조했습니다.
- **사망** : 1952년 6월 1일, 뉴욕시에서 타계하였습니다.

듀이는 인간의 성장과 발달을 단절된 지식의 축적이 아닌 지속적인 경험의 재구성 과정으로 보며, 이론과 실천의 통합을 강조했습니다. 사회복지학에서는 그의 철학이 인간 중심 접근, 문제해결 중심 모델, 참여적 실천 철학에 반영되어 있으며, 특히 지역사회복지, 교육복지, 집단작업 등에서 실천적 지침이 됩니다. 또한 클라이언트의 삶의 경험을 존중하고, 사회적 참여와 능동성을 강화하는 실천 방향에 이론적 정당성을 제공합니다.

다니엘 레빈슨(Daniel J. Levinson, 1920~1994)

다니엘 레빈슨은 미국의 심리학자이자 성인발달 연구의 선구자로, 생애구조 이론(The Theory of Life Structure)을 통해 성인기에도 인간은 예측 가능한 발달 단계와 전환기를 경험한다는 점을 강조한 인물입니다. 그는 심리학의 발달 이론이 주로 아동과 청소년기에 집중되었던 한계를 넘어, 성인기 발달에 대한 심층 연구를 수행했습니다.

- **출생** : 1920년 5월 28일, 미국 뉴욕에서 태어났습니다.
- **학력 및 경력** : 워싱턴 대학교에서 심리학을 전공하고, 하버드 대학교에서 석 · 박사 과정을 밟았습니다. 이후 예일 대학교 심리학과 교수로 재직하며 장기간에 걸쳐 성인 남성과 여성의 생애 패턴과 전환기를 추적 연구했습니다.
  그는 인간의 삶을 구조화된 생애주기(life cycle)로 보며, 각 시기에는 안정기와 전환기가 교차하며 삶의 방향을 형성한다고 설명했습니다. 성인기의 주요 발달 과업으로는 초기 성인기, 중년기 전환, 중년기 안정화, 후기 성인기 등이 있으며, 이 과정에서 개인은 자아의 재정립과 사회적 역할 변화에 적응해 나가야 한다고 보았습니다.
  대표 저서로는 『인생의 계절(The Seasons of a Man's Life)』, 『인생의 새로운 계절(The Seasons of a Woman's Life, 유작)』이 있습니다.
- **사망** : 1994년 4월 12일, 미국 코네티컷주에서 타계하였습니다.

레빈슨의 이론은 성인기 발달을 정체된 시기로 보지 않고, 역동적인 자기 탐색과 변화의 시기로 해석함으로써, 사회복지학의 성인 및 중 · 노년기 실천 영역에서 전환기 지원, 위기 개입, 자아 재구성의 이론적 틀로 널리 활용됩니다. 특히 중년기 위기, 직업 변화, 은퇴 적응 등 사회적 · 심리적 변화를 이해하고 지원하는 데 중요한 기여를 하였습니다.

카렌 호나이(Karen Horney, 1885~1952)

카렌 호나이는 독일 출신의 정신과 의사이자 정신분석가로, 신경증 이론과 여성 심리학의 재정립에 선구적 역할을 한 인물입니다. 그녀는 프로이트의 전통적 정신분석이론을 비판하면서, 인간의 성격은 성 본능보다 사회적·문화적 요인과 대인관계 경험에 의해 더 크게 영향을 받는다고 주장하였습니다. 특히 여성의 심리와 자아 발달을 성 중심적 편견에서 벗어나 새롭게 조명했습니다.

- **출생** : 1885년 9월 16일, 독일 함부르크에서 엄격한 루터교 가정에서 태어났습니다.
- **학력 및 경력** : 독일 베를린 대학교에서 의학과 정신분석을 공부한 후, 독일 정신분석학회에서 활동했습니다. 1930년대 미국으로 이주한 이후, 뉴욕 정신분석연구소 및 뉴욕 의과대학에서 강의하며 독자적인 이론을 전개했습니다.
  호나이는 인간의 불안을 단순한 충동의 억압이 아닌, 부적절한 양육, 정서적 박탈, 사회적 위협 등에서 기인한 기본 불안(basic anxiety)으로 보았습니다. 이에 따라 사람들은 세 가지 신경증적 경향–타인에게 다가가기(순응형), 타인에게서 멀어지기(고립형), 타인에게 맞서기(공격형)–을 통해 불안을 방어한다고 설명했습니다.
  주요 저작으로는 『우리 시대의 신경증 인간(The Neurotic Personality of Our Time)』, 『여성과 자기분석(Feminine Psychology)』, 『자기 분석(Self–Analysis)』 등이 있습니다.
- **사망** : 1952년 12월 4일, 미국 뉴욕에서 타계하였습니다.

호나이의 이론은 심리학과 정신분석 분야에서 성별과 사회구조에 대한 비판적 시각을 도입하였으며, 이후 페미니즘 심리학, 문화심리학, 관계 중심의 상담에 이론적 기반을 제공했습니다. 사회복지학에서는 여성, 소수자, 약자에 대한 심리적 이해, 그리고 대인관계 중심의 개입 전략을 세우는 데 실천적 토대를 제공합니다.

해리 스택 설리번(Harry Stack Sullivan, 1892~1949)

해리 스택 설리번은 미국의 정신과 의사이자 정신분석가로, 대인관계이론(Interpersonal Theory)의 창시자입니다. 그는 성격의 발달과 정신장애의 원인을 개인 내부의 충동보다는 대인관계 속에서 형성되는 경험과 상호작용에 주목하며, 인간은 본질적으로 사회적 존재임을 강조했습니다.

- **출생** : 1892년 2월 21일, 미국 뉴욕주 노르위치에서 아일랜드계 이민자의 아들로 태어났습니다. 외로운 어린 시절과 따돌림 경험이 그의 이론 형성에 깊은 영향을 주었습니다.
- **학력 및 경력** : 시카고 러시 의과대학(Rush Medical College)에서 의학을 전공하고 정신의학자로 활동하였습니다. 미국의 심리학 · 정신의학계를 중심으로 독자적인 이론을 발전시켰고, 이후 워싱턴 D.C.에서 윌리엄 앨런 화이트 정신과병원을 공동 설립했습니다.
  설리번은 인간 성격의 형성 과정에서 '자기체계(self-system)'와 '불안(anxiety)'의 상호작용을 중시했으며, 개인은 사회적 관계 속에서 불안을 회피하기 위해 다양한 방어기제를 발달시킨다고 보았습니다. 그는 치료자와 환자 간의 상호주관적 관계를 강조하며, 치료자가 일방적인 해석자가 아닌 참여적 관찰자(participant observer)가 되어야 함을 주장했습니다.
  그의 이론은 이후 대인관계 치료(IPT : Interpersonal Psychotherapy)로 발전되어 현대 임상실천에 널리 적용되고 있습니다.
- **사망** : 1949년 1월 14일, 프랑스 파리에서 학술 회의 참석 중 타계하였습니다.

설리번의 대인관계이론은 사회복지학에서 인간관계 중심의 실천, 관계 형성과 갈등 해결, 자아개념 회복을 위한 개입에 실질적인 틀을 제공하며, 특히 정신건강, 아동 · 청소년, 가족복지 영역에서 활용도가 높습니다. 그의 이론은 "모든 정신병리는 인간관계에서 비롯되며, 인간관계 속에서 치유될 수 있다"는 실천 철학을 반영하고 있습니다.

엘리자베스 퀴블러-로스(Elisabeth Kübler-Ross, 1926~2004)

엘리자베스 퀴블러-로스는 스위스 출신의 정신과 의사이자 호스피스 운동의 선구자로, 죽음과 수용의 5단계 모델(Five Stages of Grief)을 제시한 인물입니다. 그녀는 죽음을 앞둔 사람들의 심리적 과정을 체계적으로 분석하고, 삶의 마지막 순간을 인간 존엄의 관점에서 바라보는 시각을 세계적으로 확산시켰습니다.

- **출생** : 1926년 7월 8일, 스위스 취리히에서 삼녀 중 장녀로 태어났으며, 어릴 적부터 생명과 죽음에 깊은 관심을 가졌습니다.
- **학력 및 경력** : 취리히 대학교 의과대학에서 의학을 공부한 후 미국으로 이주해 정신의학을 전공했습니다. 시카고 대학교 병원에서 말기 환자들을 돌보며, 임종을 앞둔 이들과의 심층 면담을 바탕으로 죽음에 대한 심리적 반응을 분석했습니다.
  그녀는 1969년 출간한 대표 저서 『죽음과 죽어감(On Death and Dying)』을 통해 인간이 죽음을 받아들이는 과정이 일반적으로 부정(denial) → 분노(anger) → 타협(bargaining) → 우울(depression) → 수용(acceptance)의 5단계를 따른다고 제시하였으며, 이는 오늘날 슬픔과 상실에 대한 심리적 이해의 기초로 널리 활용되고 있습니다.
- **사망** : 2004년 8월 24일, 미국 애리조나주에서 타계하였습니다.

퀴블러-로스의 이론은 임종과 상실을 다루는 사회복지, 의료, 상담 분야에서 죽음 교육, 슬픔 상담, 호스피스 및 완화의료 서비스의 이론적 토대로 자리 잡았습니다. 사회복지실천에서는 특히 상실과 애도 과정에서 클라이언트의 감정 단계별 수용과 지지를 위한 개입 전략에 실용적으로 적용되고 있습니다.

참고문헌

강소영(2012). 매슬로우 욕구에 따른 네일관리행동. 충남대학교 대학원 석사학위논문.

강철희 외(2006). **지역사회복지실천론**. 경기 : 나남출판.

고명규(1991). Skinner와 Rogers의 相談理論 分析을 통한 折衷的 相談模型 探索. 충남대학교 대학원 박사학위논문.

고영희(2012). **청소년기의 자기 표현과 사회적 적응**. 서울 : 청목출판사.

구경모(2021). 문화적응과 동화이론. **사회과학연구**, 610.

권석만(2013). **현대이상심리학**(제2판). 서울 : 학지사.

권육상 외(2007). **지역사회복지론**. 서울 : 유풍출판사.

권정임(2009). 시스템 생태학에 대한 철학적 비판-생태적 통합과학에 대한 전체론적 전망의 창출을 위해. **사회와 철학**, **18**, 33-70.

권중돈(2021). **인간행동과 사회환경**(제2판). 서울 : 학지사.

권중돈 · 김동배(2014). **인간행동과 사회환경**. 서울 : 학지사.

기시미 이치로 저, 박재현 역(2015). **아들러 심리학을 읽는 밤**. 경기 : 살림.

기시미 이치로 저, 이주 역(2015). **아들러 용기의 심리학을 말하다**. 서울 : 한국경제신문.

길귀숙 · 강희숙 · 김상곤 · 오영훈 · 유용식 · 임승희 · 천덕희 · 현영렬(2022). **사회복지실천기술론**. 경기 : 양서원.

김경식 외(2011). **교육사회학**. 경기 : 교육과학사.

김도연(2005). **청소년 발달과 교육**. 서울 : 학지사.

김도영(2018). **사회복지사의 역할과 임산부 관리**. 서울 : 학지사.

김동배 · 권중돈(2000). **인간행동이론과 사회복지실천**. 서울 : 학지사.

____________(2006). **인간행동과 사회환경**. 경기 : 공동체.

김미경(2022). Consumption Smoothing in a Transition Economy with a Large Informal Sector : Evidence from Russia.

김미례 · 노안영 · 오명자(2007). Adler의 생활양식이론의 관점에서 본 중년기 여성의 사회적 관심 정도 및 활동수준과 주부생활스트레스의 관계. **상담학 연구**, **7**(2), 935-950.

김민경(2020). 가족체계와 집단치료의 효과성에 관한 연구. 이화여자대학교 대학원 석사학위논문.

김범수(2007). 미국의 다문화주의와 동화이론. **사회과학연구**, **50**.

김병구(2012). 한국범죄학 : 경찰협상팀 운용현황과 발전 방안에 대한 연구. **한국범죄학**, **4**(2), 117-144.

김병성(2005). **교육과 사회**. 서울 : 학지사.

김병옥(2008). 교육사회학. 서울 : 학지사.
김선미(2023). 부모의 양육태도와 청소년의 문제행동 변화. 충북대학교 대학원 박사학위논문.
김소연(2008). 발달심리학의 이해. 서울 : 학지사.
김애순(2005). 발달심리학 : 이론과 실제. 서울 : 교육과학사.
김연권(2010). 문화상대주의와 그 중요성. 문화연구, 25.
______(2010). 다문화사회와 문화다원주의. 서울 : 사회과학연구소.
______(2010). 문화상대주의 이해. 서울 : 학지사.
______(2010). 문화상대주의와 다문화주의 : 이론과 현실. 서울 : 학지사.
김영호 · 양은심 · 이순영 · 주수길(2005). 인간행동과 사회환경. 경기 : 양서원.
김영준(2015). 사회이동의 개념과 측정. 사회과학연구, 32(4), 123-145.
김윤재 외(2011). 사회복지실천기술론. 서울 : 동문사.
김은경(2017). 아동보호와 복지 서비스. 경기 : 양서원.
김은미(2012). 페미니즘의 역사. 서울 : 여성문화사.
김은아(2011). Maslow이론에 비추어 본 퇴계의 교육적 자아실현. 전남대학교 대학원 박사학위논문.
김은희(2006). 칼 로저스 인간이해와 상담이론에 관한 기독교적 고찰. 고신대학교 선교대학원 석사학위논문.
김정혜(2018). 페미니즘과 사회복지실천의 관계. 사회복지연구, 29(2), 45-67.
김정훈 · 조인상 · 정문경(2019). 인간행동과 사회환경. 경기 : 파워북.
김정희(1995). 아들러 학파의 심리치료. 윤순임 외 공편. 현대상담 · 심리치료의 이론과 실제. 서울 : 중앙적성출판.
______(2017). 발달심리학의 이해. 서울 : 학지사.
김정희 외(2017). 아동발달 심리학. 서울 : 학지사.
김철수(2010). 합리적 정서행동치료(REBT)가 청소년의 스트레스와 우울증에 미치는 영향. 한국심리학회지 : 상담 및 심리치료, 22(3), 345-362.
김초록(2014). 청소년기의 부모-자녀 관계와 독립성. 서울 : 학지사.
김춘경 외(2010). 상담의 이론과 실제. 서울 : 학지사.
김태련 · 장휘숙(1994). 발달심리학. 서울 : 박영사.
김필진(2007). 아들러의 사회적 관심과 상담. 서울 : 학지사.
김현미(2015). 제2물결 페미니즘의 사회적 영향. 서울 : 사회과학출판사.
김현숙(2010). 초등학생의 신체발달이 학교생활만족 및 자아개념에 미치는 영향. 한국체육대학교 대학원 석사학위논문.
김혜경 외(2011). 사회복지학 개론. 서울 : 학지사.
김홍중(2015). 탈콧 파슨스(Talcott Parsons) 사회학에서 '사회(society)' 개념의 재구성. 서울대학교 대학원 박사학위논문.
김화진(2021). 간호사의 욕구만족이 이직의도에 미치는 영향 : Maslow의 욕구위계이론 기반.

삼육대학교 일반대학원 석사학위논문.
남세진(2001). **집단지도방법론**. 서울 : 서울대학교출판부.
노혜련 외(2023). **예방과 통합의 관점에서 본-아동복지론**. 서울 : 학지사.
데이비드 번스 저, 차익종 · 이미옥 공역(2015). **필링 굿**. 서울 : 아름드리미디어.
류근필(2022). **문화변용과 사회변화**. 서울 : 학지사.
문숙희(2012). 대중매체의 선정성이 청소년 성행동에 미치는 영향에 관한 연구. 조선대학교 대학원 석사학위논문.
박경구 · 전신현(1998). 사회구조와 행위주체. **사회과학논총**, 17, 123-147.
박경애(2012). 인지행동치료전문과정 초급과정 자료집.
박경희(2018). 지위불일치와 사회적 갈등. **사회문제연구**, 29(1), 67-89.
박영희(2011). **유아교육개론**. 서울 : 교육과학사.
박재욱(2018). 사회체계와 인간행동의 상호작용에 대한 연구. 연세대학교 대학원 박사학위논문.
박재훈(2018). **발달심리학의 기초**. 서울 : 학문사.
박지영(2018). **다양성과 포괄성 : 제3물결 페미니즘의 의미**. 서울 : 다문화연구소.
박지은(2017). 성평등을 위한 사회복지정책의 필요성. **여성학논집**, 15(3), 123-144.
박지현(2017). **임산부 지원 프로그램의 효과성 분석**. 서울 : 교육과학사.
박진영(2015). **문화다원주의와 사회통합**. 서울 : 학지사.
박찬진 · 안성진 · 정진옥(2010). 콜버그의 도덕발달단계 이론에 따른 인터넷윤리 교육방법에 관한 연구. **한국컴퓨터교육학회 학술발표대회논문집**, 2010(8), 177-181.
배은경(2004). 주체적 존재로서의 여성. **페미니즘과 실천**, 22.
백운효(2009). **청소년기의 신체적 발달**. 서울 : 교육과학사.
법무부(2016). 출입국 · 외국인정책통계연보.
벨 훅스(2010). **페미니즘 이론 : 주변에서 중심으로**. 서울 : 모티브북.
_______(2017). **모두를 위한 페미니즘**. 경기 : 문학동네.
서봉연 · 이순형(1983). **발달심리학 : 아동발달**. 서울 : 중앙적성출판사.
서울대학교 교육연구소(1995. 6. 29). **교육학용어사전**. 서울 : 하우동설
서혜석 · 송유미 · 이미영(2009). **청소년기의 발달과 문제 행동**. 서울 : 학지사.
손미숙(2013). 청소년의 성관련 경험과 일탈행동 연구 원스톱지원센터 청소년 중심으로. 인하대학교 대학원 석사학위논문.
손병덕 · 강란혜 · 백은림 · 서화자 · 양숙미 · 황혜원(2008). **인간행동과 사회환경**. 서울 : 학지사.
손장권 외(1994). **미드의 사회심리학**. 서울 : 일신사.
송명자(1999). **발달심리학**. 서울 : 학지사.
송지성 · 이성애(2012). 인지발달적 상호작용이 유아 디자인교육에 미치는 영향-피아제와 비고츠키의 인지발달이론을 중심으로. **한국디자인문화학회지**, 18(3), 215-227.
신기원 · 김상아 · 김용준 · 오하나 · 이우언 · 임중철(2023). **인간행동과 사회환경**. 경기 : 공동체.
심현진(2023). Psychological Recovery of Industrial Accident Workers and the Effect of Industrial

Accident Compensation Insurance Programs : Based on Maslow's Hierarchy of Needs. 고려대학교 대학원 박사학위논문.
아서 클락 저, 김영애 외 공역(2005). 방어기제를 다루는 상담기법. 서울 : 김영애가족치료연구소.
안계춘(2000). 현대사회학의 이해. 서울 : 법문사.
안계춘 외(1990). 지역사회복지론. 경기 : 공동체.
안상훈(2014). 체제전환국 복지국가에 관한 비교사회정책 연구. 서울대학교 대학원 사회복지학과 박사학위논문.
안효민(2013). 청소년 문제 행동의 이해. 서울 : 학지사.
알프레드 아들러 저, 김문성 역(2015). 아들러 실전 심리학 개인심리학의 창시자. 서울 : 스마트북.
알프레드 아들러 저, 김문성 역(2018). 아들러 심리학 입문 플러스. 서울 : 스타북스.
______________________(2017). 아들러 인생방법 심리학. 서울 : 동서문화사.
양옥경 외(2005). 사회복지실천론. 경기 : 나남출판.
양정남 · 정민숙 · 최은정 · 권구영 · 박일연(2009). 인간행동과 사회환경. 서울 : 청목출판사.
엄명용 · 노충래 · 김용석(2008). 사회복지실천기술의 이해. 서울 : 학지사.
엄태완(2020). 인간행동과 사회환경. 경기 : 공동체.
연문희 · 이영희 · 이장호(2008). 인간중심상담이론과 사례실제. 서울 : 학지사.
오경석(2007). 한국에서의 다문화주의 : 현실과 쟁점. 경기 : 한울.
오승환 · 최경희 · 박선혜(2024). 인간행동과 사회환경. 경기 : 양서원.
오창순 외(2010). 인간행동과 사회환경. 서울 : 학지사.
오창순 외(2015). 인간행동과 환경(제3판). 서울 : 학지사.
위키백과사전. "문화적응 이론." Retrieved from https://ko.wikipedia.org/
유성해(2003). 노자의 도덕경과 로저스의 인간중심 상담 이론의 비교. 연세대학교 대학원 박사학위논문.
유수현 · 김창곤 · 김용진 · 천덕희 · 최은정 · 이화영 · 성준모 · 최희철 · 허만세 · 김남형 · 이현주 · 채정아(2015). 인간행동과 사회환경. 경기 : 양서원
유안진 · 김혜선(1996). 인간발달. 서울 : 한국방송대학교출판부.
유정민(2014). 로저스 인본주의 교육론의 실천적 의미. 경인교육대학교 교육전문대학원 석사학위논문.
윤소영(2020). 디지털 시대의 페미니즘 : 제4물결의 도전과 과제. 서울 : 디지털문화연구소.
윤영민(2000). 청소년의 인터넷 음란물 접촉 실태 조사. 서울 : 한국교육개발원.
윤주영(2003). 프로이드와 로저스의 성격이론 분석. 복음신학대학원 대학교 석사학위논문.
윤 진(2002). 문화상대주의의 이론과 실제. 사회과학논집, 115.
윤홍식(2019). 탈가족화와 젠더 평등. 사회복지연구, 50.
______(2019). 여성과 노동 : 젠더 관점에서의 분석. 서울 : 사회과학출판사.
이근홍(2006). 문화와 사회복지. 경기 : 나눔의집.
______(2007). 인간행동과 사회환경. 경기 : 공동체.

______(2023). 인간행동과 사회환경. 서울 : 신정.
이명화(1998). 청소년기의 성 행동과 성 교육. 서울 : 교육과학사.
이명희(1994). 칼 로저스의 인간중심 상담이론의 철학적 함의. 한국심리학회지 : 상담 및 심리치료, 6(1), 1-20.
이무석(2005). 정신분석에로의 초대. 서울 : 도서출판 이유.
이미현(2007). 6학년 학생들의 인지발달 단계와 자료 표현방법의 이해에 대한 실태분석. 한국교원대학교 대학원 석사학위논문.
이부영(2011). 분석심리학. 서울 : 일조각.
이삼식 · 최효진 · 윤홍식(2015). 가족변화에 따른 결혼 · 출산형태 변화와 정책과제. 한국보건사회연구원.
이수자(2004). 페미니즘과 사회복지 : 이론과 실천. 서울 : 학지사.
이승민(2017). 사회이동성과 지위불일치의 상관관계 분석. 사회구조연구, 20(3), 45-68.
이영철 외(2001). 사회복지학. 서울 : 양서원.
이영호 외(2022). 인간행동과 사회환경. 경기 : 공동체.
이옥경 외 공역(2009). 유아 발달의 이해. 서울 : 학지사.
이우언 · 윤경원 · 안외자 · 박선태 · 최병태(2022). 인간행동과 사회환경. 경기 : 공동체.
이인정 외(2008). 인간행동과 사회환경. 경기 : 나남출판.
이인정 외(2018). 인간행동과 사회환경. 경기 : 나남출판.
이인정 · 최혜경(2012). 인간행동과 사회환경. 경기 : 나남출판.
____________(2021). 인간행동과 사회환경. 경기 : 나남출판.
이상호 · 정남운 · 조성호(2010). 상담심리학의 기초. 서울 : 학지사.
이전우(2017). 문화변동과 사회변화. 서울 : 학지사.
이정민(2019). 여성 빈곤과 사회복지 개입. 복지정책연구, 34(1), 89-112.
이종복(2011). 인간행동과 사회환경. 경기 : 학현사.
이준우 외(2021). 인간행동과 사회환경. 경기 : 양서원.
이준우 · 최희철(2024). 인간행동과 사회환경. 경기 : 양서원.
이철수(2009). 가족 관계의 이해. 서울 : 학지사.
이현지(2019). 조직체계에서의 사회복지 실천 전략 연구. 고려대학교 대학원 박사학위논문.
이형석(2022). 인강행동과 사회환경. 경기 : 양서원.
이혜영(2019). 임산부 건강 관리와 사회복지 실천. 서울 : 청목출판사.
이화숙(2009). 가족과 정신 건강. 서울 : 교육과학사.
임선영 · 권석만(2012). 관계상실을 통한 성장이 성격적 성숙과 정신건강에 미치는 영향. 임상 31(2), 427-447.
임선하(1985). 인지 발달 이론. 서울 : 아카데미서적.
임안나 외(2011). 사회복지실천기술론. 경기 : 공동체.
임은희 외(2021). 인간행동과 사회환경. 경기 : 양서원.

임 혁(2021). 사회복지상담론. 서울 : 학지사.

임 혁 · 채인숙(2015). 정신건강의 이해. 경기 : 공동체.

장연집 · 박 경 · 최순영(1998). 현대인의 정신건강. 서울 : 학지사.

장휘숙(2008). 가족심리학. 서울 : 박영사.

전남련 외(2011). 사회복지실천기술론. 서울 : 도서출판 오래.

정미란(2013). 가족관계가 아동 정신 건강과 부모의 상담 추구 태도에 미치는 영향. 경남대학교 대학원 석사학위논문.

정서영 외(2017). 인간행동과 사회환경. 경기 : 양서원.

정성훈(2008). 구별, 일반화, 기능적 분석-체계이론의 비교연구방법에 관한 고찰. 철학사상, 28, 379-419.

정순례 외(2020). 청소년상담 이론과 실제. 서울 : 학지사.

정옥분(2004). 청소년 문제 행동과 해결 방안. 서울 : 학문사.

정 은(2010). 인간행동과 사회환경. 서울 : 학지사.

정헌주(2021). 사회조직의 이해. 서울 : 한국문화사.

조성자 · 정윤주 · 정문경(2019). 상담이론과 실제. 서울 : 에듀컨텐츠.

조숙경(2015). 에릭슨과 매슬로우의 이론을 통해 본 노년기의 의미고찰. 복음신학대학원대학교 석사학위논문.

조재훈(1996). 발달 심리학 개론. 서울 : 학문사.

조정숙(2015). 청소년 문제 행동과 사회적 발달. 서울 : 청목출판사.

주삼환 외(2009). 교육행정 및 교육경영. 서울 : 학지사.

최돈찬 역(2006). 생리학의 아버지 파블로프. 서울 : 바다출판사.

최민수(2019). 아동기의 신체 활동과 발달. 서울 : 교육과학사.

최성환(2009). 문화의 변용과 사회적 배제 : 한국 사회의 다문화주의. 서울 : 한울아카데미.

최세영(2022). 인간행동과 사회환경. 경기 : 어가.

최순남(1994). 인간행동에 대한 사회체계이론의 접근. 한신논문집, 11, 201-230.

최영민(2011). 대상관계이론을 중심으로 쉽게 쓴 정신분석이론. 서울 : 학지사.

최옥채(2010). 사회복지실천론. 경기 : 양서원.

최옥채 외(2008). 인간행동과 사회환경. 경기 : 양서원.

최옥채 외(2015). 인간행동과 사회환경. 경기 : 양서원.

최옥채 외(2020). 사회복지실천론. 경기 : 나눔의집.

최옥채 · 박미은 · 서미경 · 전석균(2008). 인간행동과 사회환경. 경기 : 양서원.

______________________(2011). 인간행동과 사회환경(제4판). 경기 : 양서원.

______________________(2023). 인간행동과 사회환경. 경기 : 양서원.

최유진(2019). 사회적 부적응 행동과 청소년기. 서울 : 교육과학사.

최윤정(2019). 초기청소년의 자아정체감 형성을 위한 집단미술치료 사례연구. CHA 의과학대학교 대학원 석사학위논문.

최은영(2020). 다양성 존중과 사회복지실천. **다문화사회연구, 22**(1), 56-78.
최정민(2005). **제1물결 페미니즘과 참정권 운동**. 서울 : 현대사회연구소.
최천규(2020). **아동복지 이론과 실제**. 서울 : 사회과학출판사.
최해경(1999). **정신분석학적 입장에서 본 청소년기 발달**. 서울 : 청목출판사.
칼 G. 융 · 캘빈 S. 홀 공저, 이현성 역(2015). **분석심리학의 창시자 융의 심리학 해설**. 서울 : 스마트북.
통계청(2024). 2023년 대한민국 다문화 가구수 통계표.
하지현(2016). **정신의학의 탄생 : 나는 누구인가에서 시작된 정체성의 발견**. 서울 : 청목출판사.
한국기독상담심리학회 편(2019). **분석심리학과 표현예술치료**. 서울 : 학지사.
한국보건사회연구원(2022). 사회적 체계와 복지국가. 한국보건사회연구원 학술지.
한국청소년개발원(2004). **청소년의 발달과 변화**. 서울 : 한국청소년개발원.
한상철(2009). **청소년기의 대인관계와 사회성 발달**. 서울 : 교육과학사.
황보경(1999). **인지발달 이론의 이해**. 서울 : 학지사.

Abel, E. L., & Sokol, R. J.(1987). Incidence of fetal alcohol syndrome and economic impact of FAS-related anomalies. *Drug and Alcohol Dependence, 19,* 51-70.
Abraham Maslow(2009). **에이브러햄 매슬로의 동기와 성격**. 오혜경 역. 경기 : 21세기북스.
______________(2005). **존재의 심리학**. 정태연 외 공역. 서울 : 문예.
Adler, A., & Orgler, H.(1987). **아들러 심리학 해석**. 설영환 역. 서울 : 선영사.
Ainsworth, M. D., Blehar, M. C., Waters, E., & Wall, S.(1978). *Patterns of Attachment : A Psychological Study of the Strange Situation.* Hillsdale, NJ : Lawrence Erlbaum Associates.
American Psychological Association(2020). *Publication Manual of the American Psychological Association*(7th ed.). Washington, DC : APA.
Anthony Giddens & Philip W. Sutton(2018). **현대사회학**. 김미숙 · 김용학 · 박길성 · 송호근 · 신광영 · 유홍준 · 정성호 공역. 서울 : 을유문화사(원저 2017 출간).
Atkinson, R. C., & Shiffrin, R. M.(1968). Human memory : A proposed system and its control processes. In K. W. Spence & J. T. Spence(Eds.), *The psychology of learning and motivation*(Vol. 2, pp. 89-195). Academic Press.
Baddeley, A. D.(2007). *Working memory, thought, and action.* Oxford University Press.
Baltes, P. B.(1987). Theoretical propositions of life-span developmental psychology : On the dynamics between growth and decline.
Baumrind, D.(1971). Current patterns of parental authority. *Developmental Psychology Monograph, 4*(1, Pt.2), 1-103.
Bernard, J.(1973). *The sociology of community.* Scott, Foresman.
Bengtson, V. L., & Harber, K. M.(1983). Social Networks, Social Support, and the Aging Process : Implications for Intervention. *Social Work, 28*(1), 24-31.
Berk, L. E.(2009). *Child Development*(8th ed). Boston : Allyn & Bacon.

Berry, J. W.(1997). Immigration, acculturation, and adaptation. *Applied Psychology : An International Review, 46*(1), 5-34.

Berry, J. W., Kim, U., & Boski, P.(1988). Psychological acculturation of immigrants. In Y. Y. Kim & W. B. Gudykunst(Eds.), *Cross-cultural adaptation : Current approaches*(pp. 62-89). Newbury Park, CA : Sage.

Blau, P. M.(1964). *Exchange and power in social life.* Transaction Publishers.

Bloom, L.(1993). *The Transition from Infancy to Language : Acquiring the Power of Expression.* Cambridge University Press.

Bloom, M.(1984). *Configurations of human behavior.* New York : Macmillan.

Blumer, H.(1969). *Symbolic interactionism : Perspective and Method.* Englewood Cliffs, Prentice Hall.

Bourdieu, P.(1984). *Distinction : A Social Critique of the Judgement of Taste.* Cambridge : Harvard University Press.

Bower, T. G. R.(1979). *Human Development.* San Francisco : Freeman.

Bowlby, J.(1969). *Attachment and Loss : Vol. 1. Attachment.* New York : Basic Books.

Brian Thorne(2007). 인간중심치료의 창시자 칼 로저스. 이영희 외 공역. 서울 : 학지사.

Bronfenbrenner, U.(1979). The Ecology of Human Development : Experiments by Nature and Design.

Brown, L. S.(2007). Empathy, genuiness and the dynamics of power : A feminist response to Rogers. *Psychotherapy : Theory, Research, Practice, Training, 44,* 257-259.

Burden, M. J., Jacobson, S. W., & Jacobson, J. L.(2005). Relation of prenatal alcohol exposure to cognitive processing speed and efficiency in childhood. *Alcoholism : Clinical and Experimental Research, 29,* 1473-1483.

Carl Rogers(2007). 칼 로저의 사람-중심상담. 오제은 역. 서울 : 학지사.

_________(2009). 진정한 사람되기. 주은선 역. 서울 : 학지사.

Caroff, P.(1982). Stress and Social Work: A Conceptual Model. *Social Work, 27*(5), 389-393.

Carter, E. A., & McGoldrick, M.(1980). Family Life Cycle and Family Therapy. *Journal of Family Therapy, 22*(1), 12-34.

Charles Horton Cooley(1909). 사회조직의 이해(Social Organization).

Choi, S.(2020). *Social Work in a Multicultural Society.* Seoul : Social Work Press.

Cohen, S.(1980). Aftereffects of Stress on Human Performance and Social Behavior : A Review of Research and Theory. *Psychological Bulletin, 88*(1), 82-108.

Cook, J. L., & Cook, G. L.(2004). *Child Development : Principles and Perspective*(S.O.S. ed). Boston : Allyn & Bacon.

Cornelius, M. D., Goldschmidt, L., Day, N. L., & Larkby, C.(2002). Alcohol, tobacco and marijuana use among pregnant teenagers : 6-year follow-up of offspring growth effects. *Neurotoxicology and Teratology, 24*(6), 703-710.

Corsini, R, J., & Wedding, D.(Eds.)(2005). *Current Psychotherapies*(7th ed). NY : Wadsworth

Publishing.

Crain, W. C.(1983). 발달의 심리. 서봉연 역. 서울 : 중앙출판.

Dahrendorf, R.(1959). *Class and Class Conflict in Industrial Society.* Stanford University Press.

David, D., Szentagotai, A., Eva, K., & Macavei, B.(2005). A synopsis of rational-emotive behavior therapy(REBT) : Fundamental and applied research. *Journal of Rational-Emotive & Cognitive-Behavior Therapy, 23*(3), 175-221.

Davis, K., & Moore, W.(1945). Some Principles of Stratification. *American Sociological Review, 10*(2), 242-249.

DeCasper, A. J., & Fifer, W. P.(1980). Of human bonding : Newborns prefer their mothers' voices. *Science, 208*(4448), 1174-1176.

Dewald, P.(2010). 정신치료의 이론과 실제. 김기석 역. 서울 : 고려대학교출판부.

DiPietro, J. A., Bornstein, M. H., Costigan, K. A., Pressman, E. K., Hahn, C. -S., & Painter, K., Smith, B. A., & Yi, L. J.(2002). What does fetal movement predict about behavior during the first two years of life?. *Developmental Psychobiology, 40,* 358-371.

DiPietro, J. A., Costigan, K. A., & Gurewitsch, E. D.(2002). Fetal response to induced maternal stress. *Early Human Development, 70*(3), 117-122.

Elder, G. H.(1998). The life course as developmental theory.

Elkind, D.(1967). Egocentrism in Adolescence. *Child Development, 38*(4), 1025-1034.

Ellis, A.(1962). *Reason and Emotion in Psychotherapy.* New York : Lyle Stuart.

______(1977). *The Basic Clinical Theory of Rational-Emotive Therapy.* New York : Institute for Rational Living.

______(1994). *Reason and Emotion in Psychotherapy*(Rev. ed.). New York : Citadel Press.

______(2004). *Rational Emotive Behavior Therapy : It Works for Me--It Can Work for You.* Amherst, NY : Prometheus Books.

Emerson R.(1972). *Exchange Theory Part I: A Psychological Basis for Social Exchange.* Boston : Houghton Mifflin.

Erikson, E. H.(1950). *Childhood and Society.* W. W. Norton & Company.

__________(1992). 아동기와 사회 : 인간발달 8단계 이론. 윤 진 · 김인경 공역. 서울 : 중앙적성출판.

Etzioni, A.(1961). Types of Organizations and Structures of Compliance. *Journal of Organizational Behavior and Human Performance, 6*(2), 257-278.

Eytan Meyers(2000). *Theories of International Immigration Policy : A Comparative Analysis.* International Migration Review.

Farber, B. A., Brink, D. D., & Raskin, P. M.(1996). *The Psychotherapy of Carl Rogers : Cases and Commentary.* New York : The Guilford Press. 주은선 역(2017). 칼 로저스의 심리치료 사례와 해설. 서울 : 학지사.

Feldman, R., Weller, A., Leckman, J. F., Kuint, J., & Eidelman, A. I.(2007). The nature of the mother's tie to her infant : Maternal bonding under conditions of proximity, separation, and potential loss. *Journal of Child Psychology and Psychiatry, 48*(9).

Flavell, J. H.(1963). *The Developmental Psychology of Jean Piaget.* New York : Van Nostrand Reinhold.

Fogelman, K.(1980). Smoking in pregnancy and subsequent development of the child. *Child Care, Health and Development, 6,* 233-249.

Frisch, R. E.(1991). The Timing of Menarche and its Implications. *Developmental Review, 11*(1), 41-53

Gans, H. J.(1962). *The Urban Villagers : Group and Class in the Life of Italian-Americans.* New York : Free Press.

Germain, C. B.(1983). An Ecological Perspective in Casework Practice. *Social Casework, 64*(6), 323-331.

Germaom, C., & Gitterman, A.(1996). *The Life Model of Social Work Practices : Advances in theory practice*(2nd ed.).

Gilligan, C.(1982). *In a Different Voice : Psychological Theory and Women's Development.* Harvard University Press.

Ginsburg, H., & Opper, S.(1988). *Piaget's Theory of Intellectual Development.* Englewood Cliffs, NJ : Prentice Hall.

Goldstein, E. B.(2010). *Sensation and perception*(8th ed.). Wadsworth.

Greene, R. R., & Ephross, P. H.(1991). Human Behavior Theory and Social Work Practice. *Journal of Social Work Education, 27*(3), 217-226.

Groome, L. J., Swiber, M. J., Holland, S. B., Bentz, L. S., Atterbury, J. L., & Trimm, R. F.(1999). Spontaneous motor activity in the perinatal infant before and after birth : Stability in individual differences. *Developmental Psychobiology, 35,* 15-24.

Hall, C. S., & Lindzey, G.(1991). **성격의 이론.** 이상로 · 이관용 공역. 서울 : 중앙적성출판.

Hall, C. S., & Nordby, V. J.(1973). *A primer of Jungian Psychology.* NY : A Meridian Book.

Harford, M.(1971). *Group work with the aging.* Council on Social Work Education.

Hanke, W., Sobala, W., & Kalinka, J.(2004). Environmental tobacco smoke exposure among pregnant women : Impact on fetal biometry at 20-24 weeks of gestation and newborn child's birth weight. *International Archives of Occupational and Environmental Health, 77,* 47-52.

Hartman, A., & Laird, J.(1983). Family Definitions and Roles in Contemporary Society. *Journal of Social Work Research, 14*(3), 89-102.

Havighurst, R. J.(1972). *Developmental Tasks and Education.* McKay.

Heider, F.(1958). *The Psychology of Interpersonal Relations.* New York : Wiley.

Hepworth, D. H., Rooney, R. H., Rooney, G. D., & Strom-Gottfried, K.(2016). *Direct Social Work Practice : Theory and Skills.* Cengage Learning.

Hjelle, L. A.(1992). *Personality theories : basic assumptions, research, and applications.* McGraw-Hill.

Hjelle, L. A., & Ziegler, D. J.(1992). **성격심리학.** 이훈구 역. 서울 : 법문사.

Homans, G. C.(1961). *Social behavior : Its elementary forms.* Harcourt, Brace.

Inhelder, B., & Piaget, J.(1958). *The Growth of Logical Thinking from Childhood to Adolescence.* Basic Books.

Institute of Medicine(1996). *Fetal Alcohol Syndrom : Diagnosis, Epidemiology, Prevention, and Treatment.* Washington, DC : National Academy Press.

Irvin D. Yalom(2008). **집단정신치료의 이론과 실제.** 최해림 · 장성숙 공역. 서울 : 하나의학사.

Kim, J.(2022). *Multicultural Families in Korea.* Korea Development Institute.

Kisilevsky, B. S., Hains, S. M. J., Lee, K., Xie, X., Huang, H., Ye, H. H., Zhang, K., & Wang, Z.(2003). Effects of experience on fetal voice recognition. *Psychological Science, 14*, 220-224.

Kohlberg, L.(1981). *The Philosophy of Moral Development : Moral Stages and the Idea of Justice.* Harper & Row.

__________(1984). *Essays on Moral Development, Vol. II : The Psychology of Moral Development.* Harper & Row.

Landry, S. H., Smith, K. E., & Swank, P. R.(2006). Responsive parenting : Establishing early foundations for social, communication, and independent problem-solving skills. *Developmental Psychology, 42*(4), 627-642.

Lee, H.(2019). *Minority Groups and Social Welfare.* Incheon : Welfare Publishing.

Levinson, D. J.(1978). *The Seasons of a Man's Life.* Alfred A. Knopf.

Liebert, R. M., & Spiegler, M. D.(1990). *Personality : Strategies and Issues.* Pacific Grove, Califonia : Brooks/Cole Publishing Company.

Marcia, J. E.(1966). Development and validation of ego-identity status. *Journal of Personality and Social Psychology.*

Martin, J. C.(1992). The effects of maternal use of tobacco products or amphetamines on offspring. In T. B. Sonderegger(Ed.), *Perinatal Substance Abuse : Research Findings and Clinical Applications.* Baltimore : Johns Hopkins University Press.

Marx, K., & Engels, F.(1848). *The Communist Manifesto.* Communist League.

Maslow, A. H.(1959). Creativity in Self-actualizing People. In H. H. Anderson(Ed.), *Creativity and Its Cultivation.* New York : Harper & Row.

___________(1987). *Motivation and Personality.* New York : Harper and Row.

Mattaini, M. A., Lowery, C. T., & Meyer, C. H.(2002). *The foundations of social work practice : A graduate text*(3rd ed.). NASW Press.

Mattson, S. N., & Riley, E. P.(1998). A review of the neurobehavioral deficits in children with fetal alcohol syndrome or prenatal exposure to alcohol. *Alcoholism : Clinical and Experimental Research, 22,* 279-294.

Mattson, S. N., Calarco, K. E., & Lang, A. R.(2006). Focused and shifting attention in children with heavy prenatal alcohol exposure. *Neuropsychology, 20,* 361-369.

Miley, K. K., O'Melia, M., & DuBois, B.(2017). *Generalist Social Work Practice : An Empowering Approach.* Pearson.

Montemayor & Erisen(1977). The Development of Self-conceptions from Childhood to Adolescence. *Developmental Psychology, 13,* 314-319.

Moore, K. L., & Persaud, T. V. N.(1998). *The Developing Human : Clinically Oriented Embryology*(6th ed.). Philadelphia : W. B. Saunders.

Moore, K. L., Persaud, T. V. N., & Torchia, M. G.(2008). *Before We Are Born : Essentials of Embryology and Birth Defects*(7th ed.). Philadelphia : Saunders.

Naeye, R. L., & Peters, E. C.(1984). Mental development of children whose mothers smoked during pregnancy. *Obstetrics and Gynecology, 64,* 601-607.

NASW(n.d.). Code of Ethics. Retrieved from https://www.socialworkers.org/About/Ethics/Code-of-Ethics/Code-of-Ethics-English

National Institute of Migration Studies(2020). *Global Migration Trends.* New York : Global Migration Press.

Neisser, U.(1967). *Cognitive Psychology.* New York : Appleton-Century-Crofts.

Newell, A., & Simon, H. A.(1972). *Human problem solving.* Prentice-Hall.

Newman, B., & Newman, P. R.(1987). *Development through life : A psychosocial approach.* IL : Dorsey Press.

Norlin, J. M., & Chess, W. A.(2003). *Human behavior and the social environment : Social systems theory*(5th ed.). Allyn & Bacon.

Norlin, R., & Chess, W.(2003). A Study on the Social Functions of Community. *Journal of Social Welfare Studies, 55*(2), 45-67.

Oakley, A.(2015). *Sex, Gender and Society.* London : Routledge.

Rogers, C. R.(1980). *A Way of Being.* Boston : Houghton Mifflin Company.

Papalia, D. E., & Olds, S. W.(1998). *Human Development.* McGraw-Hill.

Park, Y.(2021). *Chain Migration and Social Networks.* Busan : Migration Research Institute.

Pattenden, S., Antova, T., Neuberger, M., Nikiforov, B., De Sario, M., Grize, L., Heinrich, J., Hruba, F., Janssen, N., Luttmann-Gibson, H., Privalova, L., Rudnai, P., Splichalova, A., Zlotkowska, R., & Fletcher, T.(2006). Parental smoking and children's respiratory health : Independent effects of prenatal and postnatal exposure. *Tobacco Control, 15,* 294-301.

Payne, M.(2001). **현대사회복지실천이론**. 서진환 외 공역. 서울 : 나남출판.

________(2014). *Modern Social Work Theory.* Palgrave Macmillan.

Piaget, J.(1932). *The Moral Judgment of the Child.* Free Press.

_______(1952). *The Origins of Intelligence in Children.* International Universities Press.

_______(1954). *The Construction of Reality in the Child.* New York : Basic Books.

_______(1964). *Six Psychological Studies.* New York : Vintage Books.

_______(1970). *Science of Education and the Psychology of the Child*. New York : Orion Press.

_______(1970). Piaget's Theory. In P. H. Mussen(Ed.), *Carmichael's Manual of Child Psychology*(Vol. 1). New York : Wiley.

_______(1977). *The Development of Thought : Equilibration of Cognitive Structures*. New York : Viking Press.

Piaget, J., & Inhelder, B.(1971). *Science of Education and the Psychology of the Child*. New York : Vikong.

Pinker, S.(1994). *The language instinct : How the mind creates language*. William Morrow.

Robert Siegler(2019). **발달심리학**. 송길연 외 공역. 서울 : 시그마프레스.

Rogers, C. R.(1959). *A theory of Therapy, Personality and Interpersonal Relationship as Developed in the Client-Centered Framework*. New York : McGraw-Hill.

__________(1961). On Becoming a Person : A Therapist's View of Psycho-therapy. Boston : Houghton Mifflin Co.

__________(1983). *Freedom to Learn in the 80s*. Columbus, OH : Merrill.

Rowe, J. W., & Kahn, R. L.(1997). Successful aging. *The Gerontologist*.

Rubin, K. H., Bukowski, W. M., & Parker, J. G.(2006). Peer interactions, relationships, and groups. In W. Damon, R. M. Lerner, & N. Eisenberg(Eds.), *Handbook of Child Psychology : Vol. 3. Social, Emotional, and Personality Development*(pp. 571-645). Wiley.

Sadler, T. W.(2006). *Langman's Medical Embryology*(10th ed.). Baltimore : Williams & Wilkins.

Schriver, J. M.(1995). *Human Behavior and the Social Environment : Shifting Paradigms in Essential Knowledge for Social Work Practice*. Allyn & Bacon.

Shebib, B.(2003). *Choices : Counseling Skills for Social Workers and Other Professionals*. Massachusetts : Allyn and Bacon. 제석봉 · 이윤주 · 박충선 · 이수용 공역(2006). **사회복지상담심리학**. 서울 : 학지사.

Skinner, B. F.(1953). *Science and Human Behavior*. Free Press.

Sorokin, P.(1927). *Social Mobility*. Harper & Brothers.

Sroufe, L. A.(1996). *Emotional Development : The Organization of Emotional Life in the Early Years*. Cambridge University Press.

Statistics Korea(2023). 2023 Foreign Resident Report. Retrieved from https://kos tat.go.kr/

Stephen Briers(2015). **똑똑한 인지행동치료**. 김선욱 · 김 원 · 김혜경 · 조철래 · 최병휘 공역. 서울 : 시그마프레스.

Sternberg, R. J.(1985). *Beyond IQ : A Triarchic Theory of Human Intelligence*. New York : Cambridge University Press.

___________(2006). *Cognitive psychology*(4th ed.). Thomson Wadsworth.

Super, D. E.(1980). A Life-Span, Life-Space Approach to Career Development. *Journal of Vocational Behavior, 16*(3), 282-298.

Thompson, R. A.(1998). Early Sociopersonality development. In W. Damon & Eisenberg(Eds.), *Handbook of Child Psychology.* New York : John Wliely & Son.

Thorne, B.(2003). *Carl Rogers*(2nd ed.). London : SAGE Publishing Inc. 박외숙·고향자 공역(2007). **칼 로저스.** 서울 : 학지사.

Toseland, R. W., & Rivas, R. F.(2017). *An introduction to group work practice*(8th ed.). Pearson Education.

Tronick, E. Z.(1989). Emotions and emotional communication in infants. *American Psychologist, 44*(2), 112-119.

Usha Goswani(2010). **인지발달.** 정명숙 외 공역. 서울 : 시그마프레스.

Von Hofsten, C.(1983). Catching skills in infancy. *Journal of Experimental Psychology : Human perception and performance, 9*, 75-85.

Vygotsky, L. S.(1962). *Thought and Language.* Cambridge, MA : MIT Press.

Warren, R.(1978). The Social Roles and Functions of Community. *Journal of Community Welfare Studies, 12*(2), 23-41.

Weber, M.(1946). *From Max Weber : Essays in Sociology.* Oxford University Press.

Weisfeld, G. E., & Berger, M.(1983). *Human Development and Behavior.* New York : Academic Press.

Wilcox, A. J., Weinberg, C. R., & Baird, D. D.(1995). Timing of sexual intercourse in relation to ovulation : Effects on the probability of conception, survival of the pregnancy, and sex of the baby. *New England Journal of Medicine, 333*, 1517-1521.

Willis, P.(1977). *Learning to Labour : How Working Class Kids Get Working Class Jobs.* Farnborough : Saxon House.

Zastrow, C.(1995). *The Practice of Social Work.* Pacific Grove : Books/Cole Publishing Company.

국가통계포털 https://kosis.kr
샤이리 티스토리 https://shylian.tistory.com
페미위키 https://femiwiki.com
한국민족문화대백과사전 https://encykorea.aks.ac.kr

저/자/소/개

■ **정효신**
칼빈대학교 사회복지학과 교수

■ **정문경**
칼빈대학교 사회복지학과 교수

■ **김목선**
칼빈대학교 사회복지학과 교수

■ **김은나**
사)한국복지문화교육원 교육팀장

■ **남 운**
새롬다문화복지협회 복지팀장

■ **노인택**
동원대학교 사회복지학과 교수

■ **박성애**
김포대학교 자유전공학과 사회복지 교수

■ **성무진**
주)미래사회교육재단 본부장

■ **오경수**
아주대학교 교수학습개발센터 연구원

■ **이승희**
굿피플장애인활동지원기관 총괄팀장

■ **이원규**
새롬다문화복지협회 지원팀장

■ **정희균**
새롬다문화복지협회 운영팀장

인간행동과 사회환경

|공저자| 정효신 · 정문경 · 김목선 · 김은나 · 남　운 · 노인택
박성애 · 성무진 · 오경수 · 이승희 · 이원규 · 정희균

|1판 1쇄| 발행 2025년 6월 20일

|발행인| 김동훈
|발행처| 공동체

|주소| 경기도 고양시 일산동구 호수로 358-39, 동문타워 1차 905호(백석동)
|전화| 031)814-3000(대표)
|팩스| 031)814-3100
|홈페이지| http://www.compub.co.kr
|전자우편| compub@naver.com
|출판등록| 2005년 10월 6일
|등록번호| 제396-2005-36호

|ISBN| 979-11-6725-929-5
정가 23,000원

저자와 협의하여 인지를 생략합니다.
무단전재와 복제를 금합니다.